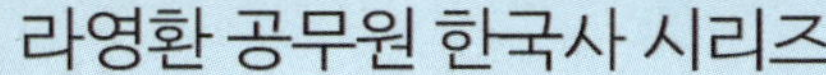

사료를 보는 진짜 힘!

See: Real

사료 + 기출선지핵심

사료집 + 기출선지핵심까지 한 권으로 총정리
트렌디한 한국사 라영환!

라영환 저자

사랑하는 나의 학생 라들이들

라영환입니다 무더운 여름이 지나고 이제 제법 날씨가 선선해졌습니다.

기본 강의도 끝이 나고 이제 본격적인 사료 기출 시즌에 돌입했습니다.

최근 국가직 지방직 문제는 95% 이상이 사료를 직간접적으로 활용하는 문제가 출제되고 있습니다.

아무리 개념 공부를 했다하더라도 사료 파악이 안 되었다면 고득점은 물 건너가는 것입니다.

그럼, 지금부터 최근의 경향과 시리얼 교재의 특징을 소개하도록 하겠습니다.

1) 정답을 맞히기 위한 1차 관문, 제시문 속의 사료

- 최근 기출문제의 대부분 출제경향은 제시문을 통해 사료를 제시하고, 사료에 해당하는 국가, 인물, 세력에 대한 옳고 그름을 판별하는 형태로 이루어집니다.
- 그렇기 때문에 사료를 해석하지 못한다면, 선지를 올바르게 해석하더라도 문제를 풀 수조차 없는 상황에 봉착하게 됩니다.
- 즉, 이는 사료 분석이야말로 정답을 맞히기 위해 가장 먼저 통과해야 할 1차 관문이라는 의미와 같습니다.

2) 사료는 이걸로 끝! 빈출시의 사료를 총정리하는 강의

- 이 강의와 교재만 완벽히 숙지한다면 사료 때문에 문제를 틀릴 일이 없도록 만든 사료 종정리 강의입니다.
- 시험에 나올만한 우수 기출 사료를 선별하여 교재에 실었습니다.

3) 올인원 강의와 연계한, 도식화된 키워드 사료집

- 일반적인 사료집들은 단순 나열항이라 이 사료가 어느 시대 사료인지 파악하고 암기하기 어려웠습니다.
- 씨리얼 사료+기출선지핵심은 올인원 교재와 같은 도식화 편집 디자인으로, 사료의 시대별 위치를 파악하기 쉽도록 구성하였습니다.
- 많은 학생이 사료의 키워드를 잡아내는 훈련이 안 되어 있습니다. 이번 강의에서는 사료의 키워드를 잡아내는 훈련을 병행할 것이며, 또한 교재에도 정답의 근거가 되는 키워드에
  별색처리 하였습니다.

이 교재를 통해 우리 라들이들이 많은 도움을 받고 성과를 내어 이번 다가오는 시험에서 모두 예정된 주인공이 되기를 간절히 기도드립니다.

라 영 환

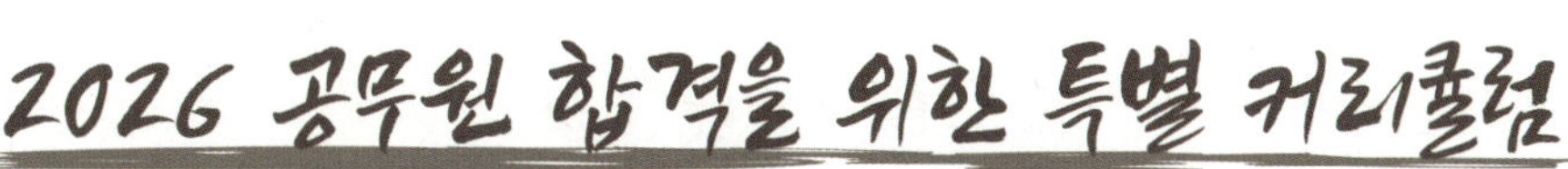

>> 라영환 한국사 필수 커리큘럼 <<

기본	암기빵과 함께보는 라영환 한국사 [기본이론] #필수커리 #개념잡기 #첫한국사	
기출	단계별로 나눠 푸는 [두번 기출] #단계별 기출(기본개념형, 응용사고형) #2회독효과	
사료	사료를 보는 진짜 힘! SeeReal 사료+기출선지핵심 [시리얼] #탐피시료+모르는 시료 대처법	
압축	기출과 함께 보는 압축 이론 #엑기스 압축이론 정리 #이론과 기출을 동시에 시간대비 가성비 甲강좌	널 위한 마지막 [심폐소생] #이론 최종 점검 #14강으로 전 범위 돌리는 시험 직전 회독용 강의
파이널	국가직/지방직 대비 [작두특강] #기적의 찍기 특강	국가직/지방직 대비 [작두 모의고사] #작두(찍기)특강을 기반으로 한 모의고사

>> 전략특강 <<

랄라~! 노래로 암기하는 밥친구 [암기빵 TEST] #기본 이론 암기 비법
반드시 알아야 할 기출 선지 700 #시험에 나왔던 국가직/지방직/법원직 #선지 총정리
심폐소생 [지역사·인물사] #푸압축개념서 #문제체출픽

>> 한눈에 보는 시기별 커리큘럼 <<

7~8월	9~10월	11~12월	1~2월	3~4월	5~6월
암기빵과 함께보는 기본 이론	단계별로 나눠푸는 두번 기출	심폐소생 (개념초압축)	국가직 대비 작두 특강	심폐소생 (지역사·인물사)	지방직 대비 심폐소생
			국가직 대비 작두 모의고사		지방직 대비 작두 특강
기출문제와 함께 보는 압축이론	시리얼 사료 + 기출 선지핵심				지방직 대비 작두 모의고사

CONTENTS

MEMO

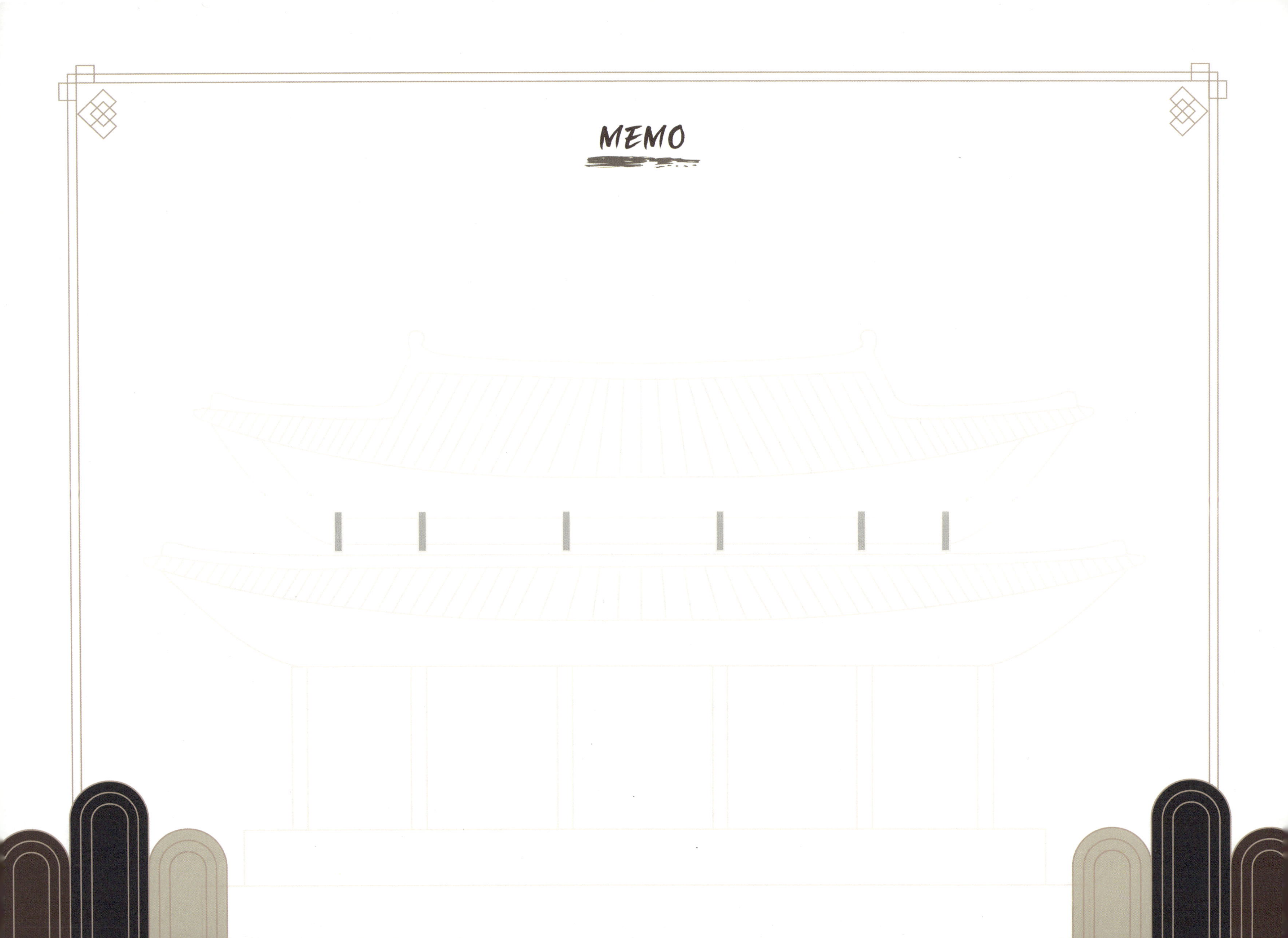

I
선사시대의 역사

01 구석기 · 신석기 시대

구석기 시대

경제
- 사냥 · 채집 · 어로

불, 언어

사회
- 이동생활 · 무리사회

유물

뗀석기

이 유적은 경기도 연천군 한탄강 언저리에 넓게 위치하고 있다. 이곳에서 아슐리안 계통의 주먹도끼가 다량으로 출토되어 더욱 많은 관심이 집중되었다. 이곳에서 발견된 주먹도끼는 그 존재 유무로 유럽과 동아시아 문화가 나뉘어진다고 한 모비우스의 학설을 무너뜨리는 결정적 증거가 되었다

주거

막집 (기둥자리 · 불땐자리)

동굴 · 바위그늘

유적지

경기 연천 전곡리에서는 아슐리안 주먹도끼를 비롯하여 방대한 석기가 출토되었다

1935년 두만강 가의 함경북도 종성군 동관진에서 한반도 최초로 구석기 시대 유물인 석기와 골각기 등이 발견 되었다. 발견 당시 일본에서는 구석기 시대 유물이 출토되지 않은 상황이었다.

신석기 시대

경제
- 농경 · 목축 시작

원시신앙

자연 현상과 사물에 정령이 있다고 믿는 애니미즘, 특정한 동식물을 숭배 하는 토테미즘, 무당의 주술적 힘을 믿는 샤머니즘 등이 등장하였다.

사회
- 정착생활

유물

간석기
- 갈돌 · 갈판

원시적 수공업
- 가락바퀴 · 뼈바늘

토기

이 토기는 팽이처럼 밑이 뾰족하거나 둥글고, 표면에 빗살처럼 생긴 무늬가 새겨져 있다. 곡식을 담는 데 많이 이용된 이 토기는 전국 각지에서 출토되고 있는데, 대표적 유적지는 서울 암사동, 봉산 지탑리 등이다

주거

움집

신석기 시대의 집터는 강이나 바닷가에서 많이 발견된다. 대표적인 형태는 바닥을 둥글게 파고 나무로 기둥을 세워 지붕을 덮었으며, 햇빛을 많이 받는 남쪽에 출입문을 두었다. 대체로 4명 정도가 살 수 있는 크기였다.

유적지
- 부산 동③동: 패총
- 서울 암④동: 빗살무늬 토기
- 양양 ⑤산리
- 평양 남경, 봉산 지탑리: 탄화된 좁쌀

[17 경찰직 2차]

☑ 연천 전곡리에서는 아슐리안 주먹도끼가 발견되었다.

[17 지방직 9급]

☑ 슴베찌르개는 구석기 후기에 사용되었는데, 주로 창의 기능을 하였다.

[20 경찰간부직]

☑ 구석기 시대 사람들을 동굴, 바위그늘에서 살거나 강가에 막집을 짓고 살았다.

[17 지방직 9급]

☑ 구석기 시대 전기에는 주먹도끼와 슴베찌르개 등이 사용되었다.

[16 기상직 9급, 24 지방직 9급]

☑ 신석기 시대에는 가락바퀴와 뼈바늘을 이용하여 옷을 만들었다.

[16 계리직]

☑ 신석기 시대에는 특정 동물을 자기 부족의 기원과 연결시켜 숭배하였다.

[21 법원직]

☑ 신석기 시대에 처음으로 농경이 시작되었다.

[25 지방직 9급]

☑ 신석기 시대에는 갈돌과 갈판을 이용하여 곡물이나 열매를 갈았다.

[25 지방직 9급]

☑ 신석기 시대에는 뼈바늘을 사용하여 옷이나 그물을 만들었다.

[15 경찰직 2차, 16 경찰직 1차, 17 지방직 9급]

☑ 신석기 시대의 집터는 대개 움집 자리로, 바닥은 원형이나 모서리가 둥근 사각형이며, 움집의 중앙에 화덕이 위치하였다.

[21 경찰직]

☑ 신석기 시대에는 땅을 판 뒤 기둥을 세워 지붕을 얹은 움집에서 생활하였다.

[17 경찰직 1차, 17 기상직 9급]

☑ 신석기 시대는 아직 지배와 피지배의 관계가 발생하지 않았고, 연장자나 경험이 많은 자가 자기 부족을 이끌어 나가는 평등 사회였다.

[15 경찰직 2차]

☑ 신석기 시대에 영혼이나 하늘을 인간과 연결시켜 주는 존재인 무당과 그 주술을 믿는 샤머니즘도 있었다.

[17 경찰직 1차]

☑ 신석기 시대에는 족외혼이 지켜졌으며, 자연현상이나 자연물에도 정령이 있다고 믿는 애니미즘이 나타났다.

[24 지방직 9급]

☑ 신석기 시대에는 동물 뼈나 조개껍데기로 된 목걸이나 팔찌를 만들어 착용하였다.

청동기시대	철기시대

경제

벼농사 → 잉여재산 → 전쟁

· 구릉지, 배산임수
· 목책 · 환호
· 집회소 · 작업장 — 전문장인

움집
지상가옥화(주춧돌)
· 집터 직사각형
· 벽면 화덕
· 저장구덩 따로 설치

철제무기 — **철제농기구**

사회

계급사회
권력과 경제력을 함께 가진 군장이 출현하여 사회를 이끌었다 → 국가형성

독자적 청동기 문화
· 세형동검
· 거푸집 거푸집
· 잔무늬 거울
· 거푸집

토기
· 덧띠 토기 · 검은 간토기

유물

간석기 · 무기

· 이 시기에는 반달돌칼 등 다양한 간석기가 사용되었고 민무늬 토기를 비롯한 토기의 종류가 다양해졌으며, 고인돌과 돌널무덤이 만들어졌다.

· 밑이 납작한 항아리 양쪽 옆으로 손잡이가 하나씩 달리고 목이 넓게 올라가서 다시 안으로 오므라들고, 표면에 집선무늬가 있는 것이 특징이다. 주로 청천강 이북, 요령성과 길림성 일대에 분포한다. 미송리식 토기

위세품
· 비파형 동검
· 거친무늬 거울
· 간돌검

선민사상
└ 고인돌

중국과의 교류
경남 창원 다호리에서 여러 유물들이 발견되었다. 통나무 목관. 청동검, 청동거울, 오수전, 철검. 쇠도끼, 쇠갑, 활, 화살, 붓, 민무늬 토기, 감과 밤 등이 담긴 옻칠 제사용기 등이 그것이다.

유적지

· 평양 남경 · 여주 흔암리 · 부여 송국리 : 탄화된 볍씨
  cf) 탄화된 좁쌀(신석기) ─ 원형 집터, 송국리형 토기
· 부여 송국리 · 울산 검단리 : 환호 · 목책
· 강화 · 화순 · 고창 : 고인돌 유적 (세계문화유산)

무덤

구석기	장례풍습(꽃가루)
신석기	시신매장(조상 숭배) └ 시신 머리를 동쪽으로 배치(태양 숭배)
청동기	돌널무덤, 돌무지무덤
철기	널무덤, 독무덤

[15 국가직 9급]

☑ 청동기 시대 집자리는 주거용 외에 창고, 작업장, 집회소, 공공의식 장소 등도 확인되고 있다.

[16 서울시 9급, 20 경찰직 1차, 24 서울시 1회]

☑ 청동기 시대에는 구릉 지대에 취락을 이루고 목책과 환호로 외부의 침입에 대비하였다.

[16 교육행정 9급, 21 법원직]

☑ 청동기 시대에는 정치권력을 가진 군장이 출현하였다.

[15 경찰직 1차]

☑ 청동기 시대에는 금속을 다루는 전문 장인이 나타나고 사유 재산 제도가 발달하였다.

[24 서울시 1회]

☑ 청동기 시대에는 비파형 동검과 미송리형 토기를 만들었다.

[25 지방직 9급]

☑ 청동기 시대에는 반달돌칼을 사용하여 농작물을 수확하였다.

[25 지방직 9급]

☑ 청동기 시대에는 벼농사를 짓게 되었다.

[24 서울시 1회]

☑ 청동기가 보급된 이후에도 농기구는 주로 돌이나 나무로 만들었다.

[17 지방직 9급]

☑ 청동기 시대 후기가 되면 한반도 내에서는 비파형 동검이 세형 동검으로, 거친무늬 거울이 잔무늬 거울로 바뀌었다.

[24 지방직 9급]

☑ 청동기 시대에 군장이 죽으면 그의 권력을 상징하는 고인돌을 만들었다.

[16 지방직 7급]

☑ 철기 시대에 독무덤과 널무덤이 유행하였다.

[19 국가직 9급]

☑ 철기 시대 유적지인 창원 다호리에서는 문자를 적는 붓이 출토되었다.

[17 경찰직 1차, 24 서울시 1회]

☑ 철기 시대 유적지에서 발견된 명도전, 반량전, 오수전은 중국과 교류가 있었음을 보여준다.

[17 서울시 사회복지직]

☑ 울주 반구대에는 사슴과 고래 그리고 사냥하는 장면 등이 새겨져 있다.

BC 2333   BC 194   진한 교체기   BC 108

단군 조선   위만 조선   왕검성 함락

단군조선

- 단웅천황이 손녀에게 약을 먹여 사람 몸이 되게 하여 단수의 신과 결혼하여 아들을 낳았으니 고조선 땅에서 왕이 되었다.

- 주나라가 쇠약해지자 연나라가 스스로 높여 왕이 되어 동쪽을 침략하여 땅을 빼앗으려는 것을 보고, 조선후 역시 스스로 왕이라 칭하고 군사를 일으켜 도리어 연나라를 공격하여 주나라 왕실을 받들고자 하였다.

- 고조선은 요령 지방과 대동강 유역을 중심으로 독자적인 문화를 이루면서 발전하였다. 기원전 3세기경에는 부왕, 준왕 같은 강력한 왕이 등장하여 왕위를 세습하였으며 그 밑에 상, 대부, 장군 등의 관직도 두었다. 또 요서 지방을 경계로 하여 연나라와 대립할 만큼 강성하였다.

단군조선 세력범위를 나타내는 유물 (만주~한반도)

① 비파형 동검   ③ 북방식(탁자식) 고인돌

② 거친무늬 거울   ④ 미송리식 토기

백성들에게 금하는 법 8조를 만들었다. 사람을 죽인 자는 즉시 죽이고, 남에게 상처를 입힌 자는 곡식으로 갚는다. 도둑질한 자는 노비로 삼는다. 용서받고자 하는 자는 한 사람마다 50만 전을 내야 한다. …… 여자들은 모두 정숙하여 음란하고 편벽된 짓을 하지 않았다 . -『한서』-

위만조선

- 위만이 망명하여 호복을 하고 동쪽의 패수를 건너 준왕에게 투항하였다. ······ 준왕은 그를 믿고 애하여 ······백-리의 땅을 봉해 서쪽 변경을 지키도록 하였다.

- 위만왕조는 철기 문화를 기반으로 자신의 세력을 점차 확대하였다.

- 기원전 128년 위만조선에 복속되어 있던 예의 왕 남려가 휘하의 28만 명을 거느리고 한에 투항하자, 한은 이 지역에 창해군을 설치하여 위만조선을 압박하고자 하였다.

- 진번 주변의 여러 나라가 글을 올려 천자를 알현하고자 하였는데 가로막고 통하지 못하도록 하였다. 한 나라 사신 섭하가 조선왕을 회유하였지만 끝내 황제의 조서를 받들지 않았다.

- 기원전 109년 고조선에 사신으로 온 섭하는 자신을 배웅한 고조선의 관리를 살해하고 돌아갔다. 이에 고조선은 군대를 보내 요동도위로 있던 섭하를 살해하여 보복하였다.

- 한 무제의 대규모 무력침략을 받아 마침내 왕검성이 함락되었다.

멸망이후

- 한사군 설치
  - 낙랑, 진번, 임둔, 현도
- 60조법
  - 풍속이 각박

단군 관련문헌

중국	• 『관자』: 고조선 최초 언급
고려	• 『삼국유사』: 단군신화 최초언급 　└ 일연 • 『제왕운기』 　└ 이승휴
조선	• 『세종실록지리지』, 『동국여지승람』

[19 경찰직 1차, 20 경찰직 2차]

☑ 고조선은 기원전 3세기 부왕, 준왕과 같은 강력한 왕이 등장하여 왕위를 세습하였다.

[22 법원직, 24 지방직 9급]

☑ 고조선은 상, 대부, 장군 등의 관직을 두었다.

[17 사회복지직, 24 지방직 9급]

☑ 기원전 194년 위만은 준왕을 몰아내고 스스로 (고)조선의 왕이 되었다.

[16 법원직]

☑ 위만 왕조의 성립 이전 연나라 장수 진개의 침략을 받아 서쪽 땅을 잃고 세력이 약화되었다.

[20 경찰간부직]

☑ 위만 왕조의 고조선은 철기 문화를 본격적으로 수용하여 상업과 무역이 발달하게 되었다.

[16 법원직, 24 지방직 9급]

☑ 위만 왕조 조선은 중국의 한과 한반도 남부의 진국 사이에서 중계 무역을 하였다.

[16 경찰간부직]

☑ 위만 조선의 성장 과정에서 주변의 진번, 임둔 등을 복속시켰다.

[18 국가직 7급]

☑ 고조선은 8조의 법을 제정하였는데 현재 세 조항만 전해진다.

[15 지방직 7급, 19 경찰간부직]

☑ 고조선은 기원전 108년 한나라의 공격으로 멸망하였다.

[17 경찰직 2차]

☑ 한은 고조선 멸망 후 고조선의 옛 영토에 네 개의 군현을 설치하였다.

[17 경찰간부직]

☑ 단군신화가 기록된 책으로는 『삼국유사』 『제왕운기』 『세종실록 지리지』 등이 있다.

[15 지방직 9급]

☑ 고조선은 중국의 한과 대립 할 정도로 성장 하였다.

[16 국가직 9급]

☑ 위만조선 시기 고조선 지역에 한(漢)의 창해군이 설치되었다.

[17 서울시]

☑ 위만은 준왕의 신임을 얻어 서쪽 변경을 수비하는 임무를 맡았다.

[21 법원직]

☑ 고조선은 정치적 지배자와 제사장이 일치된 사회였다.

	부여	고구려	옥저	동예	삼한
정치	・5부족 : 중앙(王) + 사출도(마・우・저・구가) ・옛 풍속에 장마와 가뭄이 연이어 오곡이 익지 않을 때, 그때마다 왕에게 허물을 돌려서 '왕을 마땅히 바꾸어야 한다.' 라거나 혹은 '왕은 마땅히 죽어야 한다.' 라고 하였다.	・감옥은 없고 범죄자가 있으면 제가들이 모여서 평의하여 사형에 처하고 처자는 몰수하여 노비로 삼는다.	・후・읍군・삼로(왕 X)		・각기 장수(將帥)가 있어 큰 세력을 지닌 이는 스스로 신지(臣智)라 하고 그 다음은 읍차(邑借)라 한다. ・나라에는 각각 별읍이 있으니 소도라 그 지역으로 도망온 사람은 누구든 돌려보내지 아니하므로 도적질하는 것을 좋아하게 되었다.
경제	・오곡(五穀)이 자라기에는 적당하지만, 오과(五果)는 생산되지 않는다. ・말・주옥・모피	・그 나라 사람들의 성질은 흉악하고 급하며, 노략질하기를 좋아한다.	・그 토지가 몹시 비옥하다. 산을 등지고 큰 바다를 향해 있어 오곡이 잘되고 농사짓기에 적합하다.	・낙랑의 단궁이 그 지역에서 나온다. 바다에서 반어의 껍질이 나오며, 땅은 기름지고 무늬 있는 표범이 많다.	・변한(철 생산) 　ⓐ 낙랑, 왜에 철 수출 　ⓑ 교역시 덩이쇠(화폐) 사용
사회	・우제점복　　・1책 12법 　　└ 연맹체의 한계 ・옷은 흰색을 숭상하며, 흰 베로 만들어진 큰 소매 달린 도포와 가죽신을 신는다. ・은나라 달력으로 정월이 되면 하늘에 제사를 지낸다. 온 나라 사람들이 모여서 연일 먹고 마시고 노래하고 춤을 춘다. ・간음과 투기자는 그 시체를 나라 남쪽의 산 위에 버리고 썩도록 내버려 두었는데, 시체를 가져가려면 소나 말을 바쳐야 했다. 　부여의 4조목	・형사취수제 　└ 노동력 유출 방지 ・나라의 동쪽에는 수혈이라고 하는 큰 굴이 있었는데, 이곳에서 왕이 직접 제사를 지냈다. ・금・은의 재물을 모두 장례에 소비하며, 돌을 쌓아 봉분을 만들고 주위에 소나무・잣나무를 심는다. ・혼인을 정한 뒤 신부집 뒤꼍에 조그만 집을 짓고, 거기서 자식을 낳아 장성하면 아내를 데리고 신랑집으로 돌아가는 풍습이 있었다.	・가족이 죽으면 시체를 가매장하였다가 나중에 그 뼈를 추려서 가족 공동 무덤인 커다란 목곽에 안치하였다. ・그 나라 풍속에 여자 나이 10살이 되기 전에 혼인을 약속한다. 신랑 집에서 맞이하여 장성하도록 길러 아내를 삼는다.	・다른 읍락을 함부로 침범하면 노비・소 등으로 변상하는 책화가 있었다. ・해마다 10월이면 하늘에 제사를 지내는데, 주야로 술을 마시며 노래를 부르고 춤추니 이를 무천이라 한다. 또 호랑이를 신으로 여겨 제사를 지낸다. ・동성끼리는 결혼하지 않는다. 꺼리는 것이 많아서 병을 앓거나 사람이 죽으면 옛 집을 버리고 곧 다시 새 집을 지어 산다.	・해마다 씨을 뿌리고 난 5월과 추수를 마친 10월에는 계절제를 열어 하늘에 제사를 지냈다. ・소와 말을 순장하였고 큰 새의 깃털을 장례에 사용하였다.

[20 경찰직 2차, 20 지방직 7급, 21 지방직 9급, 25 지방직 9급]

- ☑ 부여에는 가축 이름을 딴 마가, 우가, 저가, 구가 등이 있었다.

[24 법원직]

- ☑ 부여에는 사출도라 불리는 독자적인 영역이 있었다.

[19 서울시 9급]

- ☑ 부여에서는 재해가 발생하면 왕은 교체 혹은 죽음을 당하기도 하였다.

[19 경찰직 1차]

- ☑ 부여는 살인자는 사형에 처하고 그 가족은 노비로 삼았으며, 남의 물건을 훔친 자는 물건 값의 12배를 배상하게 하였다.

[23 계리직]

- ☑ 부여는 남녀가 간음하거나 부인이 투기가 심하면 사형에 처하였다.

[16 경찰직 2차, 17 경찰직 1차, 18 교육행정직]

- ☑ 부여에는 영고라는 제천 행사가 있었는데, 이는 수렵 사회의 전통을 보여 주는 것으로 매년 12월에 열렸다.

[17 경찰간부직]

- ☑ 고구려에서는 10월에 왕과 신하들이 국동대혈에 모여 함께 제사를 지냈다.

[21 경찰직 1차]

- ☑ 고구려의 대가들은 스스로 사자, 조의, 선인을 두었다.

[19 국가직 9급]

- ☑ 고구려에는 5부가 있었으며, 계루부에서 왕위를 차지하였다.

[17 국가직 9급]

- ☑ 고구려는 집집마다 부경이라는 작은 창고가 있었다.

[17 지방직 9급, 18 교육행정직, 18 경찰직 1차]

- ☑ 고구려에서는 남녀가 혼인을 하면 신부 집 뒤꼍에 서옥이라는 집을 짓고 살다, 거기서 자식을 낳아 장성하면 아내와 자식을 자기 집으로 데리고 갔다.

[18 경찰직 1차]

- ☑ 고구려에서는 중대한 죄인이 있으면 제가회의를 통해 사형시키고 그 가족은 노비로 삼았다.

[25 지방직 9급]

- ☑ 옥저와 동예에서는 읍락의 우두머리들이 스스로 '삼로(三老)'라고 불렀다.

[21 지방직 9급]

- ☑ 옥저에서는 사람이 죽으면 뼈만 추려 가족 공동 무덤인 목곽에 안치하였다.

[17 국가직 9급, 21 경찰간부직, 21 계리직, 24 서울시 1회]

- ☑ 동예는 단궁이라는 활과 과하마, 반어피 등이 특산물로 유명하였다.

[16 기상직 7급]

- ☑ 옥저는 소금과 어물 등을 고구려에 공물로 바쳤다.

[20 경찰간부직, 24 서울시 1회]

- ☑ 동예는 토지가 비옥하며 해산물이 풍부하였고, 매년 10월에 무천이라는 제천행사를 열었다.

[18 경찰직 1차, 24 서울시 1회, 25 지방직 9급]

- ☑ 동예에서는 다른 읍락을 함부로 침범하면 노비, 소, 말로 배상하였다.

[17 국가직 9급]

- ☑ 동예에서는 후, 읍군, 삼로 등이 읍락의 하호를 통치하였다.

[19 국가직 7급, 24 서울시 2회]

- ☑ 옥저는 어린 신부를 맞이하여 장성하면 아내로 삼는 민며느리 제도가 있었다.

[21 경찰간부직, 25 지방직 9급]

- ☑ 동예에서는 사람이 죽으면 옛집을 버리고 다시 새집을 지어 산다.

[21 지방직 9급, 21 경찰간부직]

☑ 삼한에는 천신을 섬기는 제사장인 천군이 있었다.

[17 국가직 9급]

☑ 삼한은 아이가 출생하면 돌로 머리를 눌러 납작하게 하는 풍습이 있었다.

[17 경찰직 1차]

☑ 삼한 중 마한의 세력이 가장 컸으며, 마한 소국 중 목지국의 지배자가 마한왕 또는 진왕으로 추대되어 삼한 전체를 이끌었다.

[16 경찰직 1차]

☑ 삼한의 지배자 중에서 세력이 큰 것은 신지, 작은 것은 읍차 등으로 불렸다.

[16 경찰직 2차, 17 법원직]

☑ 삼한 사회를 철기 문화를 바탕으로 하는 농경 사회로, 특히 변한에서는 철이 많이 생산되어 낙랑, 왜 등에 수출하였다.

[17 국가직 9급]

☑ 삼한에서는 파종한 5월과 추수한 10월에 제천을 행하였다.

II
고대사

	BC 1C	1C	2C	3C	4C
고구려	1代 동명성왕 / 2代 유리왕	6代 태조왕	9代 고국천왕	11代 동천왕	15代 미천왕

고구려

1代 동명성왕

2代 유리왕
- 펄펄 나는 저 꾀꼬리 암수 서로 정답구나 외로울사 이 내 몸은 뉘와 더불어 돌아가랴 황조가
- 졸본성 → 국내성

6代 태조왕
부전고원을 넘어 옥저를 정복하여 공물을 받았다.

9代 고국천왕
고국천왕은 한미한 신분의 을파소를 국상으로 등용 하여 소농민을 보호하는 정책을 실시하였다. 진대법

고구려의 국가기틀 확립

계루부 고씨 세습	부자 세습
부족적 5부 (계루·절노·소노·순노·관노부)	행정적 5부 (동·서·남·북·중부)

11代 동천왕

서안평 공격

유주자사 관구검이 쳐들어와 환도성을 함락하자 왕이 옥저 쪽으로 도망하였다.	고구려가 요동의 서안평을 공격해 차지하고, 낙랑군을 한반도에서 몰아내었다.

15代 미천왕

백제

1代 온조왕

9代 고이왕
내신좌평을 두어 왕명 출납을, 내두좌평은 물자와 창고를, [illegible] 위사좌평은 숙위 병사를, 조정 좌평은 형벌과 송사를, 병관 좌평은 지방의 군사에 관한 일을 각각 맡게 하였다.

신라

거서간(군장)	차차웅(무당)	이사금(연장자)	마립간(대군장)
		· 연맹왕국(박·석·김)	· 김씨 세습

가야

금관가야(김해)
- 김수로, 낙랑·왜 중계무역(덩이쇠)
  - 탄생설화(구지가)
- 금으로 만든 상자를 발견하고 열어보니, 해처럼 둥근 황금알 여섯 개가 있었다. 알 여섯이 모두 변하여 어린 아이가 되었다. … (중략) … 가장 큰 알에서 태어난 수로(首露)가 왕위에 올라 나라를 세웠다.

대가야(고령)
- 이진아시, 고령 지산동 고분
- 시조는 이진아시 왕이고, 가야산신 정견모주가 뇌질청예 두 사람을 낳았다. 뇌질주일은 이진아시왕의 별칭이고, 청예는 수로왕의 별칭이다.

전기가야연맹 (금관가야맹주)

[21 국가직 9급]
☑ 유리왕 때 졸본에서 국내성으로 천도하였다.

[25 지방직 9급]
☑ 태조왕이 동옥저를 정벌하였다.

[21 국가직 9급, 23 국가직 9급, 24 국가직 9급]
☑ 고국천왕 때 진대법을 시행하였다.

[25 국가직 9급]
☑ 미천왕 때 고구려가 낙랑군을 몰아냈다.

[14 경찰직 2차]
☑ 동천왕 때 위(魏)의 장수 관구검에 의해 환도성이 함락당하였다.

[18 기상직 9급]
☑ 고이왕 때 백제는 한강 유역을 장악하고 한 군현과 대립하였다.

[24 지방직 9급]
☑ 백제는 6좌평과 16관등제를 마련하였다.

[18 국가직 7급]
☑ 신라는 이사금 왕호를 사용하던 시기에 박·석·김씨가 왕위를 교대로 계승하였다.

[24 법원직]
☑ 금관가야를 중심으로 전기 가야 연맹이 결성되었다.

[18 경찰직 3차, 19 서울시 9급]
☑ 금관가야는 철기를 만들 때 사용하는 덩이쇠를 화폐와 같은 교환 수단으로 이용하기도 하였다.

[21 지방직 9급]
☑ 이사금을 왕호로 사용하던 시기에 박·석·김의 3성이 교대로 왕위를 차지하였다.

[17 국가직 7급, 22 경찰간부직]
☑ 대가야는 5세기 후반부터 급성장해 가야의 주도 세력이 되었으며, 문화유산으로 지산동 고분군이 있다.

06 백제의 전성기와 고구려의 반격(4C)

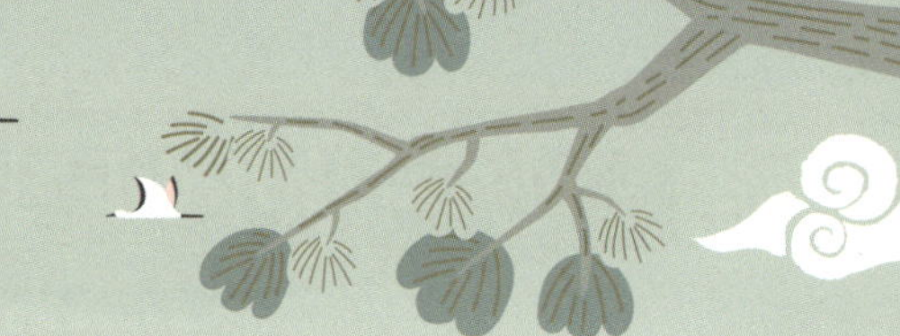

중국

전진 순도

동진 마라난타

고구려

15代 미천왕

16代 고국원왕

평양성 전투(371)

겨울에 왕이 태자와 함께 정예군 3만 명을 거느리고 고구려에 침입하여 평양성을 공격하였다. 고구려왕 사유가 힘을 다해 싸워 이를 막았으나 날아오는 화살에 맞아 죽었다.

17代 소수림왕

전진에서 불교를 받아들였고, 유학 교육 기관으로 태학을 설립하였으며, 율령을 공포하였다.

19代 광개토대왕(영락)

왕의 이름은 담덕이며, 장수왕의 아버지이다. 후연과 거란을 격파하였다. 영토를 크게 확장한 정복 군주이다. 재위 시에 '영락'이라는 연호를 사용하였다.

- 한강 이북 장악
- 왕이 몸소 수군을 이끌고 백잔을 토벌 했다. 백잔의 군주는 남녀 1천 명과 세포 1천필을 바치고 왕 앞에 무릎을 꿇고 맹세하였다. "지금부터 이후로 영원히 노객이 되겠습니다."

광개토대왕의 왜구 격퇴(400)

- 금관가야 → 대가야
- 왕이 보병과 기병 5만명을 보내 신라를 구원하게 하였다. (고구려군이) 남거성을 통해 신라성에 이르렀는데 그 곳에 왜가 가득하였다. 관군이 도착하자 왜적이 퇴각 하였다.

불교 전파

백제

13代 근초고왕

- 부자세습, 마한 정복
- "백제는 나라를 연 이래 문자로 일을 기록한 적이 없는데 이때에 이르러 박사(博士) 고흥(高興)을 얻어 『서기(書記)』를 갖추게 되었다."

동진과 국교를 맺고 요서지방에 진출하였다.

일본

- 규슈 진출
- 아직기 · 왕인(문화 전파)
- 칠지도(상감기법, 후왕)

15代 침류왕

17代 아신왕

신라

17代 내물마립간

[25 지방직 9급]

☑ 고국원왕 때 전연의 침입으로 도성이 함락되었다.

[24 법원직]

☑ 소수림왕은 태학을 설립하고 율령을 반포하였다.

[25 국가직 9급]

☑ 고구려는 '영락'이라는 독자적인 연호를 사용하였다.

[17 국가직 9급, 20 지방직 9급]

☑ 광개토왕은 신라를 도와 낙동강 유역에서 왜병을 격퇴하였다.

[25 지방직 9급]

☑ 광개토왕 때 후연을 격파하고 요동지역을 차지하였다.

[16 경찰간부직]

☑ 광개토대왕릉비는 고구려의 건국 신화와 왕릉을 지키고 관리하는 수묘인을 기록하고 있다.

[18 기상직 9급]

☑ 근초고왕 때 백제는 동진과 국교를 맺고 요서 지방에 진출하였다.

[24 법원직]

☑ 근초고왕은 마한을 병합하고 평양을 공격하였다.

[24 서울시 1회, 25 국가직 9급]

☑ 백제의 근초고왕은 평양성 전투에서 고국원왕을 전사시켰다.

[16 경찰직 2차, 21 법원직]

☑ 근초고왕 때 부자 상속에 의한 왕위 계승이 시작되었다.

[18 법원직]

☑ 백제 근초고왕 때 아직기를 일본에 보내 태자에게 한자를 가르쳤다.

[22 경찰간부직]

☑ 백제 침류왕은 동진에서 불교를 받아들였다.

[24 법원직]

☑ 내물 마립간은 '마립간'이라는 왕호를 처음 사용하였다.

[23 지방직 9급]

☑ 호우명 그릇은 5세기 초 고구려와 신라가 밀접한 관계를 맺고 있었음을 보여준다.

[19 기상직]

☑ 내물 마립간은 낙동강 동쪽 진한지역을 거의 차지하였다.

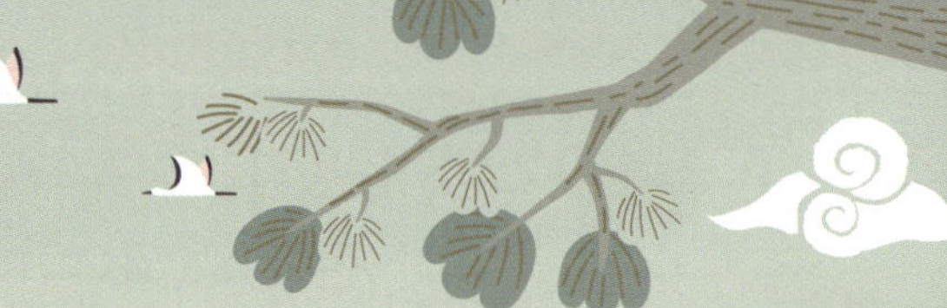

07 고구려의 전성기 vs 나제동맹(5C)

고구려

20代 장수왕

- 광개토대왕릉비(만주) ─ 정복사실 + 수묘인규정
  - "왜인이 국경에 가득차 성을 부수었으니 ~"
- 평양 천도
- 충주 (중원)고구려비(한강 이남 장악[죽령 ~ 남양만])
  - "고려대왕 상왕공(장수왕)은 신라 매금(마립간)에게 의복을 내리고 ~" ─ 신라왕을 동이매금으로 낮춰 부름
- 흥안령 일대장악
- 경당(지방, 한학·무술 교육, 평민 입학)

평양 천도 (427, 남진 정책)

다면 외교: 북조(북위) / 남조

21代 문자(명)왕

최대 영토 → 북부여 복속

백제

20代 비유왕

나·제 동맹 결성

왕 7년 7월에 사신을 신라에 들여보내 화친을 청하였다. 이듬해 2월 사신을 신라에 보내 좋은 말 2필을 선사하고, 신라가 황금과 명주를 보내 이에 답례하였다.

→

신은 고구려와 함께 부여에서 나왔으므로 선대에는 우의를 매우 [illegible]히 하였습니다. 지금 고구려는 죄가 있어 나라가 스스로 으께어지고 백성들은 무너지고 흩어졌습니다. 지금이야말로 멸망할 시기로서 폐하의 힘을 빌려야 할 때입니다.

개로왕의 국서 (→ 북조(북위))

→

한성 함락

임금은 상황이 어렵게 되자 어찌할 바를 모르다가 기병 수십 명을 거느리고 성문을 나가 서쪽으로 달아났는데, 고구려 병사가 추격하여 임금을 살해하였다.

21代 개로왕

백제 개로왕은 장기와 바둑을 좋아하였는데, 도림이 고하기를 "제가 젊어서부터 바둑을 배워 꽤 묘한 수를 알게 되었으니 개로왕께 알려드리기를 원합니다."라고 하였다.

→

웅진 천도

고구려의 침입으로 한성이 함락되자, 수도를 웅진으로 옮겼다.

22代 문주왕

→

혼인 동맹

왕 15년 3월에 신라에 사신을 보내 혼인을 청하니 신라 왕이 이찬 비지의 딸을 보냈다.

24代 동성왕

신라

19代 눌지마립간

- ㉠간섭 극복
- 왕위 부자 세습
- 불교 전래(㉠묵호자) ─ 불교 공인 X

21代 소지마립간

9년 3월에 사방(四方)의 우역(郵驛)을 비로소 설치하고, 담당 관리에게 명하여 관도(官道)를 수리하게 하였다.

[25 지방직 9급]

☑ 장수왕은 백제의 수도 한성을 함락하고 개로왕을 살해하였다.

[24 국가직 9급, 24 법원직, 24 서울시 1회]

☑ 장수왕 때 평양으로 수도를 옮기고 남진 정책을 추진하였다.

[23 지방직 9급]

☑ 충주 고구려비는 고구려가 5세기에 남한강 유역까지 진출하였음을 보여준다.

[16 경찰간부직]

☑ 충주 고구려비에는 스스로 천하의 중심으로 자부하는 고구려인의 천하관이 나타나 있다.

[16 지방직 9급]

☑ 비유왕 때 고구려의 남진 정책에 맞서 나제동맹을 처음 결성하였다.

[16 서울시 7급]

☑ 백제 개로왕은 중국 북조의 위(魏)에 사신을 보내어 군사 원조를 청하였다.

[17 서울시 7급]

☑ 백제 동성왕이 사신을 보내 혼인을 청하자 신라 소지왕이 이찬 비지의 딸을 보냈다.

[22 계리직]

☑ 소지왕은 처음으로 수도에 시장을 열어 사방의 물자를 유통시켰다.

[18 지방직 7급]

☑ 신라 소지왕 때 사방에 우역을 설치하고 관도를 정비하였다.

[24 서울시]

☑ 장수왕은 분열된 남북조와 수교하고 남진정책을 펼쳐 국내성에서 평양성으로 천도하였다.

[14 법원직]

☑ 소지마립간 시기에 6촌을 6부의 행정구역으로 개편하였다.

[22 간호직]

☑ 광개토대왕비는 고구려의 건국신화와 정복 활동을 기록하고 있다.

[19 경찰직]

☑ 장수왕은 죽령부터 남양만에 이르는 선까지 영토를 넓혔다.

[18 법원직]

☑ 한성이 함락되자 백제는 수도를 웅진으로 천도하였다.

고구려

> 6C 전반 고구려의 내분으로 국력 약화 → 백제 · 신라의 성장

백제왕 여륭이 양나라에 사신을 보내 "고구려를 잇달아 격파하여 다시 동아시아의 강국이 되었다."

백제

25代 무령왕(사마왕)

· 22담로를 설치하여 지방에 대한 통제를 강화하였다.

· 1971년 발굴된 그의 무덤을 통해 백제가 양, 왜와 활발하게 교류하였음을 알 수 있다.

↓ 압박

26代 성왕

1971년 7월, 공주시 송산리 고분군 배수로 공사 도중 벽돌무덤 하나가 우연히 발견되었다. 무덤 입구를 열자, 무덤주인을 알려주는 지석이 놓여 있었으며, 백제는 물론 중국의 남조와 왜에서 만들어진 갖가지 유물들이 고스란히 남아 있었다.

· 중앙(22부) · 지방(5부 5방)
부서 수도 지방

· 달솔 노리사치계를 왜에 보내 석가여래상과 불경을 전했다.

사비[부여] 천도 (538)

남부여 (국호)

금관가야 맹주 —(4C 낙랑군 축출 / 5C 광개토대왕 왜구 격퇴)→ 대가야 맹주

· 전성기에는 호남 동부지역까지 세력을 확장하였다
· 신라와 결혼동맹을 맺어 국제적 고립에서 벗어나 있다.

551년
① 단양 적성비
(한강 상류 장악, 공적비[수수비 ×])

→ **553년**
한강 모두 차지
· 중국과 직접교역
당항성

→ **555년**
② 북한산비
(한강 하류 장악)

김정희 금석고증

관산성 전투(554)
백제왕 명농이 가야와 함께 와서 관산성을 공격하자, 김무력의 비장인 고간 도도가 급히 쳐서 백제왕을 죽였다. 성왕 vs 진흥왕

③ 창녕비
(561, 가야 진출)
— 대가야 멸망

④, ⑤ 마운령비 황초령비
(568, 함경도 진출)

신라

22代 지증왕

· 국호를 신라로 바꾸고, 왕의 칭호도 마립간에서 왕으로 고쳤다.

· 이찬 이사부가 하슬라주 군주가 되어. '우산국 사람은 어리석고도 사나워서 힘으로 다루기는 어렵고 계책으로 복종시킬 수 있다'고 생각하였다. ······· 그 나라 사람들이 두려워 즉시 항복하였다.

· 경상도 함안 아시촌에 소경을 설치하였다.

23代 법흥왕(건원)

· 병부 설치(517)
· 율령(관등제, 관복제, 520)
17관등 4색(자비청황)

· 울진 봉평비 (524, 동해안 북부 진출)
· 이차돈은 왕의 얼굴을 쳐다보고 심정을 눈치채어 왕에게 아뢰었다. ··· "일체를 버리기 어려운 것은 자기 목숨입니다." ······옥리가 목을 베니 허연 젖이 한길이나 솟았다. 불교공인
· 왕이 이찬 철부를 상대등으로 삼아 나라의 일을 총괄하게 하였다. 상대등이라는 관직은 이때 처음 생겼으니, 지금의 재상과 같다. 상대등설치
· 재위 19년에는 금관국주인 김구해가 비와 세 아들을 데리고 와 항복하자 왕은 예로써 대접하고, 23년에는 처음으로 연호를 칭하여 건원(建元) 원년이라 하였다. 금관가야 병합

24代 진흥왕(개국 → 대창 → 홍제)

· 왕이 깊이 동감하고 대아찬 거칠부 등에게 명하여 선비들을 널리 모아 그들로 하여금 역사를 편찬하게 하였다. 국사편찬

· 대가야가 모반하였다. 왕은 이사부로 하여금 그들을 토벌케 하고, 사다함으로 하여금 이사부를 돕게 하였다. ··· 이사부가 군사를 인솔하고 그 곳에 도착하니, 그들이 일시에 모두 항복하였다. 대가야멸망

[19 서울시 7급]

☑ 백제 무령왕은 양나라에 사신을 보내 여러 차례 고구려를 격파하였다는 서신을 전했다.

[20 법원직]

☑ 백제 무령왕은 22담로를 처음 설치해 왕족을 파견하였다.

[16 지방직 9급]

☑ 백제 성왕 때 22부의 중앙 관제를 정비하고 지방에는 5방을 설치하였다.

[16 경찰직 2차, 24 국가직 9급]

☑ 성왕 때 사비로 천도하고, 국호를 남부여로 고치며 중흥을 꾀하였다.

[16 국가직 7급, 17 국가직 7급, 18 국가직 7급, 21 국가직 9급]

☑ 백제 성왕 때 노리사치계가 왜에 불상과 불경을 전하였다.

[16 국가직 9급]

☑ 백제는 성왕 때 신라와 연합하여 한강 유역을 수복하였으나 얼마 후 신라에 빼앗겼다.

[25 지방직 9급]

☑ 지증왕은 국호를 '신라'로 정하고 우산국을 정벌하였다.

[16 경찰직 1차, 17 국가직 7급]

☑ 신라 법흥왕 때 율령의 반포, 공복의 제정 등을 통해 통치 질서를 확립하였다.

[18 지방직 7급, 22 법원직, 25 지방직 9급]

☑ 신라 법흥왕은 병부와 상대등을 설치하는 등 통치 질서를 확립하였다.

[20 법원직, 21 국가직 9급]

☑ 법흥왕은 이차돈의 순교를 계기로 불교를 공인하였다.

[17 경찰직 2차, 21 지방직 9급, 25 지방직 9급]

☑ 법흥왕 때 건원이라는 연호를 사용하였다.

[25 국가직 9급]

☑ 법흥왕 때 신라가 금관가야를 병합하였다.

[21 경찰간부직]

☑ 진흥왕 때 황룡사를 창건하였다.

[17 기상직 9급, 24 서울시 1회]

☑ 신라 진흥왕은 대가야를 정복하여 영토를 확장하였다.

[20 지방직 9급]

☑ 신라 진흥왕 때 북한산 순수비를 건립하였다.

[18 국가직 7급]

☑ 신라 진흥왕 때, 개국, 대창, 홍제 등의 연호를 사용하였다.

[21 경찰직 1차, 21 국가직 9급]

☑ 신라는 진흥왕 때 거칠부가 『국사』를 편찬하였다.

[24 서울시 2회]

☑ 진흥왕은 고구려와 백제를 모두 공격하여 한강 유역을 차지하였다.

[15 교육행정직]

☑ 대가야는 신라와 결혼동맹을 맺었다.

고구려

26代 영양왕

온달이 왕에게 아뢰기를, "신라가 한강 이북 땅을 빼앗아 군현으로 삼았습니다. (…중략…) 저에게 군사를 주신다면 단번에 우리 땅을 반드시 되찾겠습니다."라고 하였다.

수 중국통일(589)
→ 영양왕 요서 선제공격(598)
└ with 말갈

수의 침입(2차)

이때 을지문덕이 군사를 출동시켜 사면에서 들이치니 수 병사들은 살수를 건너지도 못하고 허물어졌다. 요동성으로 돌아갈 때는 겨우 2천 7백 명뿐이었다. 살수대첩

28代 보장왕

춘추 외교

연개소문에 도움 요청(거절)

안시성전투 (645)

양만춘vs당태종

나당 동맹 체결 (648)

"신의 나라가 대국을 섬긴지 여러 해가 되었습니다. 그러나 백제는 강성하고 교활하여 침략을 일삼아 왔습니다." (…중략…) 태종이 크게 기뻐하며 사신을 보내 것을 허락하였다.

연개소문 쿠데타 (642)

연개소문이 왕을 죽이고 장(臧)을 세워 왕위를 계승하게 하였다.

백제 멸망 (660) → 웅진 도독부 (공주)

백제부흥운동

유인궤가 왜병을 백강 하구에서 만나 네 번 싸워 이기고 그들의 배 4백 척을 불태웠다. 적의 무리는 크게 무너졌다. 부여풍은 겨우 탈출하여 도망갔다. 백강전투

당의 한반도 지배야욕

- 663년 : 계림도독부(경주)
- 665년 : 취리산 회맹

연개소문 사망 (666) ⇒ 연남생(당)·연정토(신라) 투항

고구려 멸망 (668) → 안동 도호부 (평양)

고구려 부흥운동 (670~673)

- 검모잠(한성)
- 고연무(오골성)

신라의 반격

이근행이 군사 20만 명의 대군을 이끌고 매소성(買肖城)에 머물렀다. 우리 군사가 공격하여 달아나게 하고 전마 30,380필을 얻었는데, 남겨놓은 병장기도 그 정도 되었다. 매소성 전투

신라의 삼국통일

대왕을 도와 조그마한 공을 이루어 삼한을 한 집으로 만들었으며, 백성들은 두 마음이 없게 되었습니다. 김유신

수·당

27代 영류왕

- 천리장성 축조(당대비)
  └ 부여성 ~ 비사성

신라

27代 선덕여왕 (인평)

- 첨성대, 비담·염종의 난
- 자장법사는 중국 유학을 마치고 귀국한 다음, 국왕에게 황룡사에 9층탑을 세울 것을 건의했다.

대야성 전투(642)

장군 윤충을 보내 군사 1만명을 거느리고 신라 대야성을 공격하였다. 성주 품석이 처자를 데리고 나와 항복하였다.

28代 진덕여왕 (태화)

29代 태종 무열왕

황산벌 전투

백제군 한 사람이 1,000명을 당해냈다. 신라군은 이에 퇴각하였다. 이와 같이 진격하고 퇴각하길 네 차례에 이르러, 계백은 힘이 다하여 죽었다.

30代 문무왕(661~681)

백제

30代 무왕

- 익산 천도 시도
  └ 미륵사·미륵사지 석탑

31代 의자왕

[18 경찰직 2차]

☑ 고구려 영양왕은 말갈병을 보내 수나라의 요서 지방을 선제공격 하였다.

[19 서울시 9급]

☑ 고구려 을지문덕은 살수에서 수나라의 대군을 물리쳤다.

[19 서울시 9급]

☑ 고구려는 당나라의 침략에 대비하기 위해 천리장성을 축조하였다.

[13 서울시 7급, 18 교육행정직, 24 서울시 9급]

☑ 백제 의자왕은 신라의 대야성을 비롯하여 40여 성을 공격하여 차지하였다.

[16 기상직 9급, 20 경찰직 1차, 20 법원직]

☑ 신라는 선덕여왕 때 자장의 건의로 황룡사 9층 목탑을 건립하였다.

[20 지방직 9급]

☑ 신라 선덕여왕 때 첨성대를 건립하였다.

[20 경찰직 1차]

☑ 선덕여왕 때 비담과 염종 등 귀족 세력의 반란이 일어났다.

[21 경찰간부직]

☑ 진덕여왕 때 당과 군사 동맹을 맺었다.

[20 경찰직 1차]

☑ 진덕여왕 때 독자적인 연호를 폐지하고 당 고종의 연호를 처음 사용하였다.

[21 지방직 9급]

☑ 무열왕은 진골 출신으로서 처음 왕위에 올랐다.

[20 국가직 9급]

☑ 김유신은 황산벌에서 백제군을 물리쳤다.

[17 경찰간부직]

☑ 신라 문무왕은 백제 유민에게 신라의 관직과 관등을 주어 포섭하였다.

[18 소방직]

☑ 문무왕은 매소성과 기벌포 전투에서 당군을 물리쳤다.

[17 경찰간부직]

☑ 백제 멸망 이후 복신과 도침은 주류성에서, 흑치상지는 임존성에서 군사를 일으켜 저항하였다.

[18 국가직 9급]

☑ 문무왕은 태자로서 참전하여 백제를 멸망시켰다.

[19 서울시 7급]

☑ 계백은 5천의 결사대를 조직해 황산벌에서 싸웠으나 패하였다.

[22 소방간부직]

☑ 무왕은 익산지역으로 천도를 추진하였다.

7C

발해의 고구려 계승과 당의 영향

발해

구분	고구려 계승	당의 영향
정치	• 문왕 국서 (고려국왕, to 일본) • 발해 유민 고려 귀순	• 3성 6부제 　ㄴ독자성 ⓐ 정당성(대내상) 중심 　　　　　 ⓑ 이원적, 유교 명칭 • 중정대　• 주자감　• 문적원 　(감찰)　　(학교)　　(학술) • 좌사정·우사정 각 1명이 좌평장사·우평장사의 아래에 있다. 이원적 구성
문화	• 모줄임 천장 구조 • 온돌장치 • 돌사자상	• 상경의 주작대로(장안성 모방)

소파 김흠돌, 파진찬 흥원, 대아찬
진공 등이 반역을 도모하다가
사형을 당하였다.

8C

일본에 보낸 국서

고구려의 옛 땅을 회복하고 부여의 옛 습속을 지니고 있다.

지금 보내온 국서를 살펴보니 글 끝에 천손이라는 참람된 칭호를 쓰니 법도에 어긋납니다. 왕의 본래의 뜻이 어찌 이러하겠습니까

일본도[동경 용원부]
　ㄴ당·신라 견제

1代 고왕대조영 (천통)	2代 무왕 (인안)	3代 문왕 (대흥 → 보력)
대조영이 동모산에서 진국(震國), 즉 발해를 건국하였다.	당나라 수군의 거점인 등주성에 한바탕 난리가 벌어졌다. 장문휴가 이끄는 발해 군대가 등주성을 기습했기 때문이다.	• 수도를 중경에서 상경으로, 다시 동경으로 옮겼다. 또한 대흥, 보력 등 독자적인 연호를 사용하였다. • 전륜성왕, 황상

원성왕 6년 3월 북국(北國)에 사신을 보내 빙문(聘問)하였다. …(중략)… 요동 땅에서 일어나 고구려의 북쪽 땅을 병합하고 신라와 서로 경계를 맞대었지만, 교빙한 일이 역사에 전하는 것이 없었다. 이때 와서 일길찬 백어(伯魚)를 보내 교빙하였다.

당

등주 자사까지 전사했다는 소식에 당 조정은 신라에 원병 요청을 교섭이 있니. 신라군은 발해를 공격 했지만 추위와 폭설로 철수할 수밖에 없었다.

신라도[남경 남해부]
　ㄴ발해에 최초 사신
　　(일길찬 백어)

신라

29代 태종 무열왕	30代 문무왕	31代 신문왕	32代 효소왕	33代 성덕왕	35代 경덕왕	36代 혜공왕	38代 원성왕

신라 중대(무열계 직계 자손)　　　　　　신라 하대(내물계)

• 최초 진골왕
• 한반도 최초의 묘호
　ㄴ태종
• 갈문왕 제도 X

여러 신하들이 문무왕의 유언에 따라 동해 입구의 큰 바위 위에서 장례를 치렀다. 문무대왕암

신문왕이 한여름날 설총에게 이야기를 청하였다. 설총이 아침 하는 미인 장미와 충언하는 백두옹을 두고 누구를 택할까 망설이는 화왕에게 백두옹이 간언한 이야기를 해 주었다. 화왕계

• 서시·남시

한화 정책

왕은 사벌주를 상주로 바꾸는 등 9주의 명칭을 개정하고, 군현의 이름도 한자식으로 고쳤다. 또한, 중앙관서의 관직명도 중국의 예에 맞추어 한자식으로 바꾸었다.

상대등 김양상과 이찬 김경신이 병력을 일으켜 김지정 등을 죽였으나, 왕과 왕비는 난병에게 죽임을 당하였다. 혜공왕 피살

토지 제도	내외관의 녹읍을 혁파하고 매년 조를 내리되, 차등이 있게 하여 이로써 영원한 법식을 삼았다. 녹읍폐지	정전 지급	여러 내외관의 월봉을 없애고, 다시 녹읍을 나누어 주었다. 녹읍부활

독서삼품과

논어·효경에도 밝은 자를 상(上)으로 하고, 곡례·논어·효경을 읽은 자를 중(中)으로 하고, 곡례·효경을 읽은 자를 하(下)로 하되, 만일 5경·3사와 제자백가의 서(書)를 능히 겸통하는 자가 있으면 등급을 넘어 등용한다.

국학 정비	국학 설치	문묘 공자와 70여명의 초상화 안치	국학을 태학감으로 바꾸고 박사와 조교를 파견하여 논어와 효경을 강의케 하였다.

반드시 암기해야 할 핵심선지

[18 서울시 9급]

☑ 신라 중대에는 주로 무열왕의 후손들이 즉위하면서 비교적 강력한 왕권을 행사하였다.

[18 국가직 9급, 20 국가직 9급, 21 지방직 9급, 21 소방직, 25 국가직 9급]

☑ 신문왕은 국학을 설치하여 유학을 진흥시켰다.

[17 기상직 9급]

☑ 신문왕은 김흠돌의 반란을 진압하고 왕권을 강화하였다.

[24 법원직]

☑ 신문왕은 관료전을 지급하고 녹읍을 폐지하였다.

[21 지방직 9급]

☑ 성덕왕 때 백성에게 처음으로 정전을 지급하였다.

[22 서울시]

☑ 경덕왕은 국학을 태학감으로 고치고 박사와 조교 등을 두었다.

[22 간호직]

☑ 경덕왕은 관료전을 폐지하고 녹읍을 부활하였다.

[17 국가직 9급, 19 지방직 7급]

☑ 경덕왕 때 관직과 주군현의 명칭을 중국식 한자명으로 바꾸었다.

[21 계리직]

☑ 대조영은 당의 군대를 천문령에서 물리치고, 동모산에서 건국하였다.

[24 국가직 9급]

☑ 발해 무왕 때 '인안'이라는 독자적인 연호를 사용하였다.

[19 경찰직 2차]

☑ 발해는 당을 견제하기 위해 북으로는 돌궐, 남으로는 일본과 통교하였다.

[22 국가직 9급, 22 경찰간부직, 24 서울시 2회, 25 지방직 9급]

☑ 발해 무왕은 장문휴를 시켜 당의 등주(산둥성)을 공격하였다.

[18 법원직]

☑ 발해 문왕 때 '대흥'이라는 연호를 사용하였다.

[21 계리직]

☑ 문왕은 3성 6부의 중앙 관제와 지방 행정 조직을 정비하였다.

[18 서울시 9급, 22 경찰간부직]

☑ 발해 문왕은 스스로 전륜성왕이라 자처하고 일본에도 사신을 파견하였다.

[16 서울시 9급, 18 서울시 9급]

☑ 발해는 문왕 때 왕을 황상(皇上)이라고 칭하여 황제국을 표방하였다.

[19 경찰직 2차]

☑ 발해는 8세기 전반에는 당과 대립하였으나 8세기 후반부터 친선 관계로 바뀌었다.

[17 지방직 7급]

☑ 발해는 문왕 때 동해안을 따라 신라에 이르던 교통로인 '신라도'를 설치하였다.

[20 경찰직 2차]

☑ '남북국 시대'라는 용어는 조선 후기 실학자 유득공이 『발해고』에 기록한 남북국사라는 용어에서 비롯되었다.

[18 국가직 9급]

☑ 상경성에서 출토된 온돌 장치는 발해가 고구려를 계승한 국가임을 보여준다.

[15 경찰직 1차]

☑ 발해는 통일 신라와 경쟁의식을 가져 국제무대에서 대립하기도 하였으나, 때때로 사신을 파견하여 우의를 다졌다.

[19 계리직]

☑ 원성왕이 8세기 독서삼품과를 시행하였다.

9C	10C

발해

10代 선왕 (건흥)

- 대명충이 왕위에 오른 지 1년만에 죽으니, 그의 종부인 인수가 왕위를 잇고 연호를 건흥으로 고쳤다. 발해 선왕이 드디어 바다 동쪽의 성대한 나라가 되었다.
- 임금은 스스로 황상을 표방하고 독자적인 연호를 가지고 있었으며, 5경15부 62주의 행정체제를 갖추고 있었고, 율령에 해당하는 정령에 따라 정치를 운영하였다.

고려 건국(918)

발해 멸망 (거란침입, 926)

후백제(900)

견훤이 서쪽으로 순행하여 완산주에 이르니 마을의 백성들이 환영하였다. …(견훤이) "지금 내가 감히 완산에 도읍하여 의자왕의 오래된 울분을 씻지 않겠는가?"라고 말하며 마침내 후백제 왕을 스스로 칭하였다.

공산(대구) 전투(927)

견훤은 이 구원병이 도착하지 않은 틈을 이용하여, 겨울 11월에 수도를 습격하였다. 이때 왕은 왕비 및 후궁과 친척들을 데리고 포석정에서 연회를 베풀며 놀고 있었다.

신라

41代 헌덕왕　**42代 흥덕왕**　**51代 진성여왕**　**52代 효공왕**

고창(안동) 전투(930)

견훤이 크게 군사를 일으켜 고창군의 병산 아래에 가서 태조와 싸웠으나 이기지 못하였다.

사치 금지령

세상의 습속은 점점 각박해지고 백성들은 다투어 사치와 호화를 일삼아 다만 진기하고 괴이한 것만을 숭상하고 토산물의 야비한 것을 싫어한다.

- 최치원 시무 10조

　향가집

쟁장사건

신이 숙위원(宿衛院)의 보고를 보았는데, 왕자 대봉에게 글을 올려 발해를 신라보다 윗자리에 앉게 해 달라고 주청하였던 사실을 알게 되었습니다.

후고구려(901)

진성왕 즉위 5년에 선종은 죽주의 적괴 기훤에게 의탁하였으나 기훤이 업신여기고 잘난 체하며 예우하지 않았다. 선종은 답답하고 스스로 불안해져서 북원의 도적 양길에게 의탁하였다.

대광현 귀순(934)

견훤 귀순(935)
　금산사 탈출 → 고려

김헌창의 난 (822, 공주)

왕 14년 3월에 웅천주 도독 헌창이 아버지 주원이 왕이 되지 못한것에 불만을 품고 반란을 일으켜, 국호를 장안이라 하고 연호를 경운 원년이라 하였다.

청해진 설치 (828, 완도)

원종·애노의 난 (889, 상주)

진성 여왕 3년(889) 나라 안의 모든 주·군에서 공물과 세금을 보내지 않아 창고가 텅텅 비고 나라 재정이 궁핍해졌다. 왕이 사신을 보내 독촉하니 곳곳에서 도적이 벌 떼처럼 일어났다. 이때 원종과 애노 등이 사벌주에서 반란을 일으켰다.

신라 항복 (935)

나주(금성) 점령
　왕건(후백제 견제)

마진

일리천 전투(936)

고려군의 군세가 크게 성한 것을 보자 갑옷을 벗고 창을 던져 견훤이 탄 말 앞으로 와서 항복하니 이에 적병이 기세를 잃어 감히 움직이지 못하였다. … 신검이 두 동생 및 문무관료와 함께 항복하였다.

견훤의 난 (892, 무진주[광주])

적고적의 난(896)

철원천도

태봉

후삼국 통일 (936)

[21 계리직, 25 국가직 9급, 25 지방직 9급]

☑ 선왕은 5경 15부 62주의 지방 행정 체계를 확립하였다.

[19 서울시 7급, 24 서울시 2회]

☑ 발해 10대 선왕 대에는 국력이 더욱 강대해져서 '해동성국'으로 불리었다.

[17 지방직 9급]

☑ 김헌창은 웅천주를 근거지로 반란을 일으켜 국호를 장안이라 하였다.

[24 국가직 9급]

☑ 김헌창은 아버지가 왕이 되지 못한 것에 대한 불만으로 난을 일으켰다.

[17 경찰직 1차]

☑ 흥덕왕은 사치 금지 조서를 반포하였다.

[20 국가직 9급]

☑ 흥덕왕 때 장보고의 건의에 따라 청해진이 설치되었다.

[18 경찰직 1차]

☑ 견훤은 완산주에 도읍을 정하고 후백제를 세웠고, 궁예는 송악에 도읍을 정하고 후고구려를 세웠다.

[13 경찰직 2차, 24 법원직]

☑ 진성(여)왕 대에 붉은 바지를 입은 도적이 경주 외곽까지 위협하였다.

[24 법원직]

☑ 진성여왕 대에 원종과 애노가 사벌주에서 봉기하였다.

[16 경찰간부직]

☑ 궁예는 미륵 신앙을 이용하여 전제 정치를 도모하였다.

[14 경찰간부직]

☑ 궁예는 부석사에 있는 신라 왕의 화상을 칼로 훼손하면서 반신라 감정을 드러냈다.

[21 경찰직]

☑ 왕건은 금성(나주)를 점령하여 후백제를 견제하였다.

[23 법원직]

☑ 고려 태조(왕건)는 공산 전투에서 후백제군에게 패하였다.

[21 법원직]

☑ 왕건은 신라 경순왕의 항복을 받아 전쟁 없이 신라를 통합하였다.

[24 법원직]

☑ 발해는 거란의 침략으로 멸망당하였다.

[20 경찰직]

☑ 후백제의 신검이 견훤을 금산사에 유폐시켰다.

[20 국가직 9급]

☑ 최치원은 당나라에서 귀국하여 진성여왕에게 시무 10조를 올려 개혁을 요구하였다.

[12 지방직 9급]

☑ 견훤은 후당, 오월과도 교통하는 등 중국과의 외교에 적극적이었다.

MEMO

III
고려사

12 고려의 시기구분

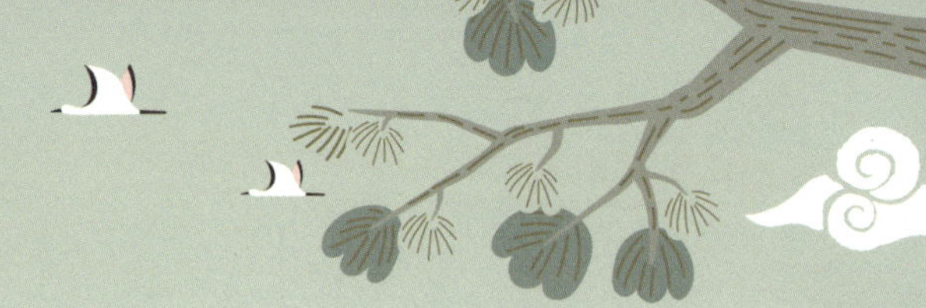

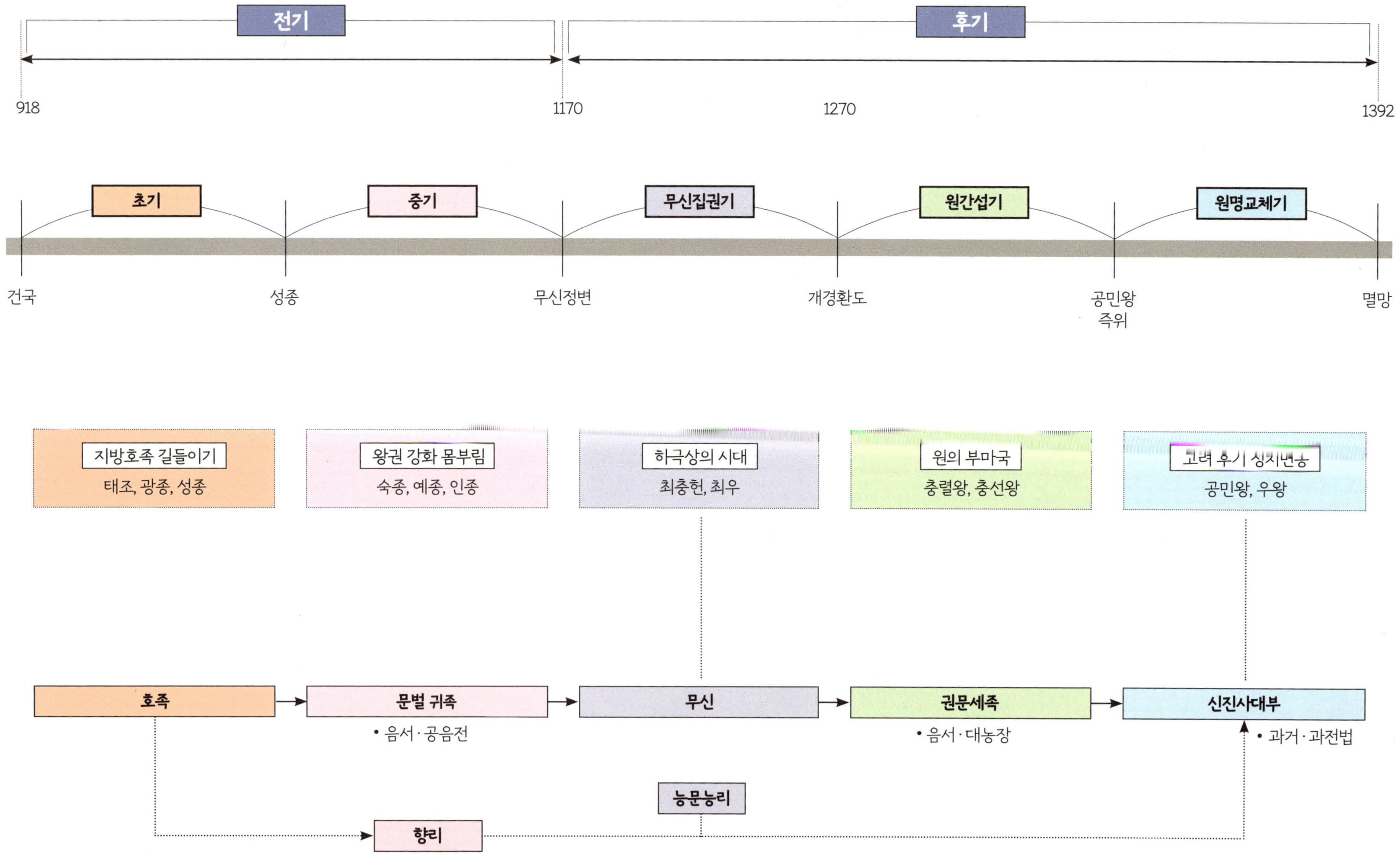

전기
후기
918
1170
1270
1392
초기
중기
무신집권기
원간섭기
원명교체기
건국
성종
무신정변
개경환도
공민왕 즉위
멸망
지방호족 길들이기
태조, 광종, 성종
왕권 강화 몸부림
숙종, 예종, 인종
하극상의 시대
최충헌, 최우
원의 부마국
충렬왕, 충선왕
고려 후기 정치변동
공민왕, 우왕
호족
문벌 귀족
• 음서·공음전
무신
권문세족
• 음서·대농장
신진사대부
• 과거·과전법
능문능리
향리

MEMO

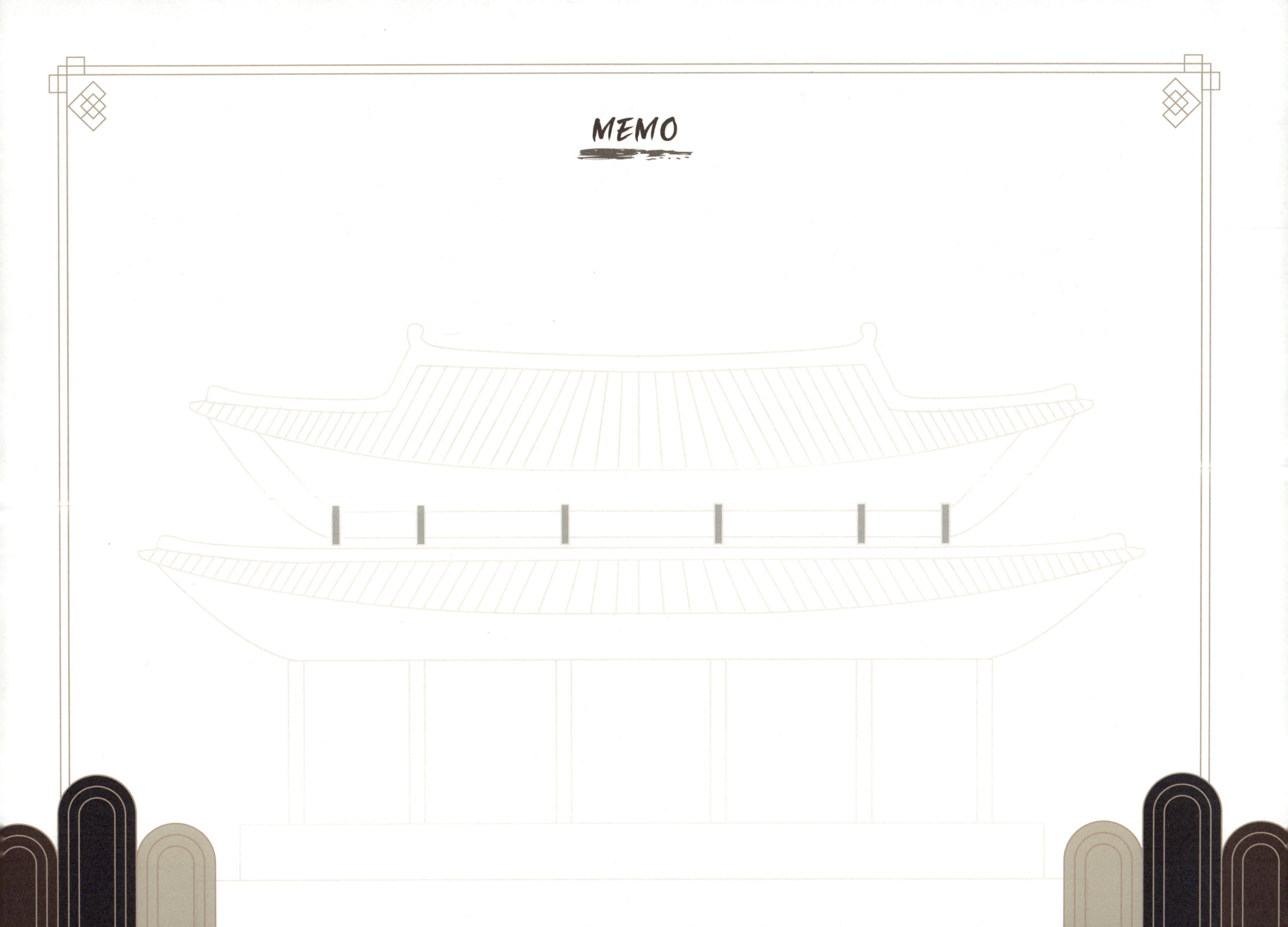

1代 태조(씨)

호족 회유

- 호족과는 혼인관계를 맺거나 왕씨 성을 하사하였다. 사성정책
- 군사들에게 관계는 논하지 않고 그들의 성행(性行)의 선악과 공로의 대소를 보아 지급하였는데 차등이 있었다. 역분전

국가 정비

- 연호(천수)
- 훈요 10조(후대왕)
- 정계·계백료서(후대신하)

북진정책

- 내가(이때 필자의 바에와 누내일 맺고 있다가 갑자기 의심을 품어 맹약을 어기고 그 나라를 멸망시켰으니 국교를 단절하고 사신 30명은 섬으로 귀양을 보냈으며, 낙타는 만부교 아래 매어 두었더니 다 굶어 죽었다. 만부교사건
- 평양을 서경으로 삼고, 청천강 유역까지 영토를 확장하였다.

호족 견제

신라왕 김부(경순왕)가 항복해 오니 신라국을 없애고 경주라 하였다. 김부로 하여금 경주의 사심관이 되어 부호장 이하의 관리 임명을 맡게 하였다. 사심관제도
- 기인제도

2代 혜종 / 3代 정종

2. 도선이 정한곳 이외는 사찰금지
4. 거란은 짐승같은 나라
5. 서경에 100일 이상 거주
6. 연등회·팔관회 장려
- 우리 동방은 옛날부터 중국의 풍속을 흠모하여 문물과 예악이 모두 그 제도를 따랐으나, 지역이 다르고 인성도 각기 다르므로 꼭 같게 할 필요는 없다. 거란은 짐승과 같은 나라로 풍속이 같지 않고 말도 다르니 의관제도를 삼가 본받지 말라.

정종

- 박수사 소사(vs. 기명)
- 고려 정종 때 이곳으로 선노 계획을 세웠으나 실현되지 못했고, 문종 때 이 곳 주위에 서경경기 4도를 두었다. 서경천도시도

광학보
(정종, 불교진흥)

4代 광종(피)

호족 억제

- 평농서사 권신(權信)이 대상(大相) 준흥(俊弘)과 좌승 (佐丞) 왕동(王同) 등이 반역을 꾀한다고 참소하자 왕이 이들을 내쫓았다. 공신숙청
- 왕이 쌍기의 건의를 받아 처음으로 과거를 실시하였다. 과거제
- 왕 때에 와서 비로소 백관의 공복을 자색·단색·비색·녹색으로 제정하였다. 공복제정
  광종이 노비를 조사하여 그 시비를 가려내게 하자, (노비들이) 윗사람을 능멸하는 풍조가 성행하였다. 노비안검법

황제국

허신정치를 대체저으로 익다락 지은 국리가 니세 띵니빈민나 께 너음 아 도, 서경을 서도라 칭한 것은 자부심의 한 표현이라 볼 수 있다.

불교통합

- 왕은 중국에 36명의 승려를 파견하여 법안종을 배우도록 하였다. 또한 제관과 의통을 파견하여 천태학에 대한 관심을 보였다.
- 이 승려는 고려 초기에 귀법사의 주지를 역임하였고, 남악파와 북악파의 통합을 위해 인유(仁裕)와 함께 큰 사찰의 승려를 찾아가 설득하여 화엄종파의 분쟁을 종식시켰다. 균여

6代 성종(유교정치)

최승로

- 시무 28조!
- 신의 어리석은 생각으로 만약 왕이 처음과 같이 늘 공손하고 아끼며 정사를 부지런히 하였다면, 어찌 타고난 수명이 길지 않고 겨우 향년 50으로 그쳤겠습니까. 광종 평가

중앙제도 완성(유교·친송정책)

- 당대등을 호장으로 대등을 부호장으로 낭중을 호정으로 원외랑을 부호정으로 하였다. 향리제도
- 경치 좋은 장소를 택하여 서재와 학교를 크게 세우고 적당한 토지를 주어서 학교의 식량을 해결하며 또 국자감을 창설하라고 명하였다. 국자감
- 문신들에게 매월 시부를 바치게 하는 문신월과법을 실시하였다. 문신월과법
- 노비안검법으로 해방된 노비 중 옛 주인을 경멸하는 자들을 다시 천민으로 만들었다. 노비환천법

↓

거란의 1차 침입(993)

우리나라가 곧 고구려의 옛 땅이다. 그리고 압록강의 안팎 또한 우리의 지역인데 지금 여진이 그 사이에 몰래 점거하여 저항하고 교활하게 대처하고 있어서 …(중략)… 만일 여진을 내쫓고 우리 옛 땅을 되찾아서 성보(城堡)를 쌓고 도로를 통하도록 하면 우리가 어찌 사신을 보내지 않겠는가? 서희

8代 현종(지방 우대)

- 불교는 몸을 닦는 근본이며 유교는 나라를 다스리는 근원이니, 몸을 닦는 것은 내생을 위한 것이며, 나라를 다스리는 일은 곧 오늘의 할 일입니다. 오늘은 극히 가깝고 내생은 지극히 먼 것이니, 가까운 것을 버리고 먼 것을 구하는 일이 그릇된 일이 아니겠습니까?
- 향리 토호들이 늘 공무를 빙자하여 백성들을 침해하고 학대하므로 백성들이 명령을 감당하지 못하니 청하건대 외관을 두시옵소서.

현종즉위

천추태후와 김치양이 불륜 관계를 맺고 왕위를 엿보자, 서북면도순검사 강조가 군사를 일으켜 김치양 일파를 제거하고 왕을 폐위시켰다. 강조의 정변

거란의 2차 침입(1010)

이것은 고려 최초의 대장경으로 거란의 침입을 받았던 현종 때 부처의 힘을 빌려 이를 물리치려는 염원에서 만들기 시작하였다. 초조대장경

거란의 3차 침입(1018)

강감찬이 산골짜기 안에 병사를 숨기고 큰 줄로 쇠가죽을 꿰어 성 동쪽의 큰 개천을 막아서 기다리다가, 적이 이르자 물줄기를 터뜨려 크게 이겼다. 흥화진전투

↓

9代 덕종

북쪽 국경 일대에 천리장성을 쌓아 외적의 침략에 대비하였다.

지역행사

연등회를 축소하고 팔관회를 폐지하여 국가적인 불교행사를 억제하였다.

연등회와 팔관회를 최항의 건의에 따라 다시 시행하였다.

제위보

빈민과 행려자의 구호 및 질병 치료를 위해 제위보를 설치하였다.

흑창

의창

의창은 진제(賑濟)와 환상(還上)을 위해 설치한 것이고, 국고(國庫)는 군국(軍國)의 수요에 대비한 것입니다

상평창

흉년이 들면 곡물을 시가보다 싸게 내놓아 생활을 안정시켰다. 〈개경, 서경, 12목〉

[22 서울시]

☑ 고려 태조(왕건)는 귀순한 호족에게 성(姓)을 내려주어 포섭하였다.

[25 지방직 9급]

☑ 고려 태조는 기인 제도를 실시하였다.

[25 지방직 9급]

☑ 고려 태조는 발해 유민을 받아들였다.

[25 지방직 9급]

☑ 고려 태조는 훈요10조를 남겼다.

[16 교육행정직, 25 국가직 9급]

☑ 고려 태조는 지방 통제를 위하여 사심관 제도를 실시하였다.

[12 지방직 7급, 20 경찰직 2차]

☑ 고려 태조는 북진 정책을 추진하여 청천강에서 영흥만에 이르는 국경선을 확보하였다.

[16 경찰간부직]

☑ 정종은 서경 천도를 시도하였으나 실패하였다.

[19 지방직 9급, 21 경찰직 1차, 24 서울시 1회]

☑ 정종은 광군 30만을 조직하여 거란의 침략에 대비하였다.

[25 국가직 9급]

☑ 광종은 광덕, 준풍 등의 연호를 사용하였다.

[19 경찰직 2차, 20 법원직, 21 소방직, 24 서울시 1회]

☑ 광종 때 공신 자제의 우선 등용을 막기 위해 과거제를 실시하였다.

[19 경찰직 2차]

☑ 광종 때 관리의 등급에 따라 자색, 단색, 비색, 녹색으로 공복을 구분하였다.

[20 지방직 9급, 20 법원직, 22 계리직, 25 지방직 9급]

☑ 광종 때 개경을 고쳐 황도라 하고 서경을 서도라고 하였다.

[24 지방직 9급]

☑ 광종 때 노비안검법을 실시하여 호족 세력을 약화시켰다.

[25 국가직 9급]

☑ 성종은 최승로의 시무 28조 건의를 수용하였다.

[24 지방직 9급]

☑ 성종 때 전국의 주요 지역에 12목을 설치하였다.

[15 국가직 9급, 20 법원직, 24 서울시 2회]

☑ 현종은 5도 양계의 지방 제도를 확립하였다.

[14 경찰직 1차]

☑ 성종은 국자감을 정비하고 지방에 경학박사와 의학박사를 파견하였다.

[17 지방직 9급, 22 지방직 9급]

☑ 강조가 정변을 일으켜 김치양 일파를 제거하고 목종을 폐위시켰다.

[17 지방직 9급]

☑ 고려 현종은 현화사를 창건하고 대장경 조판 사업을 시작하였다.

[18 교육행정직]

☑ 현종 때 양규가 강조의 정변을 구실로 침략한 거란의 군대를 격퇴하였다.

[18 교육행정직, 23 국가직 9급, 24 서울시 1회, 24 국가직 9급]

☑ 성종 때 서희가 외교 담판을 통해 강동 6주 지역을 획득하였다

[18 서울시 9급]

☑ 고려는 거란의 침입으로 현종이 나주로 피난하였다.

[24 서울시 1회]

☑ 강감찬이 이끄는 고려군이 귀주대첩에서 거란군을 격파하였다.

[21 소방직]

☑ 귀주대첩 이후 고려는 압록강에서 도련포에 이르는 천리장성을 축조하였다.

[24 서울시]

☑ 성종때 건원중보가 발행되었으나 널리 이용되지 못하였다.

11代 문종	15代 숙종	16代 예종	17代 인종

15代 숙종

이자겸(외척 세력) vs 한안인(측근 세력)
└ 이자연 손자

우봉·파평 등의 지역에 감무관을 파견하였다. **감무 파견**

11代 문종

- 이자연(인천 출신 외척)
- 한양을 남경으로 승격하여 3경에 포함하였다.

문벌귀족 특권

(정치) 음서(목종)
(경제) 공음전

- 최충이 후진들을 모아 열심히 교육하니, 유생과 평민이 그의 집과 마을에 차고 넘치게 되었다. (…중략…) 세상에서 12도라고 일컬었는데, 최충의 도가 가장 성하였다. **문헌공도**

- 나라에 벼슬하는 씨는 비고 끼인 가문 출신의 관리들 이며, 이들은 기문의 명망으로 서로를 높인다. (…중략…) 문종도 세자 때 이씨의 딸을 맞아 비로 삼았다. **문벌귀족**

경정전시과

한외과가 소멸되고, 현직 관리만을 대상으로 지급하였다.

동서대비원

환자를 진료하고 갈 곳이 없는 어려운 사람들을 돌보아 주었다.

왕권 강화의 몸부림

국자감

서적포	양현고
└ 출판	└ 장학재단

국학 7재

국자감에 7재를 두어, … 춘추를 공부하는 곳을 양정, 무학을 공부하는 곳을 강예라 하였다.

경제 사회

주전도감

이 해에 또 은병을 만들어 화폐로 사용하였는데, 은 한 근으로 우리 나라의 지형을 본떠서 만들었고 민간에서는 활구라고 불렀다.

혜민국, 구제도감

5월에 조서를 내리기를 "개경 내의 사람들이 역질에 걸렸으니 마땅히 구제도감을 설치하여 이들을 치료하고, 굶주린 백성을 진휼하라."라고 하였다. **구제도감**

사 상

불교	풍수지리	도교
의천 천태종 (국청사)	남경 천도 추진(김위제) └ 남경개창도감 설치	왕은 신앙이 돈독하여 정화(政和) 연간에 비로소 복원관(福源觀)을 세워 도가 높은 참된 도사 10여인을 받들었다. **복원궁**

군 사

윤관이 아뢰기를, "신이 싸움에서 진 것은 적은 기병(騎兵)인데 우리는 보병(步兵)이라 대적할 수가 없었기 때문입니다."라 하였다. 이에 그가 건의하여 처음으로 이 부대를 만들었다. **별무반**

여진족을 북방으로 밀어내고 동북 지방 일대에 9개의 성을 쌓았다. **동북9성**

요 멸망 (1125)

17代 인종

귀족사회의 모순 폭발

이자겸의 난(1126)

이자겸은 십팔자가 왕이 된다는 도참설을 믿고 반역을 도모하려고 부하인 척준경과 함께 난을 일으켰다.

묘청의 난(1135)

- 제가 보건대 서경 임원역의 땅은 풍수지리를 하는 사람들이 말하는 아주 좋은 땅입니다. 만약 이곳에 궁궐을 짓고 전하께서 옮겨 앉으시면 천하를 다스릴 수 있습니다. 또한 금나라가 선물을 바치고 스스로 항복 할 것이고 주변의 36 나라가 모두 머리를 조아릴 것 입니다.

- 서경의 원로와 전직 검교태사 이제정 등 50여 명이 표문을 제출하여 황제라 칭하고 연호를 세우바지를 칭하였다. 전기사 등이 왕에게 말하기를, 대농성에 성시노운 시간 있고 천심에 응답하고 여진(금)를 타도하소서."리고 하였다.

- 묘청의 천도 운동에서 그가 패하고 묘청이 이겼더라면 조선사는 독립적·진취적으로 진전하였을 것이니 이것이 어찌 일천년래 제일 사건이라 하지 아니하랴. **신채호의 평가**

- 김부식 진압 → 『삼국사기』(1145)

순수청자

송의 사신 서긍은 『고려도경』에서 순수청자의 우수성을 서술하였다.

[21 경찰간부직]

☑ 고려 문종 때 한양을 남경으로 승격하여 3경에 포함하였다.

[22 법원직]

☑ 고려 숙종은 의천의 건의를 받아들여 주전도감을 설치하였다.

[17 국가직 9급]

☑ 숙종 때 김위제의 건의로 남경에 궁궐을 건립하였다.

[22 법원직, 23 계리직]

☑ 고려 예종은 속현에 감무를 파견하였다.

[17 국가직 9급]

☑ 예종 때 윤관을 원수로 하여 여진 정벌을 단행하였다.

[19 국가직 9급]

☑ 고려 인종 때 서경에 대화궁을 짓고 칭제건원을 주장하였다.

[21 소방직]

☑ 묘청의 난은 김부식이 이끄는 관군에게 진압되었다.

[24 국가직 9급]

☑ 숙종 때 윤관이 별무반 편성을 건의하였다.

[20 지방직 7급]

☑ 여진이 빼앗긴 지역의 반환을 간청하자, 고려는 조공을 받는 조건으로 돌려주었다.

[20 지방직 7급]

☑ 여진은 1115년 나라를 세운 뒤 고려에 군신 관계를 요구하였다.

[21 국가직 9급]

☑ 예종은 국자감에 7재를 두어 관학을 부흥하고자 하였다.

[19 서울시]

☑ 예종은 양현고를 설치하고 보문각과 청연각을 세워 유학을 진흥시켰다.

[18 소방직]

☑ 금나라의 군신관계 요구에 이자겸 등 집권 세력은 금의 사대 요구를 수용했다.

[22 서울시]

☑ 숙종 대에 서적포라는 국립출판사를 두어 책을 간행하였다.

[17 서울시]

☑ 묘청은 국호를 대위 연호를 천개라하고 반란을 일으켰다.

[19 서울시]

☑ 인종 대에 송나라 사신 서긍이 고려를 방문하고 고려도경을 지었다.

[20 지방직 9급]

☑ 별무반은 신기군, 신보군, 항마군으로 편성되었다.

무신정권 (초기)

1代 이의방 ~ 2代 정중부

- 이의방등이 보현원 사건을 일으키고 왕을 모시던 문관 및 대소 신료들을 살해하였다. 정중부 등이 왕을 모시고 궁으로 돌아왔다. 무신정변
- 중방 (무신회의기구 → 최고정치기구)

반무신란		
· 김보당[동북면 병마사]의 난 └ 의종 복위 시도(실패)	의종 사망	· 조위총[서경 유수]의 난(평양) · 교종승려의 난(귀법사)(개성)

공주 명학소의 백성 망이·망소이 등이 무리를 모아 산행 병마사라고 자칭하며 공주를 공격하여 함락시켰다. ─── 전주 관노의 난

3代 경대승

무관 중 일부가 공공연히 말하기를 "정시중이 문관들을 억눌러 우리들의 울분을 씻어 주고 무관의 위세를 펼쳤는 데 시해당하다니, 누가 공을 시해한 그를 토벌할 것인가" 라고 하였다. 그는 두려워 결사대 1백 수십 명을 불러 모아 자기 집에 머물게 하고 도방이라 불렀다. 도방

4代 이의민

옛 도참에 왕씨가 다하고 다시 십팔자(十八子)가 있다는 말을 들었는데, '十八子'는 곧 '이(李)'이다. 이로써 마음속에 이룰 수 없는 생각을 품고, 탐욕을 줄이고 명사(名士)를 거두어서 헛된 명예를 구하려고 하였다. 자신이 경주 출신이므로 비밀리에 신라를 부흥시킬 뜻을 가지고, 김사미, 효심 등과 연결하니, 그들도 역시 거만(鉅萬)을 보냈다.

김사미·효심의 난 〈운문·초전[신라 부흥]〉

최씨 무신정권

5代 최충헌

- 신종은 이 사람이 세웠다. 사람을 살리고 죽이고 왕을 폐하고 세우는 것이 다 그의 손에서 나왔다.
- 명종을 폐하고 신종, 희종, 강종, 고종을 차례로 세웠다.

봉사 10조(to 명종)
· 비보사찰 외 사찰 금지 · 새 궁궐로 이동 cf) 도선이 정한 곳 외 사찰 금지(훈요십조) · 승려의 왕궁 출입·고리대업 금지 · 농민으로부터 뺏은 토지 반환

신참 제년 시노비만적 등이 북산에서 땔나무를 베다가 공사의 노비들을 무이 무 의하기를, "우리가 성 안에서 봉기하여 먼저 최충헌 등을 죽인다. 이어서 각각 자신의 주인을 죽이고 천적(賤籍)을 불태워 삼한에서 천민을 없게 하자. 그러면 공경장상이라도 우리가 모두 할 수 있을 것이다"라고 하였다. 만적의 난

6代 최우(1219~1249)

- 최우는 붓글씨를 잘 써서 신품사현이라 불렸다. 그는 도방을 확대하여 내도방·외도방으로 편성하고, 새로이 마별초와 삼별초를 조직하여 무력기반을 크게 확충하였다.
- 서방을 설치하고 문신을 머무르게 하여 정치의 자문을 담당하도록 하였다.

고종 24년 봄에 전라도 지휘사 김경손이 초적이 연년을 쳐서 평정하였다. 이연년의 난

7~8代 최항·최의

신앙결사운동
· 지눌의 수선결사 · 요세의 백련결사

몽고와의 첫만남
고려와 함께 강동성에 포위된 거란족을 격파하였다.

몽고의 1차 침입
몽골에서 조서를 보내 이르기를, "너희들이 모의하여 저고여를 죽이고서는 포선만노의 백성들이 죽였다고 한것이 세 번째 죄이다."라고 하였다.

강화 천도기(1232 ~ 1258)
· 무신정권은 주민을 산성이나 섬으로 들어가 오랜 전쟁에 대비하게 하는 산성, 해도 입보 정책을 펼쳤다.   · 1232년 ⓐ 처인성 전투 승리(김윤후 vs 살리타) ⓑ 초조대장경·교장 소실 (대구)   · 1234년 : 고금의 서로 다른 예문을 모아 절충하여 50권의 책을 만들고 그것을 상정고금예문이라고 명명하였다. 활판으로 28부 인쇄   · 1236년 : 부처의 힘으로 국난을 극복하려고 강화도에 대장도감을 설치하고 대장경을 판각하였다. 재조대장경   · 1238년 : 황룡사 9층 목탑 소실

무신정권 (말기)

9代 김준

강화천도기(1258~1270)		
1258년 최씨정권 붕괴	· 1258년 : 쌍성총관부 설치(화주) └ 철령 이북 통치 ※ 조휘·탁청 투항 · 1259년 : 강화체결(불개토풍) └ 원종이 태자시절 └ 원종 즉위(1259)	· 1270년 : 동녕부 설치(서경) └ 자비령 이북 통치

10~11代 임연·임유무

1259년 고종 사망 원종 즉위

24代 원종

1270년 무신정권 붕괴 ↓ 개경 환도

개경환도기

삼별초 항쟁 (1270 ~ 73)
· 고려 정부는 몽골과 강화를 맺고 개경으로 환도하였다. 대몽 항전에 적극적이었던 삼별초는 개경 환도를 반대하고 반란을 일으켰다. 이어 진도로 근거지를 옮기면서 항쟁을 전개하였다.   · 김방경이 몽골 원수(元帥) 등과 더불어 삼군(三軍)을 거느리고 적(敵)을 격파하니, …… 적의 장수 김통정이 남은 무리를 이끌고 탐라에 들어가 숨었다.

원종 12년 2월에 도병마사가 아뢰기를, "근래 병란이 일어남으로 인해 창고가 비어서 백관의 녹봉을 지급하지 못하여 사인(士人)을 권면할 수 없습니다. 청컨대 경기 8 현을 품등에 따라 녹과전으로 지급하소서." 녹과전

[19 서울시 9급]

☑ 무신정변 직후 상장군, 대장군의 회의기관이었던 중방을 권력기구 삼았다.

[19 서울시 9급]

☑ 김보당과 조위총은 무신정권에 항거하여 군사를 일으켰다.

[18 법원직]

☑ 무신집권기 망이·망소이 형제는 공주 명학소에서 신분 차별에 반발하여 봉기하였다.

[19 기상직 9급, 20 경찰직 2차]

☑ 경대승 집권기에 전주 관노의 난이 진압되었다.

[21 경찰직 1차]

☑ 경대승 집권기에 사병 집단인 도방을 처음으로 조직하였다.

[24 법원직]

☑ 이의민은 하층민 출신의 권력자였다.

[14 국가직 7급]

☑ 최충헌은 순천의 수선사 결사 운동을 지원하였다.

[18 경찰직 3차, 19 서울시 9급]

☑ 최충헌은 군국의 정사를 관장하는 교정도감을 설치했고, 최우는 정방과 서방을 사저에 설치했다.

[24 서울시 2회]

☑ 무신집권기 일부 무신들은 왕실과 혼인을 시도하였다.

[24 법원직]

☑ 최우는 정방을 통해 인사권을 장악하였다.

[17 기상직 9급, 20 국가직 7급, 21 경찰 1차, 24 법원직]

☑ 최충헌은 명종에게 봉사십조를 올려 개혁을 건의하였다.

[20 국가직 9급]

☑ 최우는 치안유지를 위해 야별초를 설치하였다.

[20 경찰직 2차]

☑ 최우 집권기에 이연년 형제의 난이 발생하였다.

[20 경찰직 2차]

☑ 이의민 집권기에 김사미·효심의 난이 발생하였다

[18 서울시 9급, 18 법원직]

☑ 만적은 노비해방을 내세우며 개경에서 노비들을 모아서 반란을 모의하였다.

[24 서울시 1회]

☑ 강화 천도기 향약을 이용하여 처방할 수 있는 방법을 기록한 『향약구급방』이 편찬되었다.

[23 지방직 9급]

☑ 삼별초는 도적을 잡기 위해 설치한 야별초에서 시작되었다.

[21 경찰직]

☑ 삼별초는 승화후 온을 왕으로 삼고 대몽 항쟁을 지속하였다.

[16 경찰직 2차]

☑ 삼별초는 배중손의 지휘 아래 진도로 근거지를 옮겨 대몽 항쟁을 벌였다.

[17 서울시 7급]

☑ 최우 집권기에 의례서인 『상정고금예문』이 금속활자로 28부가 인쇄되었다.

[19 경찰간부직, 20 지방직 9급]

☑ 몽골 침입 당시 김윤후와 처인 부곡민들이 살리타의 군대를 물리쳤다.

[18 경찰직 1차]

☑ 몽골의 침입으로 황룡사 9층탑, 부인사 대장경을 비롯하여 많은 문화유산이 소실되었다.

[14 경찰간부직]

☑ 김윤후는 승려 출신으로 처인부곡, 충주성 등지에서 몽골군을 격퇴하는데 공을 세웠다.

[17 경찰직 1차]

☑ 몽골은 철령 이북에 쌍성총관부를 설치한 이후 자비령 이북에 동녕부를 설치하였다.

[17 국가직 9급]

☑ 원 세조는 고려에 대해 풍습을 그대로 유지케 하는 '불개토풍'을 약속했다.

| 25代 충렬왕 | 26代 충선왕 | 27代 충숙왕
28代 충혜왕
29代 충목왕 | 31代 공민왕 | 32代 우왕 | 33代 창왕 | 34代 공양왕 |

원과의 갈등

원의 간섭

· 흔도·홍다구·김방경이 일본의 세계촌 대명포에 이르러 통사 김저로 하여금 격문으로 이들을 회유하게 하였다. 김주정이 먼저 왜와 교전하자 여러 군사들이 모두 내려와 전투에 참여하였는데, 수군 130명과 뱃사공 36명이 풍랑을 만나 행방을 잃었다. [일본원정]

· 정동행성의 장관인 승상에는 고려 왕이 임명되었다.

· 원의 제국대장공주와 결혼하여 원의 부마국이 되었고 도병마사는 도평의사사로 개편되었다. [관제격하]

입성책동(고려를 원의 행성으로 편입)

지금 들으니 원나라 조정에서 우리나라에 행성(行省)을 설치하여 중국의 다른 지방과 같은 행정 구역으로 만든다고 합니다. …(중략)… 폐하의 조서는 실로 온 세상사람의 복인데 유독 우리나라만 세조 황제의 조서를 따르지 않을 수 있겠습니까?

반원정책

기철 숙청 ·········· 친원파 숙청 **이인임 숙청**

· 원나라 연호 사용을 중지하고 명과 통교하기 시작하였다.
· 왕이 사람을 시켜 물었다. 이연종이 말하기를, "···변발과 호복은 선왕의 제도가 아니오니, 원컨대 전하는 본받지 마소서." 라고 하니, 왕이 기뻐하면서 즉시 변발을 풀어버리고 그에게 옷과 요를 하사하였다.

↓

홍건적 침입 (1359, 1361)

홍건적이 양광도에 침입하자 수원은 항복하였는데 작은 고을이 아성만이 홀로 싸워 승리하게 하였으므로 홍건적이 남쪽으로 내려오지 못하게 하였기 때문이다. [복주피난]

↓

왕권 강화정책

신돈은 왕에게 전민변정도감을 설치할 것을 청원하고, "···(중략)··· 공전과 사전을 권세가들이 강탈하였다.

외적의 침입

왜구 침입

· 조정은 중국의 화약 제조 기술을 터득하여 화통도감을 두고, 대장군포를 비롯한 20여 종의 화기를 생산하였으며, 화약과 화포를 제작하였다. [진포대첩]
· 운봉을 넘어온 … (중략) … 이 싸움에서 아군은 1,600여 필의 구마와 여러 병기를 노획하였고, 살아 도망간 자는 70여 명밖에 없었다고 한다. [황산대첩]
· 대마도 정벌(박위)
  cf) 조선시기 이종무(세종)

개혁 정치

관학 진흥책

"지금 양현고가 고갈되어 선비를 기를 것이 없습니다. 청컨대 6품 이상은 각각 은 1근을 내게 하고 7품 이하는 포를 차등 있게 내도록 하여 이를 양현고에 돌려 본전은 두고 이자만 취하여 섬학전으로 삼아야 합니다." [섬학전]

원나라에 만권당을 설치하여 고려의 학자들이 원의 학자들과 교류하게 하였다.

찰리변위도감 (충숙왕)

정치도감 (충목왕)

요동정벌

공민왕

임금의 명을 받아 기병 5천 명과 보병 1만 명이 동북면으로부터 황초령을 넘어 압록강을 건넜다. (…중략…) 당시 동녕부의 이 오로테무르는 이 소식을 듣고 우라산성으로 이동해 들어간 다음 험한 지세에 의지해 저항하다 투항해 왔다.

우왕

"지금은 장마철이므로 활은 아교가 풀어지고 갑옷은 무거우며, 군사와 말이 모두 피곤한데, 이대로 싸운다면 승리를 기약할 수 없습니다. 전하께서 군사를 돌이키도록 명하시어"라고 하였으나 우왕이 듣지 아니하였다. [4불가소]

우와 창은 본래 왕씨가 아니기 때문에 종사를 받들 수 없으며, 정창군 왕요는 신종의 7대 손으로 그 족속이 가장 가까우니 마땅히 세울 것이다.

폐가입진 명목 →

공양왕 즉위

[24 서울시 2회]

☑ 원간섭기에 새로운 지배 세력으로 권문세족이 출현했다.

[24 서울시 2회]

☑ 원간섭기에 『삼국유사』, 『제왕운기』 등의 역사서가 편찬되었다.

[19 서울시 9급, 24 서울시 1회]

☑ 원 간섭기에는 관제 격하의 일환으로 중서문하성과 상서성은 첨의부로 통합되었다.

[20 소방직]

☑ 충렬왕 때 일본 원정을 위해 정동행성을 설치하였다.

[24 서울시 1회]

☑ 친원세력은 고려를 원의 행성(行省)으로 만들고자 시도하였다.

[16 서울시 9급]

☑ 충선왕은 왕권을 강화하고 개혁을 주도하기 위한 기구로 사림원을 두었다.

[17 경찰직 2차, 20 소방직]

☑ 충선왕은 왕위에서 물러난 뒤 만권당을 설치하여 고려 학자들이 원의 학자들과 교류하게 하였다.

[18 국가직 7급, 20 소방직]

☑ 충목왕은 정치도감을 설치하여 정치 개혁을 추진하였다.

[18 경찰간부직]

☑ 원의 공녀 요구에 따라 결혼도감을, 매를 징발하기 위해 응방을 설치하였다.

[19 국가직 7급]

☑ 권문세족은 첨의부 등의 고위 관직을 독점하면서 도당의 구성원으로서 권력을 장악하였다.

[13 지방직 7급]

☑ 고려 후기 권세가들은 대규모 개간에 참여하였고 사패를 받아 토지를 확대하였다.

[19 국가직 7급]

☑ 권문세족은 개경에 거주하며 지방에 대농장을 보유하고 있는 부재지주였다.

[18 경찰직 2차]

☑ 공민왕은 기철을 제거하고 정동행성 이문소를 혁파했다.

[19 서울시 7급]

☑ 창왕은 박위를 보내 왜구의 소굴인 쓰시마를 공격하였다.

[18 경찰직 1차]

☑ 공민왕은 정방을 폐지하고 전민변정도감을 설치하여 권문세족을 억압하였다.

[23 국가직 9급]

☑ 전민변정도감은 불법적으로 점유된 토지와 노비를 조사하였다.

[18 경찰간부직, 22 경찰간부]

☑ 공민왕은 성균관을 경학 중심의 순수 유교 교육 기관으로 개편하였다.

[19 경찰직 1차]

☑ 공민왕은 쌍성총관부를 공격하고 철령 이북의 땅을 수복하였다.

[16 국가직 9급, 20 경찰직 2차]

☑ 우왕은 철령 이북의 영토 귀속 문제를 계기로 요동 정벌을 단행하였다.

[20 경찰직 2차]

☑ 공민왕 때 두 차례에 걸쳐 홍건적이 침입하였다.

[22 지방직 9급, 24 법원직]

☑ 우왕 재위 기간에 요동 정벌을 위해 출병한 이성계가 위화도에서 회군하였다.

[24 국가직 9급]

☑ 위화도 회군 이후 과전법이 실시되었다.

[17 국가직 9급]

☑ 여몽연합군은 2차례에 걸친 일본원정에 실패하였다.

[18 경찰직 1차]

☑ 최무선은 화통도감에서 각종 화약 무기를 제조하여 왜구 격퇴에 활용하였다.

[17 국가직 9급]

☑ 우왕 대 흥덕사에서 직지심체요절이 간행되었다.

MEMO

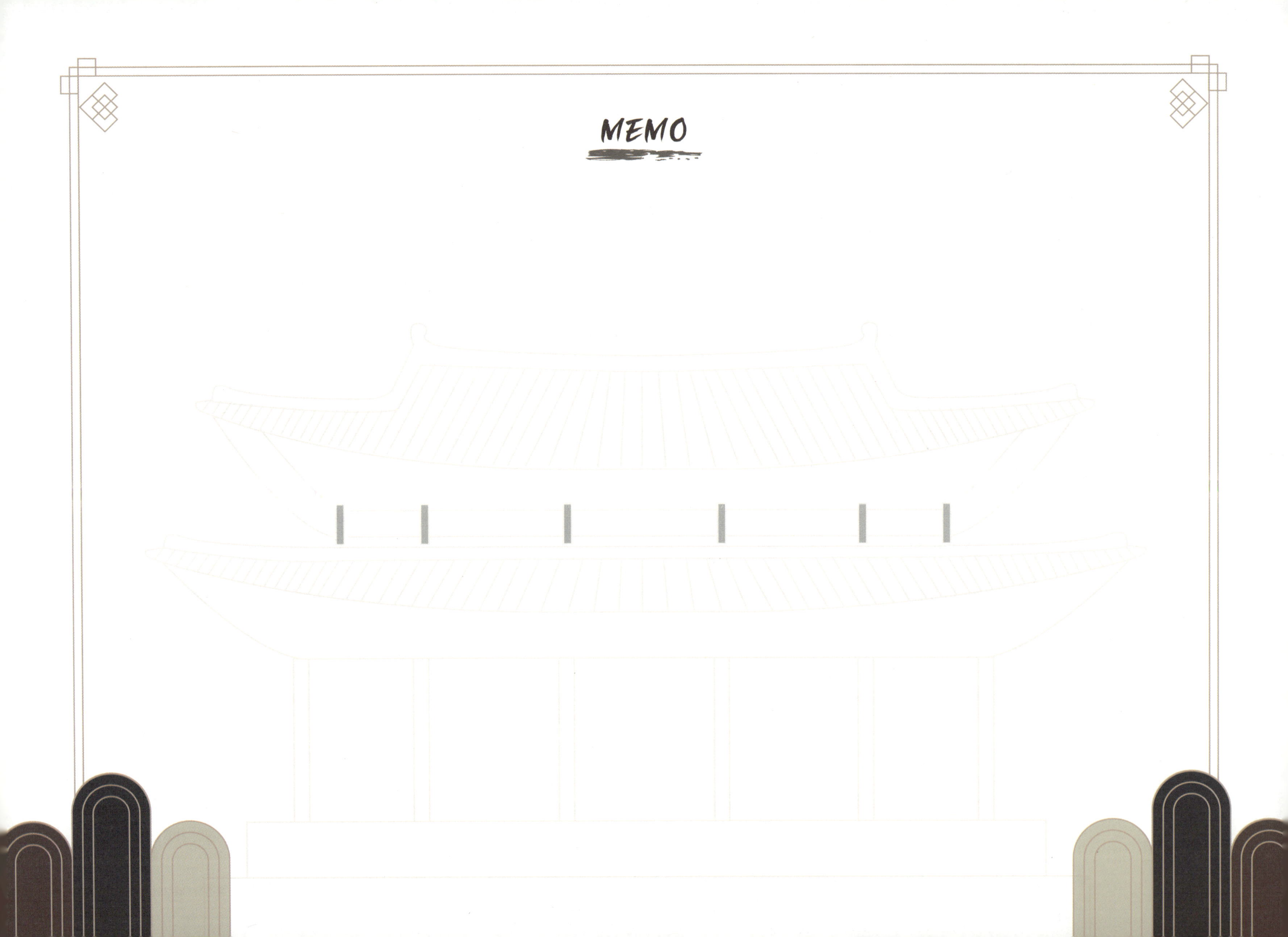

IV
조선사

1代 태조

도평의사사 ── 의정부(정치, 정종)
           └─ 의흥삼군부(군사)

정도전

· 그는 이성계를 추대하여 의정부를 중심으로 하는 재상 중심의 관료 정치를 주장하였다. 그리고 『불씨잡변』을 저술하여 불교의 사회적 폐단을 비판 하였다.
· 그와 남은이 임금을 비롭고 요동을 공격하기를 요청하였고, 그리하여 급하게 『진도(陣圖)』를 익히게 하였다. 요동정벌
· 사간원은 재상과 대등하다. 나라의 주요한 일에 관여하는 것은 재상만이 할 수 있는데 사간원은 이에 대해 말할 수 있으니, 그 지위는 낮지만 직무는 재상과 다를 바 없다. 재상 정치

『천상열차분야지도』

예전에 평양성에 천문도를 새긴 석각이 있었다. 그런데 태조왕이 즉위한지 얼마 되지 않아 그 천문도의 탁본을 바친 사람이 있었다. 이에 태조왕이 서운관에 명하여 그것을 바탕으로 돌에 새기도록 하였다.

3代 태종

6조직계제

의정부의 여러 일을 나누어 6조에 귀속시켰다. …… 처음에 왕이 의정부의 권한이 막중함을 염려하여 이를 없앨 생각이 있었지만, 신중히 여겨 서둘지 않았다가 이때에 이르러 단행하였다.

왕권 강화

· 사간원을 독립시켜 대신을 견제하였다.
· 참찬문하부사 하륜 등이 청하였다. "정몽주의 난에 만일 그가 없었다면, 큰일이 거의 이루어지지 못하였을 것이고, 성보(省寶)가 만일 그가 없었다면, 또한 어찌 오늘이 있었겠습니까? 1차 왕자의 난
· 왕위에 오른 후 태상왕과 심한 갈등이 있었으나, 왕권을 안정시키기 위해 권세 있는 신하는 공신이든 처남이든 가리지 않고 처단하였다. 외척처단 사원의 토지를 몰수하여 전제 개혁을 마무리 짓고, 억울하게 공노비가 된 자를 조사하여 해방하였다. 사원전몰수, 노비변정사업

인쇄·화폐

· 주자소를 설치하여 계미자를 주조하였다.
· 사섬서를 두어 지폐인 저화를 발행하였다.

『혼일강리도』

이 지도는 아라비아 지도학의 영향을 받아 만들어진 원나라의 세계 지도를 참고하고 여기에 한반도와 일본지도를 첨가한 것이다. 현재 원본은 전하지 않으며 후대에 그린 모사본이 일본에 전한다.

4代 세종

의정부 서사제

6조는 각기 모든 직무를 먼저 의정부에 품의하고, 의정부는 가부를 헤아린 뒤에 왕에게 아뢰어(왕의) 전지를 받아 6조에 내려 보내어 시행한다.

집현전

5代 문종

· 고조선에서 고려말까지의 전쟁을 정리한 동국병감이 편찬되었다.
· 고려의 역사를 자주적으로 정리한 고려사와 고려사절요가 편찬되었다.

애민정치

· 국왕이 말했다. "나는 일찍부터 이 제도를 시행해 답험(踏驗)의 폐단을 영원히 없애려고 한다. 신하들부터 백성까지 두루 물어보니 백성의 뜻도 알 수 있다." 공법
· 삼강은 인도의 근본이니, 군신·부자·부부의 도리를 먼저 알아야 할 것이다. 고금의 서적을 편집하고 이에다 그림을 붙여 만들어 인쇄하게 하여 서울과 외방에 널리 펴고자 한다. 삼강행실도
· 출산에 임박하여 일하다가 몸이 지치면 미처 집에 도착하기 전에 아이를 낳는 경우가 있다. 만일 산기에 임하여 1개월간의 일을 면제하여 주면 어떻겠는가. 노비출산휴가

대외관계

· 압록강과 두만강지역에 4군6진이 설치되었다.
· 대마도주와 계해약조를 맺어 무역선을 1년에 50척으로 제한하였다.

독자적 서적

· 풍토에 따라 곡식을 심고 가꾸는 법이 다르니, 고을의 경험 많은 농부를 방문하여 농사짓는 방법을 알아본 후 아뢰라고 왕께서 명령하였다. 농사직설
· 왕이 새로운 역법을 만들게 하였다. 이 역법은 내편과 외편으로 구성되었다. 내편은 수시력의 원리와 방법을 해설한 것이며, 외편은 회회력(이슬람력)을 해설, 편찬한 것이다. 칠정산
· 우리 풍토에 맞는 약재와 치료법을 정리한 처방전이 편찬되었다. 향약집성방

7代 세조

6조직계제

상왕이 나이가 어려 무릇 조치하는 바는 모두 대신에게 맡겨 논의 시행하였다. 내가 명을 받아 지금부터 형조의 사형수를 뺀 모든 서무는 6조가 저마다 직무를 맡아 직계한다.

"집현전을 없애고, 경연을 정지하며, 거기에 소장하였던 서책은 모두 예문관에서 관장하게 하라."라고 하였다.

6代 단종

황보인, 김종서 등이 역모를 품고 반란을 꾀하고자 하였다. 이에 정인지, 한확, 한명회 등이 그 기미를 밝혀 그들을 제거하였다. 계유정난

군사제도

· 왕은 변방 중심에서 전국적인 지역 중심 방어체제로 바꾸는 등 국방을 강화하였다. 진관체제
· 5위 · 보법

직전법

또 국가재정을 안정시키기 위해 과전을 현직 관료에게만 지급하기 시작하였다.

이시애의 난
(남이장군 진압1467)

『경국대전』 편찬(호전 · 형전)

서적편찬

· 불경산업을 전개해 간경도감을 설치하고 월인석보를 간행하였다.
· 강희안은 화초 재배법을 소개하였다. 양화소록

9代 성종

홍문관

궁궐안에 있는 경적을 관리하고, 문서를 처리하며, 왕의 자문에 대비한다. 모두 경연관을 겸임한다.

유교정치

· 국가의 여러행사에 필요한 의례를 정비하여 편찬하였다. 국조오례의
· 세상의 도덕이 날로 나빠진 뒤로부터 여자의 덕이 정숙하지 못하여 이제부터는 재가한 여자의 자손은 관료가 되지 못하게 하여 풍속을 바르게 하라. 재가녀 자손 관직제한

동국통감

일찍이 세조께서, "우리 동방에는 비록 여러 역사서가 있으나 장편으로 되어 귀감으로 삼을 만한 것이 없다." 주상께서 그 뜻을 이어받아 서거정 등에게 편찬을 명하였습니다.

『경국대전』 완성(6전 체제)

「호전」과 「형전」은 이미 간행되어 있었으나, 나머지 네가지 법전은 미처 교정을 다 마치지 못하였는데, 세조께서 갑자기 승하하신 이후에 …(중략) … 완성된 법전을 나라 안에 반포하셨다.

서적편찬

· 삼국 시대부터 뽑기 시작하여 당대의 사부·시문에 이르기까지 약간의 글을 수집하여, 백성을 다스리고 가르치는 데 도움이 되는 것을 130권으로 정리하였습니다. 동문선
· 강희맹이 경기지역의 농사경험을 토대로 편찬하였다. 금양잡록

[17 국가직 9급]

☑ 정도전은 『조선경국전』을 편찬하여 왕조의 통치 규범을 마련하였다.

[16 지방직 9급]

☑ 정도전은 맹자의 역성혁명론에 입각하여 조선 건국을 주도하였다.

[18 교육행정직]

☑ 태종(이방원)은 사간원을 독립시켜 대신을 견제하게 하였다.

[17 지방직 7급]

☑ 세종 때 이종무로 하여금 왜구의 소굴인 대마도를 정벌하게 하였다.

[20 소방직]

☑ 세종 때 집현전을 설치하였다.

[20 소방직]

☑ 태종 때 호패법을 실시하였다.

[20 경찰직 2차]

☑ 태조 때 별자리를 그린 '천상열차분야지도'를 제작하였다.

[20 경찰직 2차]

☑ 태종 때 저화를 발행하고, 세종 때 조선통보를 발행하였다.

[22 지방직 9급, 22 경찰간부]

☑ 세종은 공법을 제정하였다.

[19 지방직 9급, 20 소방직, 22 경찰간부]

☑ 세조는 국방력을 강화하기 위해 진관체제를 실시하였다.

[18 국가직 7급]

☑ 세종은 사가독서제를 실시하여 젊은 문신들의 학문을 장려하였다.

[19 지방직 9급]

☑ 세종은 관노비의 출산 휴가를 늘려주었으며, 사형 판결에 삼복법을 적용하였다.

[24 법원직]

☑ 세조 때 경연이 폐지되었다.

[19 법원직, 24 법원직]

☑ 성종 때 홍문관을 두어 주요 관리들을 경연에 참여하게 하였다.

[17 서울시 7급, 19 지방직 9급]

☑ 정종 때 도평의사사를 개편하여 의정부를 설치하였다.

[20 경찰직 2차, 24 국가직 9급]

☑ 세종 때 『농사직설』과 같은 농업 서적을 간행하였다.

[20 경찰직 1차]

☑ 문종 때 고려의 역사를 자주적 입장에서 정리한 『고려사절요』를 편찬하였다.

[20 경찰 1차, 21 국가직 9급]

☑ 문종 때 역대의 전쟁사를 체계적으로 정리한 『동국병감』을 편찬하였다.

[21 국가직 9급, 24 법원직, 24 국가직 9급]

☑ 세조 때 6조 직계제를 실시하여 국왕 중심의 정치체제를 구축하였다.

[17 서울시 9급]

☑ 세종 때 대마도주와 계해약조를 맺어 무역선은 1년에 50척으로 제한하였다.

[17 경찰직 1차]

☑ 세조 때 집현전이 폐지되고, 불교를 간행할 목적으로 간경도감이 설치되었다.

[17 경찰직 1차]

☑ 성종 때 관수관급제가 실시되어 국가의 토지에 대한 지배력이 강화되었다.

[17 교육행정직]

☑ 성종은 훈구 대신을 견제할 목적으로 사림을 등용하여 주로 3사와 전랑직에 임명하였다.

[20 국가직 9급]

☑ 성종 때 『동문선』이 편찬되어 우리 시문학의 독자성을 강조하였다.

[19 국가직 9급]

 성종 때 국가의 여러 행사에 필요한 의례를 정비한 『국조오례의』가 편찬되었다.

[12 지방직 9급, 17 경찰직 2차]

☑ 태조 때 명은 표문의 글귀가 불손하다는 구실로 정도전을 명으로 압송할 것을 요구하였다.

[18 서울시 7급]

☑ 신숙주는 일본을 다녀온 뒤 일본의 사정을 자세하게 수록한 견문록 『해동제국기』를 편찬하였다.

[20 경찰직 2차]

☑ 세종 때 4군 6진을 개척하였다.

[19 지방직 7급]

☑ 조선 전기에는 유구(류큐)와 교류하여 불경, 유교경전, 범종 등을 전해 주었다.

[20 국가직 7급]

☑ 세종은 여민락을 짓고 정간보를 창안하였다.

[24 국가직 9급]

☑ 성종은 사림세력을 등용하고 중단되었던 경연을 다시 열었다.

[23 지방직 9급]

☑ 세종은 혼의 간의를 만들어 천체를 관측하였다.

MEMO

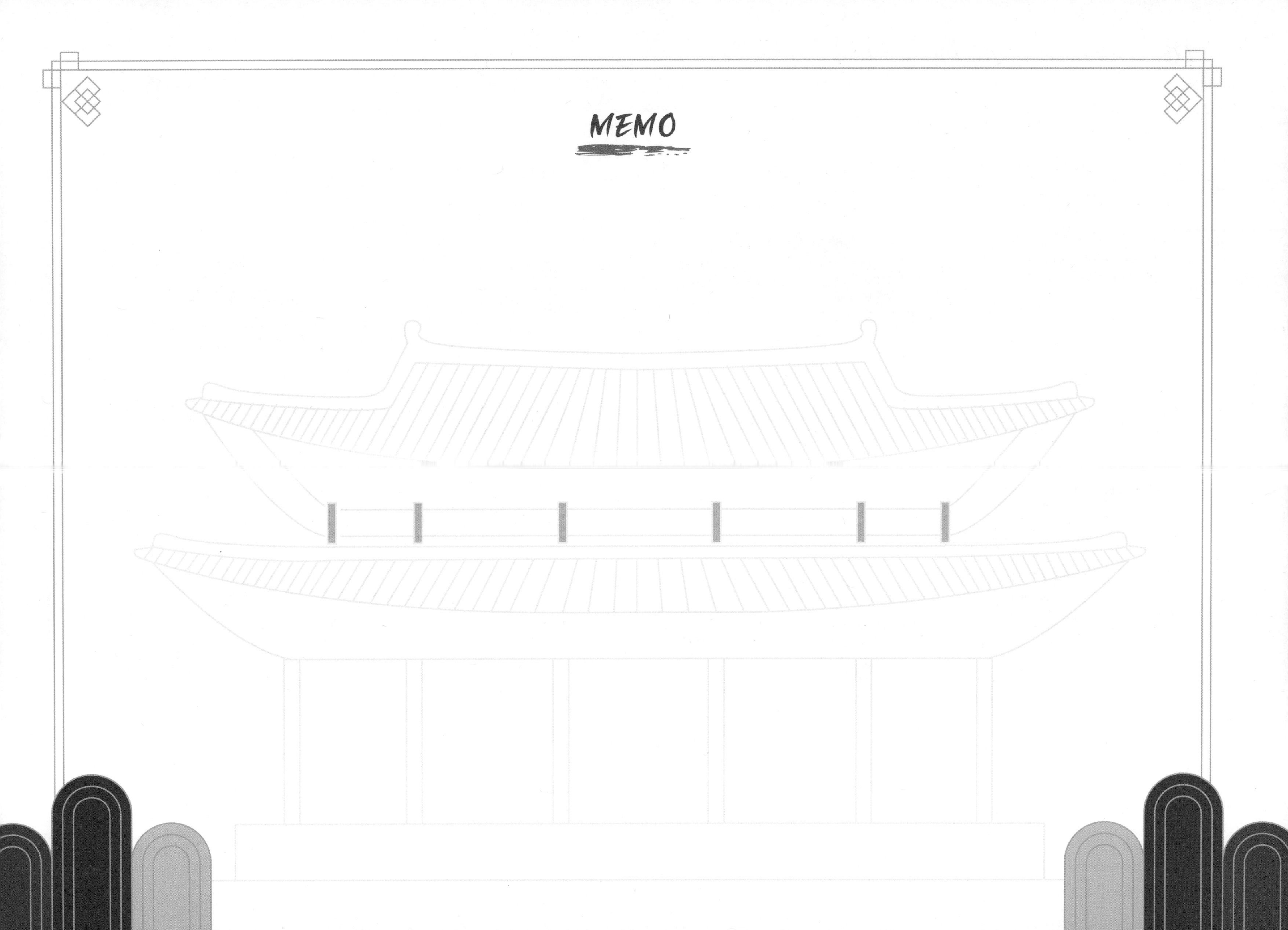

10代 연산군

언론 탄압

- 신문고 X
- 경연 X
  └ 세조 X, 태종 O

무오사화(1498)

'조룡(祖龍)이 어금니와 뿔을 휘두른다'고 한 것은 세조를 가리켜 시황제에 비긴 것이요, '회왕을 찾아내어 민망(民望)에 따랐다'고 한 것은 노산군을 [illegible] 의제(義帝)에 [illegible] 수 있다'고 한 것은 노산을 가리킨 것이니 의제의 마음에 비추어 말한 것이다.

갑자사화(1504)

생모 윤씨를 폐비하는 의논에 참여한 자와 존호를 올려서는 안된다고 주장한 자를 모두 중형으로 다스려, 그 가족이나 친족은 연좌하였다.

사림의 계보

- 정몽주(포은) – 길재(야은) – 김종직 – 김굉필 – 조광조
- 김종직은 초야의 미천한 선비로 세조대에 과거에 급제하였다. 병으로 물러나게 되자 성종은 소재지 관리를 통해 특별히 미곡을 내려 주었다. 지금 그의 제자 김일손이 사초에 부도덕한 말로써 선왕의 일을 거짓으로 기록하고 스승인 김종직의 조의제문을 실었다.

11代 중종

삼포왜란(1510)

비변사 설치(임시기구)

성묘조(成廟朝)에 건주위의 역에 임시로 비변사를 설치하였는데, 재신으로서 이 일을 맡은 사람을 지변재상(知邊宰相)이라고 불렀습니다.

임신약조

조선은 제포만 개항하고 세견선25척 세사미두 100석의 제한된 교역을 허용하였다.

기묘사화(1519, 주초위왕)

정암은 타고난 자질이 참으로 아름다웠으나 학문이 충실하지 못하여 시행한 것에 지나침이 있었기 때문에 결국 실패하고 말았다. 기묘의 실패는 여기에 있었다.

『이륜행실도』(장유·붕우)

붕우·형제의 이륜에 이르러서는 평범한 사람들이 제대로 모르는 경우가 있습니다.

조광조 개혁

- 내수사 장리 폐지, 소격서 폐지등을 주장하였다.
- 지방의 경우에는 관찰사와 수령 그리고 대간들이 모두 능력있는 사람을 천거하게 하십시오. 현량과
- 조광조의 노력으로 중국의 향약이 최초로 보급되었다. 여씨향약

백운동 서원 (1543, 주세붕, 안향 제사)

주세붕이 비로소 서원을 창건할 적에 세상에서 자못 의심했으나, 그의 뜻은 더욱 독실해져 장한 일을 이루었습니다.

사액서원 →

소수 서원 (1550, 이황의 건의)

이후 경상도 풍기군수로 있으면서 주세붕이 창설한 백운동서원에 대한 사액을 청원하여 실현을 보게 되었으니, 이것이 조선왕조 최초의 사액서원인 '소수서원'이다.

13代 명종

문정왕후가 수렴청정하며 불교를 옹호하였다.

을묘왜변(1555)

비변사 상설화

제승방략체제

병사를 한 곳에 집결시키고, 중앙에서 장수를 파견하여 지휘하게 하였다.

임꺽정(백정)의 난(1559)

을사사화(1545)

[illegible] 는 말들이 있었다. 인종이 승하한 뒤에 윤원형이 기회를 얻었음을 기뻐하여 비밀리에 보복할 생각을 품었다.

14代 선조

임진왜란(1592)

비변사 국정최고기구

명칭은 '변방의 방비를 담당하는 것'이라고 하면서 과거 시험에 대한 판하(判下)나 비빈(妃嬪)을 간택하는 등의 일까지도 모두 여기를 경유하여 나옵니다.

이몽학(서얼)의 난(1596)

사림파 집권

[illegible] | [illegible]

서인[심의겸] (온건)

심충겸이 장원 급제를 하자 전랑으로 천거하려고 하였다. 김효원이 "외척은 쓸 수 없다." 하며 막으니, 심의겸이 "외척이 원흉의 문객보다는 낫지 않으냐." 하였다. 이때 김효원 편을 드는 사람들은 "효원의 말은 공론에서 나온 것이다. 그런데 의겸이 사사로운 혐의로 좋은 선비를 배척하니 매우 옳지 못하다." 하였다.

동인[김효원] (강경)

정여립 모반사건

기축년 10월 2일 황해감사 한준의 비밀장계가 들어왔다. …… 그 내용은, 수찬을 지낸 전주에 사는 정여립이 모반하여 괴수가 되었는데, 그 일당인 안악에 사는 조구가 밀고한 것이었다.

건저의 문제(1591)

└ 정철의 세자 건의

남인 (온건)

북인 (강경)

[21 경찰간부직]
- ☑ 사림 세력은 정몽주·이색 등의 학통을 계승하였다.

[21 경찰간부직]
- ☑ 사림 세력은 도덕과 의리를 바탕으로 왕도 정치를 추구하였다.

[19 서울시 9급]
- ☑ 김종직은 길재의 학통을 이었으며, 김굉필, 김일손 등의 여러 제자를 배출하였다.

[19 소방직]
- ☑ 사림은 서원과 향약을 기반으로 지방에서 세력을 확대하였다.

[18 지방직 7급]
- ☑ 기묘사화 때 훈구 세력은 조광조 일파를 죽이거나 유배 보냈다.

[23 법원직]
- ☑ 연산군은 갑자사화를 일으켜 훈구파, 사림파 모두를 제거하고 권력을 강화하였다.

[17 국가직 9급]
- ☑ 연산군 때 「조의제문」을 빌미로 무오사화가 발생하였다.

[18 경찰간부직, 20 지방직 9급]
- ☑ 중종 때 현량과 실시와 경연 강화 등 조광조의 개혁 정치가 시행되었다.

[20 소방직]
- ☑ 조광조는 소격서를 폐지하였다.

[15 국가직 7급]
- ☑ 명종 때 세견선의 감소로 곤란을 겪던 왜인들이 전라도를 침입한 을묘왜변이 일어났다.

[17 서울시 9급]
- ☑ 명종 대에 진관 체제에서 제승방략 체제로 변경하였다.

[19 법원직]
- ☑ 명종 때 외척 간의 세력 다툼으로 을사사화가 발생하였다.

[20 지방직 9급]
- ☑ 명종 때 문정왕후가 수렴청정하며 불교를 옹호하였다.

[19 기상직 9급]
- ☑ 비변사는 명종 때 을묘왜변을 계기로 상설기구가 되었다.

[18 서울시 9급]
- ☑ 임진왜란 이후 비변사의 기능이 강화되자 의정부와 6조 중심의 행정 체계는 유명무실해졌다.

[14 경찰직 1차]
- ☑ 비변사는 의정부의 의정과 공조를 제외한 5조의 판서 등 주요 관원이 참여한 합좌 기관이다.

[19 경찰직 1차]
- ☑ 비변사는 안동 김씨, 풍양 조씨 등에 의한 세도정치기에 기능이 크게 강화되었다.

[20 지방직 9급]
- ☑ 선조 때 동인과 서인의 붕당이 형성되었다.

[16 기상직 9급]
- ☑ 임꺽정은 백정 출신으로 명종 때 황해도를 중심으로 도적 활동을 벌였다.

[19 경찰간부직]
- ☑ 선조 때 사림은 이조 전랑 자리를 놓고 심의겸 중심의 서인과 김효원 중심의 동인으로 갈라졌다.

[17 경찰직 1차]
- ☑ 동인 세력은 정여립 모반 사건 등을 계기로 온건파인 남인 세력과 급진파인 북인 세력으로 나뉘었다.

[24 법원직]
- ☑ 북인은 인조반정으로 몰락하였다.

[20 지방직 9급]
- ☑ 조광조는 현량과 실시, 소격서 폐지 등을 주장하였다.

[21 경찰직]
- ☑ 중종 시기 백운동 서원이 이황의 건의로 최초의 사액 서원이 되었다.

19 양란과 예송논쟁

14代 선조

임진왜란(1592 ~ 1598)

1592
- 첨사 정발은 부산포에서 도순변사 이일은 상주에서 일본군과 싸웠지만 패배하였다.
- 신립이 탄금대 전투에서 패하고 자결하였다. 충주전투
- 이순신이 이끄는 조선군이 한산도 해상에서 일본군을 크게 이겼다. 한산도대첩

1593
- 이 여송이 휘하의 병사들을 거느리고 말을 몰아 급히 진격하였다. 왜적은 벽제관 부근에서 거짓으로 패하는 척 하면서 명군을 진흙 수렁으로 유인하였다. 벽제관전투
- 권율이 행주에서 왜적을 대파하고, 신경희가 아뢰기를 "그 지역에는 돌이 많아 모든 군사들이 앞다투어 돌을 던져 싸움을 도왔습니다."라고 하였다. 행주대첩

경성에는 종묘, 사직, 궁궐과 나머지 관청들이 또한 하나도 남아 있는 것이 없으며, 사대부의 집과 민가들도 종루 이북은 모두 불탔고 이남만 다소 남은 것이 있으며, 백골이 수북이 쌓여서 비록 치우고자 해도 다 치울 수 없다 임진왜란

휴전회담

국왕의 행차가 서울로 돌아왔으나, …… 이때에 임금께서 도감을 설치하여 군사를 훈련시키라고 명하시고 나를 그 책임자로 삼으시므로… 훈련도감

정유재란(1597)

- 조선을 도우러온 명군이 충청도 직산에서 왜군과 맞붙어 승리하였다. 직산전투
- 원균이 칠천량 부근에서 전사하였다. 칠천량 해전
- 벽파정 뒤에 명량이 있는데 적은 수군으로는 명량을 등지고 진을 칠 수 없었다. 이에 여러 장수들에게 말하기를 "반드시 죽고자 하면 산다"라고 하였다. 명량 해전

사후 처리

- 이들이 일본의 관사에 도착하자, 관원은 물론 심부름하는 일본인과 승려들이 종이와 벼루, 먹을 가지고 와서 날마다 글과 글씨를 청하므로 어쩔 수 없이 붓을 휘둘러 써 주느라 고역을 치러야 했다. 통신사
- 조선은 일본과 기유약조를 체결하여 부산포만 개항하고 세견선 20척 세사미두 100석의 제한된 교역을 허용하였다. 기유약조

15代 광해군

북인 권력 독점

임진왜란 뒷수습

- 세자 시절에 분조를 이끌며 일본군에 항전
- 경희궁 건립과 창덕궁·창경궁 중건

정치적 실정

- 국왕이 도원수 강홍립에게 지시하였다. "원정군 가운데 1만은 조선의 정예병만을 선발하여 훈련했다. 이제 장수와 병사들이 서로 숙달하게 되었노라. 그러니 그대는 명군 장수들의 명령을 그대로 따르지만 말고 신중하게 처신하여 오직 패하지 않는 전투가 되도록 최선을 다하라." 중립외교
- 내가 비록 부덕하더라도 일국의 국모 노릇을 한 지 여러 해가 되었다. 광해군은 선왕의 아들이다. 나를 어미로 여기지 않을 수 없는데도 내 부모를 죽이고 품속의 어린 자식을 빼앗아 죽였으며, 나를 유폐하여 곤욕을 치르게 했다. 어디 그뿐인가, 중국이 우리나라를 다시 일으켜 준 은혜를 저버리고, 속으로 다른 뜻을 품고 오랑캐에게 성의를 베풀었다. 폐모살제

16代 인조

- 임금께서 의병을 일으켜 왕대비(王大妃)를 받들어 복위시킨 다음 대비의 명으로 경운궁에서 즉위하였다. 인조반정
- 명나라 장수 모문룡이 평안도에 속한 섬 가도에 주둔하여 조선과 후금사이에 갈등이 빚어솼다. 가도사건

정묘호란(1627)

- 조선항복(인조의 강화도 피난) 대금국(大金國) 한(汗)은 조선국왕(朝鮮國王) 제(弟)에게 글을 전한다.

청 건국(1636) 후 군신관계 요구

주화론(최명길)

마지츠 배서 주사를 비하하 사니가 차라리 의를 지켜 망하는 것이 옳다고 하였으나, 이것은 신하가 절개를 지키는 데 쓰이는 말입니다. 자기의 힘을 헤아리지 아니하고 큰 소리를 쳐서 오랑캐들의 노여움을 도발하며, 마침내는 백성이 도탄에 빠지고 종묘와 사직에 제사를 지내지 못하게 된다면 그 허물이 이보다 클 수 있겠습니까?

주전론 (윤집) **VS**

병자호란(1636)

왕께 아뢰기를 "명분이 일단 정해진 뒤에는 적이 반드시 우리에게 군신의 의리를 요구할 것이니 성을 나가는 일을 면하지 못할 것입니다. …(중략)…깊이 생각하소서."라고 하였다.

- 조선은 삼전도에서 항복의 예를 행했다.
- 귀국한 여성중에는 가족들의 천대와 멸시를 받는 이도 있었다.
- 숭정처사 대명거사를 자처하며 출사를 거부하는 인물이 있었다.

17代 효종

북벌론

문화적 우월감

8년간 심양에서 인질 생활을 경험했던 효종은 즉위 초부터 원수를 갚고 치욕을 씻기 위한 정책을 추진하였다.

18代 현종

예송논쟁

"남인은 삼년복을 입어야 한다고 하고 서인은 기년복을 입어야 한다고 하니 어떻게 결정해야 할지 모르겠습니다."라고 하였다. 이에 국왕은 여러 대신에게 의견을 물은 다음 기년복으로 결정하였다

서인 (신권 강조)

기해예송(1659)	갑인예송(1674)
효종 死	효종비 死

남인 (군권 강조)

기해년의 일은 생각할수록 망극합니다. 그때 저들이 효종대왕을 서자처럼 여겨 대왕대비의 상복을 기년복(1년 상복)으로 낮추어 입도록 하자고 청했으니, 지금이라도 잘못된 일은 바로 잡아야 하지 않겠습니까?

[23 지방직 9급]

☑ 곽재우는 홍의장군으로 불렸으며, 의령을 거점으로 봉기하였다.

[23 지방직 9급]

☑ 임진왜란 때 의병은 익숙한 지리를 활용하여 기습 작전으로 일본군에 타격을 주었다.

[17 지방직 9급]

☑ 명과 일본군 사이에 휴전 협상이 진행되는 동안 조선은 훈련도감을 설치해 군대의 편제를 바꾸었다.

[21 경찰간부직]

☑ 임진왜란 당시 일본군은 포르투갈로부터 전래된 조총을 사용하였다.

[16 국가직 9급]

☑ 임진왜란 때 권율장군이 행주산성에서 왜군을 크게 무찔렀다.

[16 지방직 7급]

☑ 임진왜란 이후 막부의 요청에 따라 일본으로 통신사를 파견하여 교류하였다.

[18 지방직 9급]

☑ 광해군은 명과 후금 사이에서 실리를 추구하는 중립 외교 정책을 펼쳤다.

[24 법원직]

☑ 광해군 대 강홍립이 이끄는 조선군이 후금에 항복하였다.

[서울시 9급]

☑ 광해군 집권 시기에 경기도에 대동법을 실시하고, 『동의보감』을 편찬하였다.

[22 소방직, 25 국가직 9급]

☑ 광해군 때 기유약조를 체결하여 제한된 범위의 교섭을 허용하였다.

[14 경찰직 2차]

☑ 북인은 절의를 중시하여 의병장을 배출하였고, 중립 외교에도 앞장섰다.

[16 교육행정직]

☑ 정묘호란 때 정봉수와 이립이 의병장으로 활동하였다.

[15 사회복지직]

☑ 병자호란 때 청군이 서울을 점령하자 인조는 남한산성으로 피난하여 항전하였다.

[24 국가직 9급]

☑ 병자호란 이후 삼전도비가 세워졌다.

[24 국가직 9급]

☑ 정묘호란 이전 이괄이 난을 일으켰다.

[24 국가직 9급]

☑ 정묘호란 때 인조가 강화도로 피난하였다.

[17 국가직 9급]

☑ 병자호란 이후 조선은 청과 군신관계를 맺었다.

[17 국가직 9급]

☑ 병자호란 때 인질로 끌려간 소현세자는 청에서 아담 샬과 만나 교류하였다.

[17 국가직 9급]

☑ 효종 때 명에 대한 의리를 지켜 청에 복수하자는 북벌론이 제기되었다.

[16 지방직 7급]

☑ 조선 전기 명에 파견된 사신은 조천사, 조선 후기 청에 파견된 사신은 연행사로 불렸다.

[21 경찰직 1차]

☑ 북학파는 청의 중국 지배 현실을 인정해야 한다고 주장하였다.

[17 경찰직 1차]

☑ 인조반정 직후 이괄이 반란을 일으켜 한양을 점령하자 왕실은 공주로 피난하였다.

[23 계리직]

☑ 효종(봉림대군)은 청에 복수하고 치욕을 갚기 위해 북벌을 주장하였다.

[16 경찰직 1차]

☑ 효종 때 김육 등의 노력으로 청나라를 통해 시헌력을 도입하였다.

[21 경찰직 1차]

☑ 효종 때 김육의 주장으로 대동법이 충청, 전라도 지방까지 확대 실시되었다.

[19 기상직 9급, 20 지방직 9급]

☑ 효종 때 나선 정벌에 조총 부대가 파견되었다.

[14 사회복지직]

☑ 효종 때 하멜이 가져온 조총의 기술을 활용하여 서양식 무기를 제조하였다.

[18 국가직 9급]

☑ 효종 때 민간의 광산개발 참여를 허용하는 설점수세제를 처음 실시하였다.

[24 지방직 9급]

☑ 현종 때 자의대비 복상 문제로 예송이 일어났다.

[18 국가직 7급]

☑ 기해예송 당시 송시열은 체이부정(體而不正)을 내세워 기년복을 입어야 한다고 주장하였다.

[15 경찰직 2차]

☑ 효종비가 사망한 후 서인은 자의대비 조씨가 9개월 상복을 입어야 한다고 주장하였다.

[18 교육행정직, 20 경찰직 1차]

☑ 남인은 갑인예송에서 왕실의 예는 사대부와 다르다고 주장하였다.

MEMO

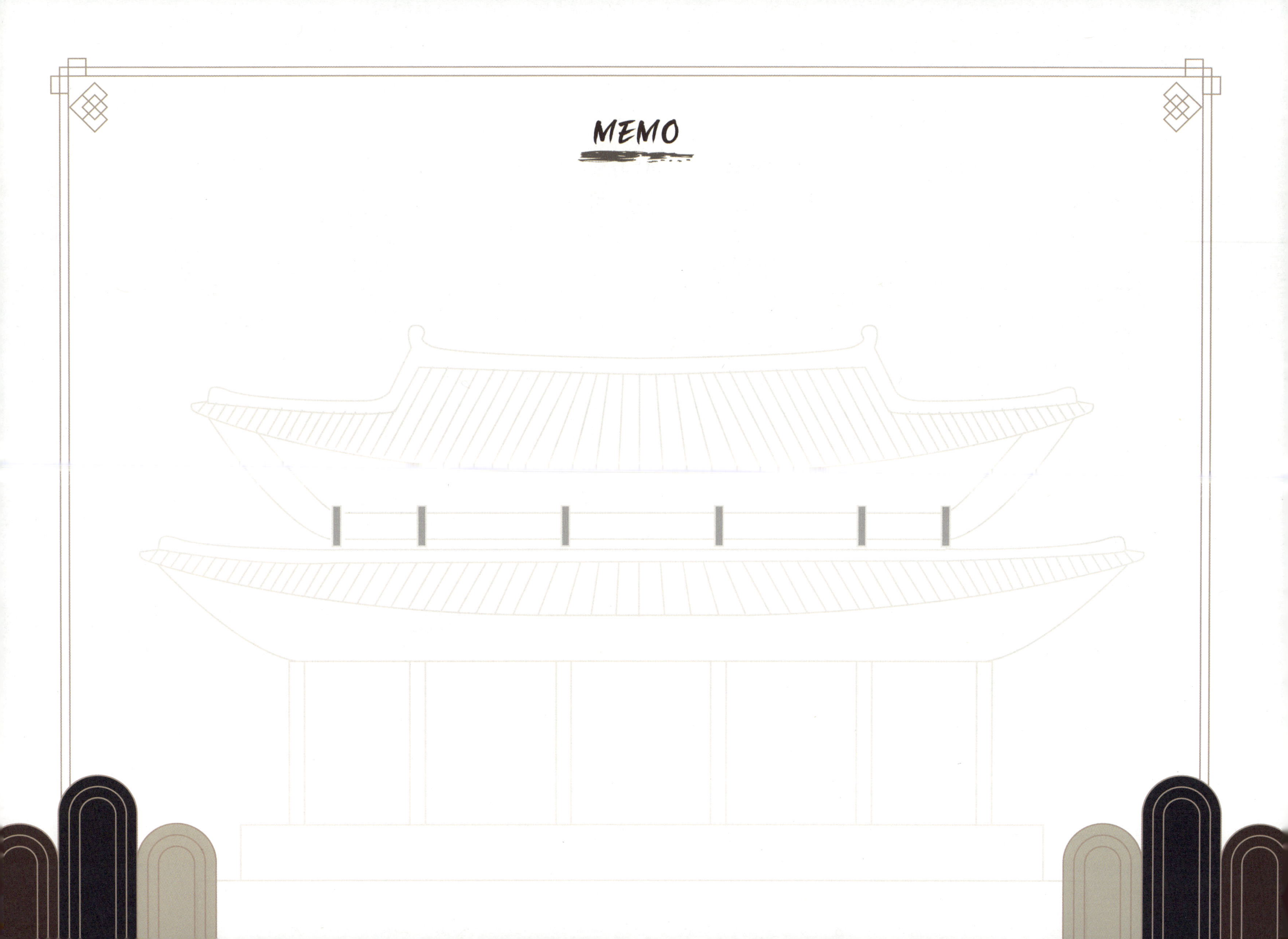

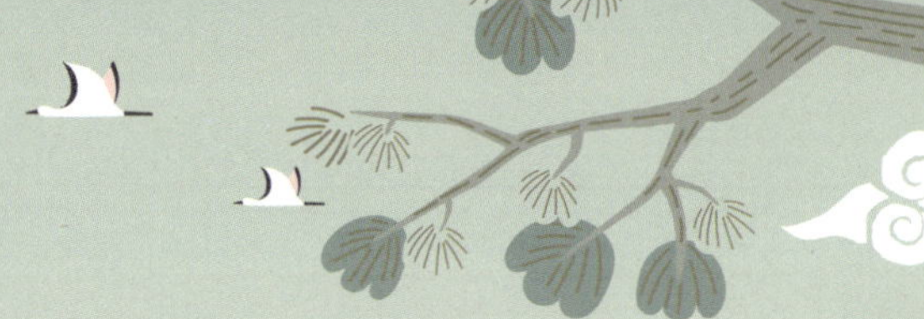

19代 숙종	20代 경종	21代 영조	22代 정조	23代 순조	25代 철종

서인 — **노론** — 임오화변(1762)

세도정치(안동김씨 → 풍양조씨 → 안동김씨)

환국정치

경신환국(1680)

허적과 허견의 사가(私家)의 부가 왕실보다 많은 것은 백성의 피땀을 뽑아낸 물건이 아닌 것이 없으며, 복선군 이남은 집 재물이 허적과 허견보다 많으니, **허적 병신**

기사환국(1689)

오랫동안 세자가 없다가 무진년에 귀인 장씨가 아들을 낳자 왕께서 아주 사랑하여 세자 탄생의 예로써 높이려 하였다. 그러나 송시열과 김수항이 불만의 말을 하자 왕께서 아주 싫어하였다. 사람들은 김수항과 송시열이 당할 재앙이 이에서 싹텄다고 하였다. **남인의 기사회생**

갑술환국(1694)

서인 집안 출신의 인현왕후 민씨가 복위되고 남인 집안 출신의 장씨가 희빈으로 강등되었다. **숙종의 갑질연애**

무고의옥, 1701

· 장희빈 처형

남인

신임옥사 (1721·22)

사간원 정언 이정소가 왕이 건강이 좋지 않고 후사를 이어갈 아들이 없는 것을 이유로 연잉군(영조)을 왕세제로 책봉할 것을 발의하였다.

"연잉군 신임하지 말고 경종 신임해"

소론

노비종모법 — **노비추쇄법 폐지**

홍경래의 난 (1811)

반란을 일으킨 적도들은 평안도 가산읍 북쪽 다복동에서 무리를 모아 봉기하여 가산과 선천, 곽산 등 청천강 북쪽의 주요 고을들을 점령하고 기세를 떨쳤다.

공노비 해방

'노'이다 '비'이다 하여 구분하는 것이 어찌 백성을 사랑하는 뜻이겠는가. 내노비 3만 6,974구와 사노비 2만 9,093구를 모두 양민으로 삼도록 허락하고, 노비안을 거두어 돈화문 밖에서 불태우게 하라.

임술농민봉기 (1862)

이번에 진주의 난민들이 큰 소동을 일으킨 것은 오로지 백낙신이 탐욕을 부려 백성들을 수탈하였기 때문입니다.

성리학 절대화

충절·상무의식 강조(정신적 북벌)

· 노산대군의 시호를 올리고 **묘호**를 단종이라 하였다.
· 충무공 이순신의 사우(祠宇)에 현충이라는 호를 내렸다.
· 창덕궁 안에 명나라 신종을 제사하는 **대보단**을 설치하였다.
· **북관대첩비**는 러일 전쟁 때 일본군이 가져가 야스쿠니 신사 한구석에 세워 두었다. 한국의 요청에 따라 2005년 한국에 돌아왔고, 이듬해 원래 있었던 함경북도 길주로 옮겨졌다. **북관대첩비**

백두산 정계비(1712)

오라총관 목극등이 황지를 받들고 변계를 조사한 결과 서쪽의 경계선은 압록강이고, 동쪽은 토문강이므로 분수령 상에 비를 세워 기록으로 삼는다

탕평정치

구분	영조	정조
탕평책 · 왕권 강화	· 붕당의 폐해가 요즘보다 심한 적이 없었다. 처음에는 학문에 대한 해석이 달라 소란스럽더니, 사람을 모조리 반역하는 당으로 몰고 있다. 우리나라는 사람을 쓰는 방법이 넓지 못한다, 요즈음은 모두 같은 당의 사람만 임용한다. **탕평교서** · 영조는 '신의가 있고 아첨하지 않는 것은 군자의 마음이요, 아첨하고 신의가 없는 것은 소인의 사사로운 마음이다.' 라는 문구를 친히 지어 비에 새겨 성균관 반수교 위에 세웠다. **탕평비**	· 달은 하나이나 냇물의 갈래는 만 개가 된다. … (중략) … 나는 그 냇물이 세상 사람들이라는 것을 안다. 빛을 받아 비추어서 드러나는 것은 사람들의 상이다. 달이라는 것은 태극이요, 태극은 나이다. **만천명월주인옹** · 이 왕은 반대 세력을 무력으로 제압하고 자신의 신변을 보호하기 위한 친위부대로 장용영을 설치하였다. 장용영은 기존에 국왕의 호위를 담당하던 숙위소를 폐지하고 새롭게 조직을 갖추어 편성된 부대다. **장용영**
체제 정비 · 민생안정	(왕이) 양역을 절반으로 줄이라고 명하셨다. 왕이 말하였다. "호포나 결포는 모두 문제점이 있다. 이제는 1필로 줄이는 것으로 온전히 돌아갈 것이니 경들은 대책을 강구하라." **균역법**	· 왕은 서얼과 노비에 대한 차별을 완화하였으며, 민생의 안정과 문화 부흥에도 힘썼다. 또, 전통 문화를 계승하면서 중국과 서양의 과학 기술을 받아들였다. 그 밖에, 외교 문서를 정리한 동문휘고, 병법서인 무예도보통지 등을 편찬하여 문물제도를 재정비하였다. · 채제공이 아뢰기를 "형조와 한성부에 분부하여 육의전 이외에는 금난정권을 행사하지 못하게 하십시오." 라고 하니 정조가 허락하였다. **금난전권 폐지**

[20 지방직 9급]

☑ 경신환국 때 남인들이 대거 관직에서 쫓겨나고 허적과 윤휴 등이 처형되었다.

[19 서울시 9급, 24 법원직]

☑ 경신환국 이후 서인은 송시열을 영수로 하는 노론과 윤증을 중심으로 하는 소론으로 분당되었다.

[23 법원직]

☑ 남인은 기사환국을 통해 재집권하였다.

[20 지방직 9급]

☑ 기사환국 때 송시열과 김수항 등이 처형당하였다.

[20 지방직 9급]

☑ 갑술환국 때 인현왕후가 복위되고 노론과 소론이 정계에 복귀하였다.

[19 서울시 7급]

☑ 숙종 15년(1689) 후궁 희빈 장씨가 낳은 왕자가 세자로 책봉되는 과정에서 서인이 몰락하고 남인이 다시 집권하였는데 이를 기사환국이라 칭한다.

[17 경찰직 1차]

☑ 숙종은 상황에 따라 한 당파를 일거에 내몰고 상대 당파에게 정권을 모두 위임하는 편당적인 인사 관리로 일관하여 환국이 일어나는 빌미를 제공하였다.

[16 경찰직 2차, 24 서울시 1회, 24 지방직 9급]

☑ 숙종 때 청과의 경계를 정한 백두산정계비가 세워졌다.

[13 경찰직 1차]

☑ 숙종 때 서인 인사들이 명나라 신종에게 재조지은(再造之恩)을 갚기 위해 만동묘를 설치하였다.

[20 경찰직 1차]

☑ 노론은 경종이 즉위하자 그가 병약하다는 이유를 들어 이복동생 연잉군을 세제로 책봉할 것을 요구하였다.

[21 국가직 9급]

☑ 서인은 마도묘 건립을 주도하였다

[21 경찰간부직]

☑ 영조는 산림의 존재를 부정하였다.

[18 경찰간부직]

☑ 영조 때 이인좌의 난을 진압하고 나서 탕평파를 육성하는 완론 탕평을 시행하였다.

[16 지방직 9급, 21 경찰간부직]

☑ 영조는 붕당의 폐단을 제거하기 위해 서원을 대폭 정리하였다.

[16 경찰직 1차, 20 소방직, 20 법원직]

☑ 영조는 속대전을 편찬하여 법전 체계를 정리하였다.

[24 법원직]

☑ 정조는 유득공 등 서얼들을 규장각 검서관으로 임용하였다.

[19 서울시 9급]

☑ 영조는 가혹한 형벌을 폐지하고 사형수에 대한 삼심제를 엄격하게 시행하였다.

[19 서울시 9급, 20 법원직, 24 서울시 1회]

☑ 영조는 청계천 준설 사업으로 일자리를 만들어주고 홍수에 대비하였다

[20 경찰직 1차, 20 법원직]

☑ 정조는 문물제도의 정비를 반영한 『탁지지』 등을 편찬하였다.

[20 경찰직 1차]

☑ 영조는 신문고 제도를 부활시키고 『동국문헌비고』 등을 편찬하여 문물과 제도를 정비하였다.

[24 법원직]

☑ 영조 때 탕평비를 세웠다.

[24 서울시 1회]

☑ 영조는 『속대전』과 『속오례의』 등을 편찬하여 문예 부흥의 기틀을 마련하였다.

[20 소방직, 24 법원직]

☑ 정조 때 장용영을 설치하였다.

[19 법원직]

☑ 정조 시기에는 수령이 향약을 주관하여 권한이 강화되었다.

[19 국가직 9급, 19 경찰직 2차, 20 국가직 9급, 20 경찰직 1차, 20 경찰직 2차, 21 지방직 9급]

☑ 정조는 신해통공을 반포하여 시전상인의 금난전권을 폐지하였다.

[24 법원직]

☑ 정조 때 육의전을 제외한 시전상인들의 금난전권을 철폐하였다.

[17 경찰 1차]

☑ 정조는 초계문신 제도를 실시하고, 규장각을 정치기구로 육성하였다.

[20 지방직 7급]

☑ 수원화성은 거중기 등을 이용하여 약 2년 만에 완성되었다.

[15 국가직 9급]

☑ 영조는 붕당을 없애자는 논리에 동의하는 구관료들을 중심으로 탕평정치를 이끌어 나갔다.

[15 국가직 7급]

☑ 정조 때 박제가, 이덕무 등이 병법서인 『무예도보통지』를 편찬하였다.

[19 경찰 2차]

☑ 정조 때 『대전통편』 편찬과 같은 법전 재정비를 통하여 국가의 집권 체계를 확립하고 왕권을 강화하고자 하였다.

[15 기상직 7급]

☑ 정조의 준론 탕평은 각 붕당의 주장이 옳은지 그른지를 명백히 가리는 것이었다.

[12 국가직 7급]

☑ 정조는 화성에 대유둔전이라는 국영농장과 만석거, 만년제 등의 수리시설을 설치하였다.

[16 기상직 9급]

☑ 정조 때 『고금도서집성』을 청에서 수입하였다.

[24 법원직]

☑ 세도 정치기에 왕실과 혼인을 맺은 일부 가문이 정권을 장악하였다.

[22 간호직, 22 법원직]

☑ 철종은 삼정이정청을 설치하여 농민의 부담을 완화하려 하였다.

[24 서울시 2회]

☑ 세도정치기 인간주의, 평등주의를 부르짖은 동학이 농촌 사회를 중심으로 교세를 확장했다.

[21 지방직 9급]

☑ 순조 재위 기간에 홍경래의 난이 발생하였다.

[24 서울시 2회]

☑ 순조 때 공노비 해방이 이뤄졌다.

[21 계리직]

☑ 홍경래의 난은 평안도 지역에 대한 차별에 저항하였다.

[17 지방직 9급]

☑ 조선 후기 평안도 사람들은 서북인이라 하여 차별을 받았다.

[13 지방직 7급]

☑ 평안도 지방에서 일어난 홍경래의 난에는 신흥 상공업 세력과 광산 노동자가 대거 가담하였다.

V

근대사

內

왕권 강화

- 철종이 죽고 고종이 어린 나이로 왕이 되자, 고종의 아버지인 흥선대원군이 실권을 장악하였다. 흥선대원군은 임진왜란 때 불탄 후 방치되어 있던 경복궁을 중건하였다. 이때 원납전이라는 기부금을 징수하는 일이 벌어졌으며 당백전이라는 화폐도 발행되었다.

- 그는 만동묘와 폐단이 큰 서원을 철폐하도록 명령을 내렸다. 선비들 수만 명이 대궐 앞에 모여 만동묘와 서원을 다시 설립할 것을 청하니, 그가 크게 노하여 병졸로 하여금 한강 밖으로 몰아내도록 하

민생 안정

인정(人丁)에 대한 세를 신포(身布)라고 하는데 충신과 공신의 자손에게는 모두 그 것이 면제되었다. 그 모자라는 액수는 반드시 평민에게만 덧붙여 징수하였다. 그는 이를 수정하고자 동포(洞布)라는 법을 제정하였다.

정 세도정치 (외척, 비변사) →

경 삼정의 문란 →

1800	1863		1873
	세도정치	대원군 집권기	

정조 사망 — 1866 — 1868 — 1871

④ 오페르트 도굴사건(독)

너희 나라와 우리나라의 사이에는 애당초 소통이 없었고, 또 서로 은혜를 입거나 원수진 일도 없었다. 그런데 이번 덕산묘소에서 저지른 변고야말로 어찌 인간의 도리상 차마 할 수 있는 일이겠는가?

척화비 — 병인양요 비문작성

① 병인박해(프)

③ 병인양요(프)

1975년 서지학자 박병선 박사는 이곳 도서관에서 조선시대 도서가 보관되어 있음을 발견하고 목록을 정리하여 그 존재를 알렸다. 그 후 1990년대 초 한국 정부가 반환을 공식 요청하기에 이르렀다. 그 결과 2011년 에 '5년마다 갱신이 가능한 대여 방식'으로 반환되었다.

외규장각의궤

② 제너럴 샤먼호 사건(미)

평양의 관민이 제너럴 셔먼호를 불태웠다.

外 — 통상수교 거부

⑤ 신미양요(미)

수백 명에 달하는 조선군이 전사한 전투는 모두 종식되고, 1시 정각에 킴벌리 부대장이 연락 장교를 기함으로 파견, 로저스에게 전승 소식을 보고하였다. 광성보를 점령하였다가 작약도로 철수하였다. 어재연 등이 이끄는 조선군 수비대는 격렬한 항전을 벌였지만 패배하고 말았다.

[16 지방직 9급]

☑ 고종 때 환곡제를 면민이 공동 출자하여 운영하는 사창제로 전환하였다.

[21 법원직]

☑ 흥선대원군은 은결을 색출하고 호포제를 실시하였다.

[19 지방직 9급]

☑ 흥선대원군에 의해 비변사는 철폐되었다.

[16 기상직 9급, 17 경찰직 1차, 18 경찰직 1차]

☑ 흥선대원군은 만동묘를 철폐하고 폐단이 큰 서원을 철폐하도록 하였다.

[17 지방직 7급]

☑ 흥선대원군은 양반에게도 군포를 징수하는 법을 시행하였다.

[17 경찰직 1차, 20 소방직, 21 법원직, 25 지방직 9급]

☑ 흥선대원군은 『대전회통』, 『육전조례』 등을 편찬하여 통치규범을 재정비하였다.

[18 경찰직 1차, 20 소방직, 20 경찰간부직]

☑ 흥선대원군은 경복궁을 중건하고 의정부와 삼군부의 기능을 회복시켰다.

[20 법원직]

☑ 프랑스는 자국인 신부의 처형을 구실로 강화도를 침략하였다.

[18 서울시 9급]

☑ 병인양요 당시 양헌수 부대는 정족산성에서 결사 항전했으나 패하였다.

[16 교육행정직]

☑ 병인양요 때 외규장각에 보관된 왕실 도서가 약탈당하였다.

[14 경찰직 1차]

☑ 병인양요 때 약탈당한 외규장각 의궤는 임대 형식으로 우리나라에 반환되어 현재 국립중앙박물관에 보관되어 있다.

[24 서울시 2회]

☑ 미국은 제너럴셔먼호 사건을 구실로 광성보를 공격하였다.

[24 지방직 9급]

☑ 신미양요 때 어재연이 강화도 광성보 전투에서 전사하였다.

[16 교육행정직, 18 경찰간부직]

☑ 제너럴셔먼호 사건이 신미양요의 구실이 되었다.

[16 교육행정직]

☑ 오페르트 도굴사건(1868)은 신미양요(1871)보다 먼저 일어났다.

[16 기상직 9급, 17 지방직 9급, 18 경찰간부직]

☑ 신미양요는 전국 여러 곳에 척화비가 세워지는 계기가 되었다.

[18 서울시]

☑ 박규수는 화공작전을 펴서 제너럴셔먼호를 소각하였다.

흥선대원군 개혁정치 (1863 ~ 1873)	개항과 사절 파견 (1876 ~ 1883)

위정척사파

이항로(통상 반대)

전하께서는 안으로는 관리들로 하여금 사학(邪學)의 무리를 베이시고, 밖으로는 장병으로 하여금 바다를 건너오는 적을 정벌케 하옵소서.

최익현(개항 반대)

저들의 욕심은 물화를 교역하는 데 있습니다. … (중략)…저들이 비록 왜인이라고는 하지만 본질적으로는 서양 오랑캐와 다를 것이 없습니다. 강화가 이루어지면 사악한 서적과 천주교가 다시 들어와 나쁜 기운이 온 나라를 덮게 될 것입니다.

이만손(개화 반대)

러시아는 우리와 본래 혐의가 없습니다. 그런데도 헛되이 다른 사람의 이간질을 믿어서 우리의 위신을 손상시키고, 원교(遠交)를 믿고 근린(近隣)을 도발하여 만약 이를 구실로 침략해 온다면 장차 어떻게 막으시겠습니까?

지지 → 서계 사건

비판 → 운요호 사건(75)

강화도 조약(76)[조일수호조규]

1조. 조선=자주국(청 간섭 배제)
4조. 부산(76) 외 2개 항구 개항 원산(80), 인천(83)
9조. 양국관리는 무역에 관여 ×

7조. 해안측량권
8, 10조. 치외법권

불평등 조약

경제침탈

조일무역규칙	조일수호조규 부록
이후 조선국 항구에 거주하는 일본 인민은 미곡과 잡곡을 수·출입할 수 있다.	일본국 인민은 본국의 현행 화폐를 사용 해 조선국 인민이 소유한 물품과 교환할 수 있다.

통리기무아문(80)

개항 후 국방을 강화하고 근대화하기 위하여 5군영으로부터 80명을 선발하여 창설하였다. 또한 서울의 일본 공사관에 근무하는 공병소위 호리모토를 교관으로 초빙하였다.

· 사절 파견

조사시찰단 일 81	동래부 암행어사 이헌영은 뜯어 보아라. 일인의 조정 의견·국세 형편·풍속 인물·교빙 통상 등의 대략을 다시 한번 염탐하는 것이 좋겠다. 그대는 날짜의 길고 짧음에 구애 받지말고 낱낱이 탐지해서 뒤에 이를 별도의 문서로 조용하게 보고하라.
영선사 청 81	근대 무기제조술을 배우기 위해 김윤식을 단장으로 유학생을 파견하였다.

조프수호 통상조약(86)

천주교 허용

조러수호 통상조약(84)

독자적 수교

조미수호 통상조약(82)

김홍집이 일본에서 황준헌의 『조선책략』을 가져오면서 그 내용의 영향으로 체결되었으며, 청의 적극적인 알선이 있었다. 거중조정 조항과 최혜국 대우의 규정이 포함되어 있었다.

보빙사(미) 83)

· 푸트 공사에 대한 답방
· 유길준, 홍영식
  └ 갑신정변 가담 X

비판

청 알선

1차 수신사(일, 76)	2차 수신사(일, 80)	조선책략
김기수(『일동기유』 작성)	김홍집(『조선책략』 유입)	러시아를 막을 수 있는 조선의 책략은 무엇인가? 중국과 친하고(聯美), 일본과 맺고(交日), 미국과 연합하여(親中), 자강을 도모하는 길 뿐이다.

[19 서울시 9급]

☑ 조일 수호 조규에 조선은 자주국으로 일본과 동등한 권리를 갖는다고 규정하였다.

[25 지방직 9급]

☑ 강화도 조약은 부산 외 2곳에 개항장이 설치되는 결과를 가져왔다.

[16 국가직 7급]

☑ 조일 무역 규칙에는 일본국 소속의 선박에 대해서는 항세를 면제하기로 했다.

[16 국가직 7급]

☑ 조일 수호조규 부록에는 개항장에서 일본 화폐의 유통을 허용하였다.

[21 국가직 9급]

☑ 조미 수호 통상 조약에는 영사재판권이 인정되었다.

[21 국가직 9급]

☑ 조미 수호 통상 조약은 임오군란 발발 한달 전에 체결되었다.

[21 국가직 9급]

☑ 조미 수호 통상 조약은 『조선책략』의 영향을 받았다.

[19 국가직 7급]

☑ 조미 수호 통상 조약은 러시아를 견제하기 위해 청의 적극적인 알선과 중재로 체결되었다.

[17 국가직 7급, 17 경찰직 2차, 19 국가직 9급, 21 국가직 9급]

☑ 조미 수호 통상 조약은 거중조정 조항과 최혜국 대우의 규정이 포함되어 있었다.

[20 국가직 9급]

☑ 동도서기론은 근대 문물 수용의 사상적 기반이 되었다.

[15 지방직 9급]

☑ 프랑스와 수교를 맺으면서 천주교 포교의 자유를 인정하였다.

[18 국가직 7급, 24 국가직 9급, 25 국가직 9급]

☑ 김홍집은 2차 수신사로 일본을 방문하여 『조선책략』을 가지고 돌아왔다.

[24 국가직 9급]

☑ 『조선책략』은 이만손 등 영남 유생들의 반발을 불러일으켰다.

[21 법원직]

☑ 고종은 일본에 조사 시찰단을 파견하였다.

[21 경찰직]

☑ 이만손이 주도한 영남만인소에는 러시아를 혐의가 없는 나라로 규정 하였다.

[18 국가직 7급, 22 경찰간부직]

☑ 청에 파견된 영선사 김윤식 일행은 무기 제조법을 배워 돌아왔다.

[22 경찰간부직]

☑ 미국과 수교 이후 전권대신 민영익과 홍영식, 유길준 등을 보빙사로 파견하였다.

[17 경찰직 1차]

☑ 1880년 시기에 개혁을 전담할 기구로 통리기무아문을 설치하고, 신식 군대인 별기군을 창설하였다.

[19 서울시 9급]

☑ 이항로는 척화주전론을 주장하며 통상 반대 운동을 전개하였다.

[18 국가직 7급, 20 국가직 9급, 25 국가직 9급]

☑ 최익현은 왜양일체론을 주장하며 개항에 반대하였다.

1876	1880	1881	1882	1883	1884

open

통리기무아문
· 별기군, 2군영
· 조사시찰단, 영선사

경제침탈(일본)
군인 + 빈민
차별대우

하지마라

대원군
· 왕권강화, 민생안정
· 통상수교거부
  제병오신

→ 개항

임오군란(1882, 6)

임금은 변이 일어났다는 소식을 듣고 급히 대원군을 불렀으며 대원군은 난병들을 따라 들어갔다. …(중략)… 민겸호가 황급히 대원군을 쳐다보고 호소하되, "대감, 날 좀 살려 주시오!" 하였다. 대원군은 쓴웃음을 지으며, "내 어찌 대감을 살릴 수 있겠소" 하였다.

할려면 똑바로 해라

갑신정변

이날 밤 우정국에서 낙성연을 열었는데 총판 홍영식이 주관하였다. 연회가 끝나갈 무렵 담장 밖에서 불길이 일어나는 것이 보였다. 이때 민영익도 우정사로서 연회에 참가하였다가 불을 끄기 위해 먼저 일어나 문밖으로 나갔다. 밖에 흉도 여러 명이 휘두른 칼을 맞받아치다가 민영익이 칼에 맞아 당상 위로 돌아와 쓰러졌다. …… 왕이 경우궁으로 거처를 옮기자 각 비빈과 동궁도 황급히 따라갔다. …… 깊은 밤, 일본 공사가 군대를 이끌고 와 호위하였다.

하지마라

영남 만인소

14개조 개혁 정강

1. 청에 잡혀간 흥선 대원군을 곧 돌아오게 하고, 종래 청에 대하여 행하던 조공의 허례를 폐지한다.
2. 문벌을 폐지하여 인민 평등의 권리를 세워 능력에 따라 관리를 임명한다.
13. 대신과 참찬은 매일 의정부에 모여 정령을 의결하고 반포한다.

위정척사파

close

청의 진압(3일 천하)

이때 별안간 마건충 등은 호통을 치면서 대원군을 포박하여 교자(轎子) 안으로 밀어 넣어 그 교자를 들고 후문으로 나가 마산포로 가서 배를 타고 훌쩍 떠나버렸다.

민씨정권
온건개화파(당오전)
사대당

근대시설
· 우정국(우편, 84)
· 박문국(인쇄)
· 전환국(화폐)
· 기기창(무기)

급진 개화파(차관도입)
개화당

조약 체결

구분	정치	경제
일	**제물포 조약(1882)** 제1조 지금으로부터 20일 이내에 조선국은 흉도들을 잡고 그 수괴를 엄히 징계한다. 제5조 일본 공사관에 약간의 군사를 두어 경비하게 한다.	**조·일수호조규 속약** (간행이정 10→50리) **조·일통상장정** · 쌀의 유출 제한 1개월 전 통고 · 최혜국 대우 인정
청	**고문 파견** · 위안스카이(군사) · 마젠창(정치) · 묄렌도르프(외교)	**조청상민 수륙무역장정(1882)** 북경과 한성, 양화진에서 양국 상인의 무역을 허용하고, 지방관이 발행한 여행 허가증이 있으면 내지행상도 할 수 있다고 규정하고 있다.

한성 조약 (조-일, 84)	제1조 조선국은 국서를 일본국에 보내 사의를 표명한다. 제4조 일본 공관을 새로운 곳으로 옮겨 신축하는 것은 마땅히 조선국에서 기지와 방옥을 교부해 공관 및 영사관으로 사용할 수 있도록 한다. 수축 증건에는 조선국이 다시 2만 원을 지불해 공사비를 충당한다.
텐진 조약 (청-일, 85)	제1조 청·일 양국 군대는 4개월 이내에 조선에서 동시 철병할 것 제3조 장차 조선에서 변란이나 중대사로 두 나라 중 한 나라가 출병할 필요가 있을 때는 먼저 문서로 조회하고 사건이 진정된 뒤에는 즉시 병력을 전부 철수하여 잔류시키지 않을 것

[24 지방직 9급]
☑ 임오군란은 별기군에 비해 차별을 받던 구식 군인들이 일으켰다.

[18 법원직]
☑ 임오군란의 결과 조청 상민 수륙 무역 장정이 체결되었다.

[21 국가직 9급]
☑ 흥선대원군은 통리기무아문을 폐지하고 5군영을 부활하였다.

[24 서울시 1회, 24 법원직]
☑ 임오군란의 책임을 물어 청은 흥선대원군을 자국으로 압송하였다.

[24 서울시 1회]
☑ 임오군란의 결과, 조선은 일본과 제물포 조약을 체결하여 배상금을 지불하였다.

[25 지방직 9급]
☑ 제물포 조약은 일본 경비병의 공사관 주둔을 명시하였다.

[16 법원직]
☑ 임오군란 이후 박영효가 3차 수신사로 일본에 파견되었다.

[15 법원직]
☑ 임오군란 이후 청에 의해 파견된 묄렌도르프는 우리나라 최초의 서양인 고문이다.

[17 국가직 9급]
☑ 임오군란 이후 조청 상민 수륙 무역 장정을 체결하여 청나라 상인에게 통상 특혜를 허용하였다.

[18 경찰간부직, 24 지방직 9급]
☑ 갑신정변은 김옥균 등 급진 개화파 인사들이 주도하였다.

[16 법원직]
☑ 갑신정변은 청프 전쟁 때문에 조선에 주둔하던 청군 일부가 베트남으로 이동한 것이 배경이 되었다.

[20 경찰직 1차]
☑ 홍영식은 조사시찰단으로 일본을 다녀왔고, 우정국이 설립되자 우정국 총판에 임명되었다.

[16 국가직 9급]
☑ 갑신정변 때 일본 공사관이 불타고 일본군이 청군에 패퇴하였다.

[16 국가직 7급]
☑ 김옥균은 보부상단을 통괄하는 혜상공국의 폐지를 주장하였다.

[18 서울시 7급]
☑ 갑신정변 이후 청과 일본은 조선에 군대를 파견할 경우 상호 통보하기로 합의하였다.

[25 지방직 9급]
☑ 한성조약과 톈진조약은 갑신정변의 영향으로 체결되었다.

[18 지방직 7급]
☑ 갑신정변 이전 박문국과 전환국이 설립되었다.

[18 경찰직 3차]
☑ 톈진 조약에서 청일 양국은 향후 조선에 군대를 파병할 때에는 상대국에 서로 알릴 것 등을 약속하였다.

[16 경찰간부직]
☑ 갑신정변 이후 조선은 일본과 한성조약을 체결하여 배상금과 공사관 신축비를 일본에게 지불하였다.

[18 경찰직 2차]
☑ 14개조 혁신 정강에는 의정부와 6조 이외의 불필요한 관청을 모두 없앤다는 조항이 있다.

[17 소방직]
☑ 치외법권은 강화도조약과 조미수호통상조약에 모두 포함되어 있다.

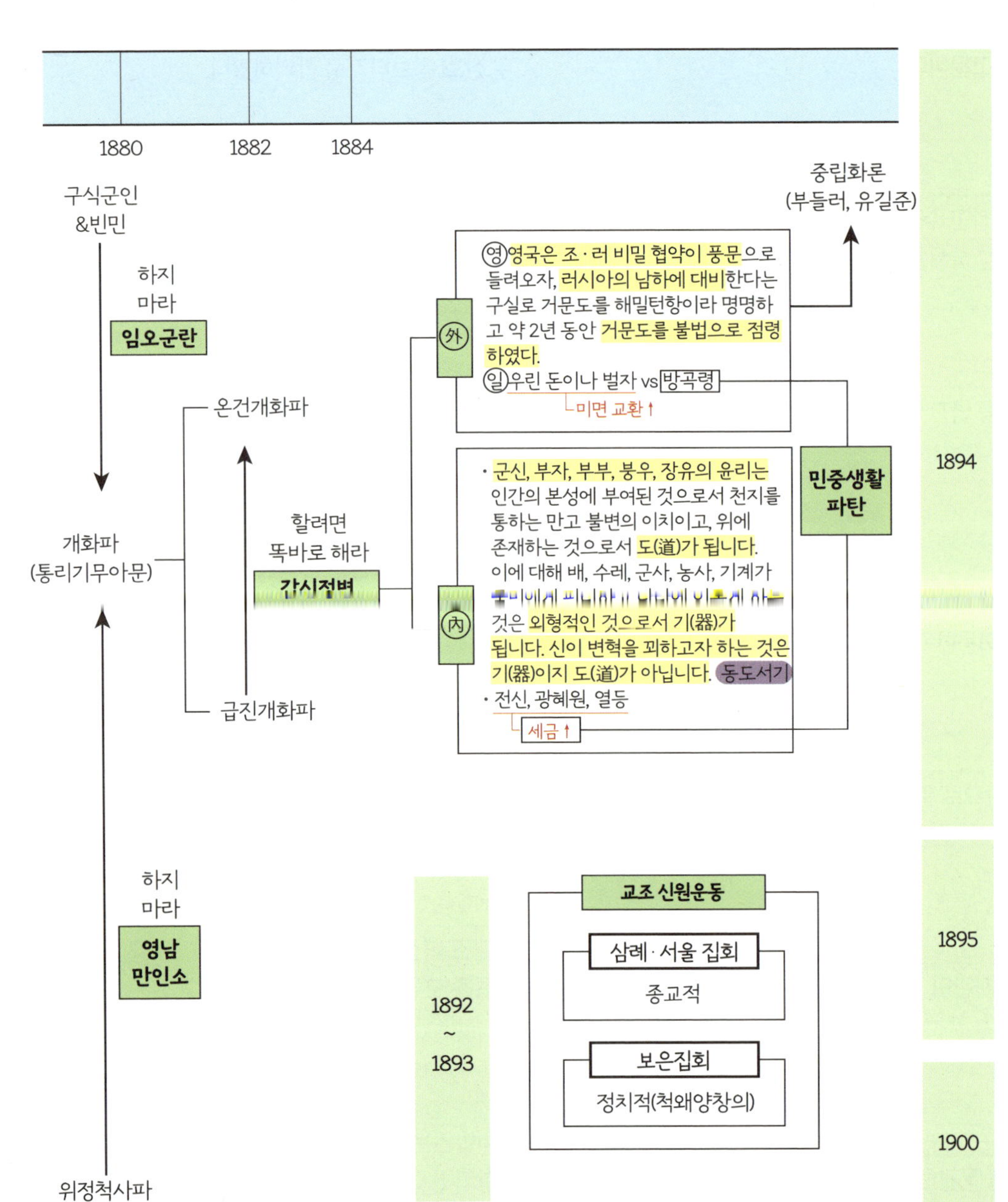

동학농민운동

1월 — 고부민란
- 원인 : 조병갑 학정(만석보, 공덕비)
- 사발통문, 자진해산

3월 — 1차봉기(무장·백산 봉기)
- 우리가 의(義)를 들어 여기에 이르렀음은 그 본의가 결 코 다른데 있지 아니하고, ……안으로는 탐학한 관리의 머리를 베고(반봉건), 밖으로는 횡포한 강적의 무리를 쫓아 내몰고자 함이라(반외세) 전봉준 격문
- 1. 사람을 죽이지 말고 물건을 해하지 말라.
  4. 군대를 몰고 서울로 들어가 권세가와 귀족을 모두 없애라. 농민군 4대 강령

4월 — 오후 2시경 동학농민군은 황룡촌(黃龍村)에서 경군과 최초의 전투를 벌였다. 이 전투에서 경군은 크게 패하여 경군을 이끌던 대관 이학승이 전사하였고 극로백 1좌, 회선포(回旋砲) 1좌와 ... 빼앗겼다. 황룡촌 전투

5월 — 청·일군대 파병(5.5 ~ 6) → 전주화약(5.8)
청 아산만 일 제물포 / 톈진조약 근거

폐정개혁 12개조
청군과 일본군의 개입으로 사태가 악화되자 농민군은 폐정개혁을 제시하며 정부와 화약을 맺었다. 이에 따라 농민군은 해산하였다.

6월 — 집강소(농민주도, 전라도, 폐정개혁안 실천)

교정청(정부 주도)
방금 안핵사 이용태의 보고에 따르면 "죄인들이 대다수 도망치는 바람에 조사하지 못하였다."라고 하였다. 우리 정부는 왕명을 받들어 교정청을 설치하였다. 당상관 15명을 두고 먼저 폐정 몇 가지를 개혁하니, 모두 동학당이 주장한 것이다.
· 경복궁 점령 → 청일전쟁 → 군국기무처

7월 — 1차 갑오개혁(내정 간섭)

9월 — 2차 봉기(삼례봉기, 남·북접 논산 집결)
손병희·전봉준
그는 일본 군대가 대궐에 들어갔다는 말을 듣고, 일본군을 물리치고 그 거류민을 나라 밖으로 몰아낼 마음으로 다시 구사를 일으키고자 하였다. 신수 근처의 심례벽이 땅이 넓고 전라도의 요충지이기에 그해 9월쯤 태인을 출발하여 원평을 지나 삼례역에 이르러 그 곳을 기병하는 대도소로 삼았다.

11월 — 우금치 전투 패배

12월 — 2차 갑오개혁

↓

을미개혁

을미의병
우리 국모의 원수를 생각하며 이미 이를 갈았는데, 참혹한 일이 더하여 우리 부모에게서 받은 머리털을 풀 베듯이 베어 버리니 이 무슨 변고란 말인가.

활빈당
- 시장에 외국 상인의 출입을 엄금할 것
- 다른 나라에 철도부설권을 허용하지 말 것
- 시급히 방곡령을 실시하고 구민법을 채용할 것
- 금광의 채굴을 금지하고 인민의 방책을 꾀할 것 대한사민논설 13조

1895

1900

[15 경찰직 1차]

☑ 고부군수 조병갑에 대한 불만으로 1894년 전라도 고부에서 동학농민운동이 시작되었다.

[15 경찰직 1차]

☑ 농민군은 정읍 황토현 등에서 관군을 물리치고 북상하여 전주성을 점령하였다.

[15 지방직 9급]

☑ 조선 정부는 농민군 지도부의 요구에 대응하여 교정청을 설치하였다.

[17 서울시 9급]

☑ 전주 화약에는 집강소 및 폐정 개혁에 관한 규정이 포함되었다.

[15 서울시 9급]

☑ 농민군은 폐정 개혁안에서 노비 문서의 소각과 탐관오리의 엄징을 요구하였다.

[15 서울시 9급]

☑ 농민군은 폐정 개혁안에서 토지는 평균으로 나누어 경작하자고 주장하였다.

[16 지방직 7급]

☑ 동학 농민군은 각종 무명 잡세를 근절할 것을 주장하였다.

[20 경찰간부직, 24 지방직 9급]

☑ 농민군은 전주화약 직후 전라도를 중심으로 집강소를 설치하여 폐정개혁을 추진하였다.

[20 경찰직 2차]

☑ 제2차 농민 봉기는 전봉준이 이끄는 남접과 손병희가 이끄는 북접이 연합하여 전개되었다.

[20 경찰간부직]

☑ 동학 농민군은 톈진조약을 빙자하여 조선에 파견된 일본군에게 우금치 전투에서 패하였다.

[20 경찰직 1차]

☑ 청일전쟁 발발 이전 홍계훈이 이끄는 경군 선발대가 장성 황룡촌 전투에서 농민군에 패하였다.

[19 국가직 9급, 20 경찰직 1차]

☑ 청일전쟁 발발 이후 손병희의 북접 농민군과 전봉준의 남접 농민군이 충청도 논산에서 합류하였다.

[24 법원직]

☑ 청일전쟁의 결과 청과 일본이 시모노세키 조약을 맺었다.

[15 지방직 9급]

☑ 전주 화약 이후 조선 정부는 청일 군대의 철수를 요청하였다.

[12 경찰직 2차, 20 경찰직 2차]

☑ 동학 농민군의 잔여 세력 가운데 일부는 이후 활빈당 등에 가담하였다.

[17 경찰직 1차]

☑ 동학농민운동은 당시 집권 세력과 일본 침략 세력의 탄압으로 실패하였지만, 이들의 요구는 갑오개혁에 부분적으로 반영되었다.

[25 국가직 9급]

☑ 거문도에 영국군이 러시아를 견제한다는 구실로 주둔하였다.

[17 국가직 9급, 21 경찰직 1차]

☑ 갑신정변 이후 독일 부영사 부들러는 조선의 영세 중립국화를 주장하였다.

[19 국가직 9급]

☑ 안핵사 이용태가 농민을 동학도로 몰아 처벌하자 전봉준이 백산에서 4대 강령과 격문을 발표하였다.

25 갑오·을미 개혁

1884 1894

동학농민운동 12개조 폐정개혁안

- 5조. 노비문서 소각
- 6조. 7종의 천인 차별 개선, 백정의 평량갓 폐지
- 8조. 무명잡세 폐지
- 9조. 지벌 타파로 인재 등용
- 10조. 왜와 통하는 자 처벌
- 11조. 공사채 무효
- 12조. 토지 평균 분작

세금 개혁

(上) 갑신정변 – (下) 동학농민운동 → 갑오·을미 개혁

갑신정변 14개조 정강

- 1조. 대원군을 즉시 환국시킬 것(조공 허례는 폐지)
- 2조. 문벌을 폐지하여 인민 평등권을 제정
- 3조. 지조법을 개혁할 것
- 8조. 급히 순사(巡査)를 두어 도둑을 막을 것
- 11조. 4영을 하나로 통합하고, 근위대를 설치할 것
- 12조. 재정은 모두 호조가 관할할 것
- 14조. 의정부와 6조 외에 불필요한 관청은 혁파할 것

반(反)외세

2차 갑오개혁 홍범 14조

- 1조. 청에 의존하지 말고 자주 독립의 기초 마련
- 6조. 납세는 법으로 규정
- 7조. 조세의 과세·징수 및 경비 지출은 탁지아문에서 관할.
- 10조. 우수한 젊은이들을 파견, 외국 문물 익히게 할 것
  - └ 외국어학교, 서유견문(95, 유길준)
- 12조. 장교 교육과 징병제 실시
- 13조. 민법·형법을 제정하여 인민의 생명과 재산 보호
- 14조. 문벌을 가리지 않고 인재 등용

문벌 타파

갑오·을미 개혁

1894년 6월

경복궁 점령
↓
청·일 전쟁
↓

1차 김홍집 내각(자주)

군국의 기무 및 일체 사무의 개혁을 관장하며 총재와 부총재 각 1인, 회의원 20인 미만으로 구성한다. 과반수이상 출석으로 개회하며 공개 토론을 거쳐 다수결로 의결하는데, 가결안은 총재를 거쳐 홍선대원군에게 상신하고 국왕에게 올려 재가받는다.

1차 갑오개혁

- 공·사 노비 제도를 모두 폐지하고, 인신매매를 금지한다.
- 연좌법을 폐지하여 죄인 자신 외에는 처벌하지 않는다.
- 과부의 재혼은 귀천을 막론하고 그 자유에 맡긴다. 이후 국내외 공사(公私)문서에 개국 기원을 사용한다.
- 남자 20세, 여자 16세 이하의 조혼을 금지한다.

↓

1894년 12월

2차 김홍집·박영효 내각(친일)

청·일 전쟁에서 승기를 잡은 일본은 조선의 내정에 적극 간섭하기 시작하였다. 홍선 대원군을 물러나게 하고 군국기무처를 폐지하였으며, 김홍집·박영효 연립 내각을 구성하고 개혁을 단행하였다.

2차 갑오개혁

㉠제도 개편

중앙	• 의정부 → 내각 • 8아문 → 7부
지방	• 8도 → 23부

㉢탁지부

㉦교육입국 조서 반포, 근대적 재판소(사법권 분리)
- 지방관의 권한 축소
- 관립학교(한성사범·외국어학교)

㉣훈련대·시위대

↓

1895년 1월

홍범 14조 반포

고종은 문무백관을 거느리고 종묘에 나가 내정 개혁 및 자주 독립을 선포하는 독립 서고문을 바치면서 국정 개혁의 기본 강령이라고 할 수 있는 홍범14조를 1894년 12월 반포하였다.

↓

1895년 4월

시모노세키 조약(청일전쟁 승리)

청국은 조선국이 완전무결한 독립 자주국임을 확인하다. 따라서 위의 자주독립을 훼손할 청국에 대한 조선국의 공헌과 전례 등은 앞으로 완전히 폐지한다.

↓

삼국 간섭(러·프·독)

↓

1895년 7월

친러 내각

↓

1895년 8월

을미사변(미우라 공사)

지난해 8월 20일의 일을 차마 말로 다할 수 있겠습니까. 이는 불충한 무리들이 만고에 없던 큰 변괴를 만들어낸 것이니, 온 나라의 백성치고 눈물을 삼키며 국모(國母)의 원수를 갚고자 하지 않는 자가 있겠습니까.…

↓

친일 내각

을미개혁

고종은 비로소 머리를 깎고 내외신민에게 명하여 모두 깎도록 하였다.

[16 지방직 7급, 17 지방직 7급, 21 국가직 9급]

☑ 김홍집은 군국기무처 총재를 역임하였다.

[18 경찰간부직]

☑ 제1차 갑오개혁 때 흥선대원군을 섭정으로 하는 내각이 구성되었다.

[18 경찰간부직]

☑ 제2차 갑오개혁을 위해 일본에 망명해 있던 박영효를 불러들여 박영효·김홍집 연립 내각이 구성되었다.

[16 지방직 9급]

☑ 제1차 갑오개혁은 군국기무처의 주도하에 추진되었다.

[24 서울시 2회]

☑ 을미개혁 때 태양력과 '건양' 연호를 사용하고 단발령을 실시하였다.

[18 지방직 7급]

☑ 1차 갑오개혁 때 은본위 제도와 조세의 금납화를 실시하였다.

[18 경찰간부직]

☑ 제1차 갑오개혁 때 공사 노비법 혁파, 연좌율 폐지, 조혼 금지 등의 개혁안을 처리하였다.

[16 지방직 9급, 18 법원직]

☑ 제1차 갑오개혁 때 청의 연호를 쓰지 않고 개국 기년을 사용하였다.

[19 경찰간부직]

☑ 제1차 갑오개혁 때 궁내부가 설치되어 왕실 사무를 전담하였다.

[19 법원직, 21 경찰간부직]

☑ 제2차 갑오개혁 때 8도를 23부로 개편하였다.

[18 국가직 7급, 20 소방직]

☑ 제1차 갑오개혁 때 6조를 8아문으로 개편하였다.

[20 경찰직 1차, 20 경찰간부직, 21 경찰간부직]

☑ 제2차 갑오개혁 때 교육입국 조칙이 반포되고 한성사범학교 관제 등이 제정되었다.

[19 법원직]

☑ 을미개혁 때 중앙에 친위대, 지방에 진위대를 설치하였다.

[18 국가직 7급, 21 경찰직 1차]

☑ 제1차 갑오개혁 당시 경무청을 신설하고 근대적인 경찰제도를 도입하였다.

[16 기상직 7급]

☑ 을미개혁 때 종두법과 단발령을 실시하였다.

[21 경찰간부직]

☑ 제2차 갑오개혁 때 지방재판소, 한성재판소, 고등재판소를 설치하여 사법권을 행정권에서 분리하였다.

[17 사복직]

☑ 시모노세키 조약은 청·일 전쟁의 결과 일본과 청이 맺은 조약으로, 이를 통해 일본은 청으로부터 조선에 대한 종주권 포기, 요동 반도와 타이완 할양 등을 약속받았다.

[18 법원직]

☑ 홍범 14조에는 청에 의존하는 생각을 버리고 자주 독립의 기초를 세운다는 내용이 포함되어 있다.

[18 경찰직]

☑ 홍범 14조에서 문벌에 구애받지 않고 인재 등용의 길을 넓힐 것을 천명하였다.

1884   1894   1896   1897

왼쪽 흐름도

동학 농민운동 → 청일전쟁 → 을미개혁(94 ~ 95)

갑신정변 | 을미개혁(94 ~ 95) | 정동구락부(94)

춘생문 사건(95)

外

· 서울과 개항장의 일본 거류민을 보호하기 위하여 서울에 2개중대, 부산과 원산에 각각1개 중대의 일본군을 주둔시킨다. 1개 중대 병력은 200명을 초과하지 않는다. 러시아도 러시아 공사관과 영사관의 보호를 위하여 일본군 병력을 초과하지 않는 범위 내에서 각 지역의 위병을 주둔시킬 수 있다. 베베르·고무라 각서

· 이권 침탈 절정

아관파천(96)

폐하께서 외국 공사관으로 나가신 것은 한때의 임기응변이며 만부득이한 지경으로 빚어진 것이었으나, 절대로 정상적이며 온당한 일이라고는 할 수 없습니다.

內

· 23부 → 13도
· 호적(신분→직업)
· 단발령 X

헌의 6조

1조. 외국인에게 의지하지 않고 관민이 합심하여 전제 황권을 견고히 할 것
2조. 외국과의 이권에 관한 조약은 각 대신과 중추원(의회) 의장이 합동 날인하여 시행할 것
3조. 재정은 탁지부에서 전관할 것, 예산과 결산은 국민에게 공포할 것
4조. 중대 범죄는 공개 재판하되 피고의 인권을 존중할 것
5조. 칙임관 임명 시 정부에 자문하여 중의(과반수)에 따를 것

가운데 흐름도

대한제국(97) 황제권 강화

버어나기 위한 몸부림

독립신문 (96.4)

독립협회(96.7) 민중과 하나

· 서재필 귀국(중추원 고문)

독립문 (97)

광무개혁

어려운 때를 만났으나, 하늘이 도와 위기를 모면하고 안정되었으며 독립의 터전을 세우고 자주의 권리를 행사하게 되었다. 이에 여러 신하들과 백성들이 글을 올려 황제의 칭호를 올리라고 제의하였다. 여러 차례 사양하다가 끝내 사양할 수 없어 늘서과 땅에 제사를 지내고 황제의 자리에 올라 국호를 대한제국(으)로 정하였다.

구본	신참
정치	경제

구본 — 정치

한청통상조약

제1관 앞으로 대한국과 대청국은 영원히 우호를 다지며 양국 상인과 인민이 거류하는 경우 모두 온전히 보호와 우대의 이익을 얻는다.

세계화

외국 사람들이 조계지를 지키지 않고 도성의 좋은 곳에 있는 집은 후한 값으로 사고 터를 넓히니 잔폐(殘廢)한 인민의 거주지가 침범을 당한다. 또 한 여러 해 동안 도로를 놓고 있기 때문에 집들이 죽어득얻다 탑동(塔洞) 동시에 집을 빌고 송권을 빈튼나 하니 …(낙낙)… 실국 없는 사람이 태반이 될 것이다.

신참 — 경제

양전·지계사업 (농전·임야·가옥)

종래의 양전처럼 농지의 비척(肥瘠)이나 가옥의 규모를 조사하는 것에만 그치지 않고, 전국 토지 일체에 대한 조사를 목표로 광범위하게 조사하였다. 한편 소유권을 확인해 주기 위해 지계(地契)를 발행하는 사업을 함께 전개하였다.

· 화폐개혁(금본위제 시도), 한성·천일은행
· 서북철도국(경의선), 내장원(홍삼 판매)

사회

· 한성중학교, 기술학교(상공·광무학교), 무관학교
cf) 한성사범학교(2차 갑오), 소학교(을미)

1898년

만민공동회(98. 3)

이권 수호운동 (반러, 친일·친미)

러시아는 군사교관과 재정 고문을 파견하여 내정 간섭을 하고 절영도 조차와 한러은행 설립 등을 요구하였다. 이에 독립협회는 민중대회인 만민 공동회를 열어 적극적인 반대 운동을 전개하였고, 고종은 이에 힘입어 러시아의 요구를 거절하였다.

박정양 진보내각

관민공동회(98. 10)

· 박성춘이 말하였다. 한 개의 장대로 받치자면 힘이 부족 하지만 만일 많은 장대로 힘을 합친다면 그 힘은 매우 튼튼합니다. 삼가 원하건대, 관리와 백성이 마음을 합하여 우리 대황제의 훌륭한 덕에 보답하고 국운이 영원토록 무궁하게 합시다." 회중이 박수를 보냈다.
· 독립협회가 개최한 관민공동회에서 헌의 6조가 결의되었다.

중추원 관제 선포

의장은 대황제 폐하께옵서 문서로 임명하시고, 부의장은 중추원 공천에 의해 임명하시고, 의원 반수는 정부에서 공로가 있는 자로 회의하여 추천하고, 반수는 인민 협회에서 27세 이상의 사람이 정치, 법률, 학식에 통달한 자로 투표 선거할 것.

독립협회해산 (98.12)

황국협회는 정부의 어용단체 역할을 하였으며, 독립협회와 갈등을 일으켜 독립협회를 해산시키는 데 앞장섰다.

↓

대한국 국제 선포 (99. 8, 교정소)

[20 법원직]
☑ 을미사변 이후 신변의 위협을 느낀 고종이 러시아의 공사관으로 피신하였다.

[15 지방직 9급, 24 서울시 2회, 25 국가직 9급]
☑ 독립협회는 만민공동회를 개최하여 러시아의 침략 행위를 강력하게 규탄하였다.

[19 지방직 7급]
☑ 독립협회는 러시아가 절영도 조차를 요구하자 이에 반대하는 활동을 벌였다.

[13 지방직 9급]
☑ 독립협회는 관민공동회를 종로에서 개최하고 헌의 6조를 채택하였다.

[14 서울시 9급]
☑ 독립협회는 정부의 자문 기구인 중추원을 근대적인 의회로 개편하고자 하였다.

[23 법원직]
☑ 독립협회는 1898년 '구국 운동 상소문'을 올렸다.

[24 서울시 2회]
☑ 독립협회는 『독립신문』을 발간하고 독립문을 건설하였다.

[24 서울시 2회]
☑ 독립협회는 중대한 범죄는 공판하되 피고의 인권을 존중할 것을 주장하였다.

[18 지방직 7급]
☑ 광무개혁 때 내장원에서 광산, 홍삼 전매 등을 관장하였다.

[22 계리직]
☑ 아관파천 이후 고종은 경운궁(덕수궁)으로 옮겨와 대한제국을 선포하고 광무개혁을 실시하였다.

[16 법원직]
☑ 아관파천 후 지방 행정 체제를 23부에서 13도로 개편하였다.

[16 서울시 9급]
☑ 고종은 연호를 광무라 하고 환구단에서 황제 즉위식을 거행하였다.

[20 경찰직 1차, 25 지방직 9급]
☑ 광무개혁은 '옛것을 근본으로 하고 새로운 것을 참작한다.'라는 구본신참의 원칙을 내세워 개혁을 추진하였다.

[16 서울시 9급, 20 소방직]
☑ 1899년 대한제국의 헌법이라 할 수 있는 대한국국제가 반포되었다.

[19 지방직 9급, 20 경찰직 1차]
☑ 대한제국은 황실 재정을 담당하는 내장원의 기능을 확대하였다.

[25 지방직 9급]
☑ 대한제국은 서대문과 청량리 사이에 전차를 부설하였다.

[13 서울시 9급]
☑ 대한세국은 서북철도국을 설치하여 경의철도 부설 사업을 추진하였다.

[18 경찰직 1차]
☑ '대한국국제'는 황제에게 모든 권한이 집중된 전제 군주 국가임을 표방하였다.

[16 법원직, 20 지방직 7급]
☑ 대한제국은 원수부를 설치해 황제가 군대를 통솔하였다.

[16 지방직 7급]
☑ 대한제국은 금 본위제를 실시하려고 하였다.

[11 지방직 7급]

☑ 대한제국은 상공업의 진흥 정책을 시행하고 민간 회사 설립도 지원하였다.

[16 국가직 9급]

☑ 대한제국은 한성은행, 대한천일은행 등 민족계 은행을 지원하였다.

[22 경찰간부직, 22 소방직, 24 지방직 9급]

☑ 대한제국 시기에 청과 근대적 성격의 한청통상조약이 체결되었다.

[22 소방직]

☑ [illegible]

[17 경찰직 1차, 20 경찰직 1차 20 지방직 7급, 21 소방직]

☑ 대한제국은 재정 확보를 위해 양전 사업을 실시하고, 일부 지역에서 토지 소유권을 보장하는 문서인 지계를 발행하였다.

[19 지방직 9급]

☑ 대한제국은 시위대와 진위대를 증강하였다.

[17 서울시 7급]

☑ 대한제국 시기에 만국 우편 연합에 가입하고, 만국 박람회에 참가하였다.

[15 국가직 9급]

☑ 헌의 6조에는 칙임관은 황제가 정부에 자문하여 그 과반수의 의견에 따라 임명한다는 조항이 있다.

[24 지방직 9급]

☑ '대한국국제'는 황제에게 육·해군의 통수권이 있음을 명시하였다.

[17 국가직 7급]

☑ 대한제국 지계 발급은 러일전쟁으로 중단되어 전국적으로 확대되지 못하였다.

MEMO

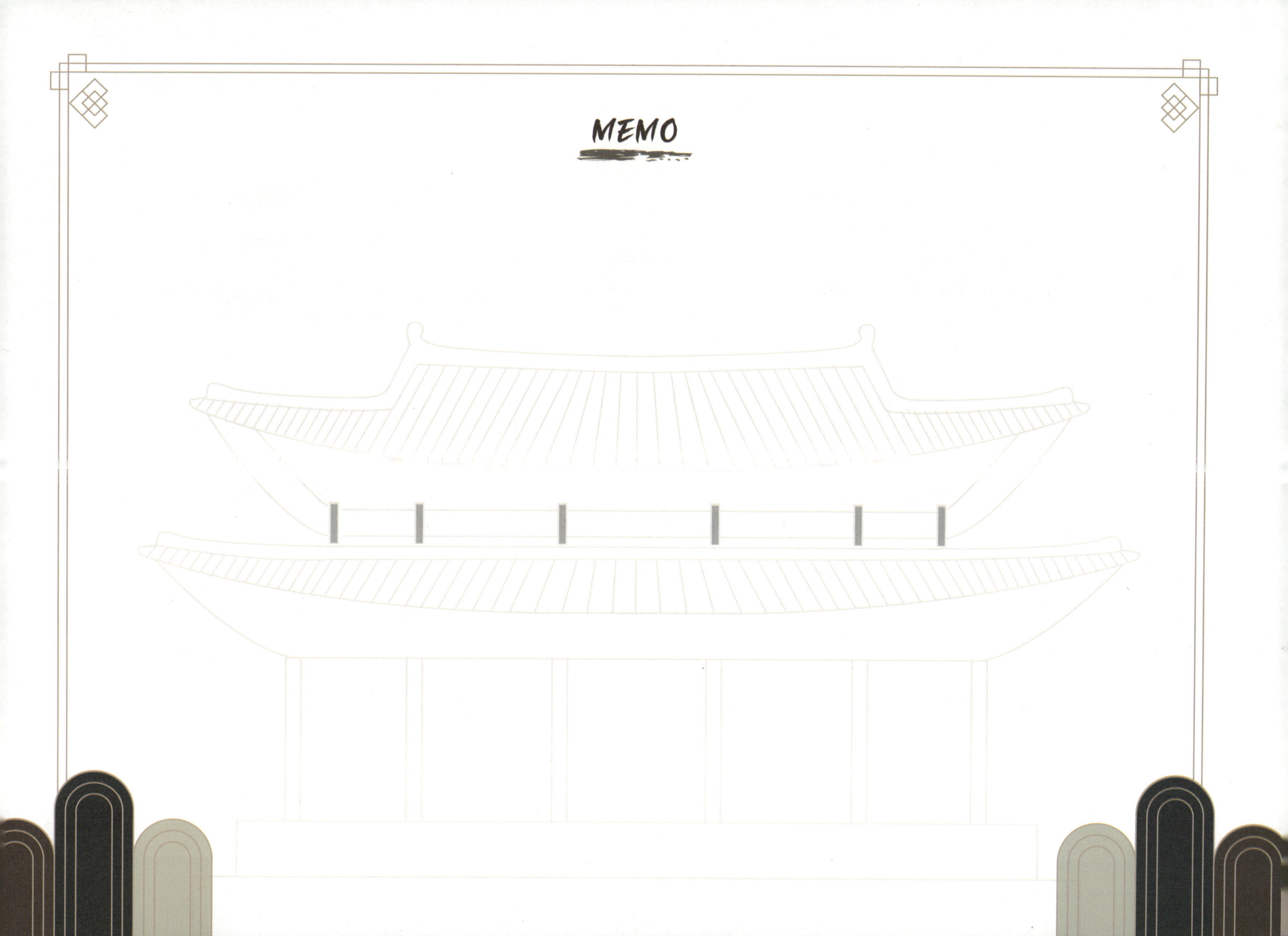

연도	

1904

고종의 중립선언

제3국의 침해나 혹은 내란으로 인하여 **대한제국 황실의 안녕과 영토의 보전에 위험이 있을 경우**에는 대일본제국 정부는 속히 정황에 따라 필요한 조치를 취할 수 있다. 그러나 **대한제국 정부는 위 대일본제국의 행동을 용이하게 하기 위하여 충분한 편의를 제공한다.**

러일전쟁(04.2)
└ 뤼순항 공격

한일의정서(04.2)

일본인 메가타를 재정 고문으로, 미국인 **스티븐스를 외교 고문**으로 임명하도록 하였다.

1차 한일협약(04.8)

시마네현 고시(05. 2)
└ 독도 일본편입

가쓰라·태프트밀약(05.7)
포츠머스 조약(05.9)

1905

항일 의병운동

을사의병(05)

그러나 슬프도다. 저 개돼지만도 못한 이른바 우리 정부의 대신이란 자들은 자기 일신의 영달과 이익이나 바라면서 위협에 겁먹어 머뭇대거나 벌벌 떨며 나라를 팔아먹는 도적이 되기를 감수하였던 것이다. [시일야방성대곡]

을사늑약(05.11)[2차 한일협약]

일본국 정부는 동경의 외무성을 경유하여 금후 **한국의 외국과의 관계 및 사무를 감리, 지휘할 수 있고,** 일본국의 외교 대표자와 영사는 외국에 있는 한국의 신민 및 이익을 보호할 수 있다.

애국계몽운동

보안회(04)

· (일) 황무지개간 반대(성공)

농광회사

· 이 회사의 고금(股金, 주권)은 액면 50원씩이고, 총 1천만원을 발행하고, 주당 불입금은 5년간 총 10회 5원씩 나눠서 낸다.
· 이 회사는 **국내 진황지 개간, 관개 사무와 산림천택(山林川澤), 식양채벌(殖養採伐) 등의 사무 이외에 금·은·동·철·석유 등의 각종 채굴 사무**에 종사한다.

헌정연구회(05)

· 입헌군주제 주장
· 일진회 반대투쟁 중 해산

1907

정미의병(07)

일제는 군대를 증강해 강압적 분위기를 조성한 다음 친일 내각과 이 협약을 체결했다. 이 협약을 체결할 때, 일제는 대한제국 군대의 해산을 요구해 관철시켰다. 이때 해산된 군인의 상당수는 일본군과 격전을 벌인 후 의병 부대에 합류하였다.

헤이그 특사(07.6)

고종 퇴위(07.7)

대한자강회(06)

무릇 나라의 독립은 오직 자강(自强)의 여하에 달려 있는 것이다. …(중략)… 그러나 **자강의 방도를 강구하려 할 것 같으면 다른 곳에 있지 않고 교육을 진작하고 산업을 일으키는 데 있으니** 교육과 산업의 발달이 곧 자강의 방도임을 알 수 있는 것이다.

정미7조약(07.7)

제4조 한국 고등 관리의 임면은 통감의 동의로써 이를 시행한다. 제5조 한국정부는 **통감이 추천하는 일본인을 한국 관리에 임명**한다.

신민회(07)

서울 진공작전(08)

[군사장 허위]는 미리 군비를 신속히 정돈하여 철통과 같이 함에 한 방울의 물도 샐 틈이 없는지라. 이에 전군에 전령하여 일제히 [전군을 재촉하여 동대문 밖으로 진격하였다.]

피고 유동열은 윤치호, 안창호 등과 함께 **국권 회복 후 공화정치를 수립하기로 했다.** 그들은 목적을 달성하고자 비밀 결사를 조직하고 그 단체가 뽑은 조선 13도의 대표 가 되었다. 피고는 이 단체에 속한 주요 인물과 모의하여 총독이 **압록강 철교 개통식에 참석할 때 그를 암살하기로 계획했다.** 피고는 이 사실을 극구 부인하고 있지만, 우리 는 그가 유죄라고 생각한다.
        – 조선 총독부 경무총감부 –

장인환·전명운의거(08)
└ 스티븐슨 사살

1909

· 남한대토벌 작전(09, 전라도) → 연 해주 이동
         └ 13도의군(10)

사법권 박탈(09.7)
└ 기유각서

나는 한국의 의병이며 지금 적군의 포로가 되어 와 있으므로 마땅히 만국공법에 의해 처단되어야 할 것으로 생각한다. [안중근]

1910

1910~

항일 무장투쟁

한일합방조약[경술 국치](10.8)

한국 황제 폐하는 **한국 전부에 관한 모든 통치권**을 완전 또는 영구히 일본 황제에게 양여한다.

실력 양성운동

[17 경찰직 1차]
- ☑ 한일의정서는 대한제국의 국외 중립 선언을 무시하고 강제로 체결되었다.

[18 경찰직 3차, 19 서울시 7급]
- ☑ 제1차 한일 협약 체결 이후 일본은 메가타를 대한제국의 재정 고문으로, 스티븐스를 외교 고문으로 파견하였다.

[14 기상직 9급]
- ☑ 러일 전쟁에서 승리한 일본은 러시아와 포츠머스 조약을 통해 조선에서의 독점적 지배권을 인정받았다.

[21 경찰직]
- ☑ 을사늑약(제2차 한일협약)은 대한제국 황제의 서명 날인 없이 조인되었다.

[15 국가직 7급]
- ☑ 을사늑약 체결에 대해 장지연은 '시일야방성대곡'이라는 논설을 써 비판하였다.

[18 경찰간부직]
- ☑ 한일신협약은 법령 제정과 중요 행정 처분은 일본인 통감의 승인을 받도록 규정하였다.

[21 지방직 9급]
- ☑ 을사조약은 일본의 중재 없이 국제적 성격을 가진 조약을 체결할 수 없다는 내용이 담겨 있다.

[24 서울시 2회]
- ☑ 을사늑약 체결 이후 초대 통감으로 이토 히로부미가 임명되었다.

[21 지방직 9급]
- ☑ 헤이그 특사 사건(1907) 직후 일제의 강요로 한일신협약(정미7조약)이 체결되었다.

[19 서울시 9급, 21 경찰직 1차]
- ☑ 한일신협약 체결 이후 각 부의 차관에 일본인이 임명되어 이른바 차관정치가 시작되었다.

[09 경찰직 1차]
- ☑ 헤이그 특사 파견이 고종 강제 퇴위와 한일신협약 체결의 원인이 되었다.

[15 기상직 9급]
- ☑ 명성황후 시해 사건이 일어나고 단발령이 시행되자 을미의병이 일어났다.

[19 국가직 7급]
- ☑ 을사의병 때 민종식이 이끄는 의병이 홍주성을 점령하였다.

[15 경찰직 2차]
- ☑ 을미의병은 아관파천 이후 고종의 해산 조칙을 계기로 대부분 해산하였다.

[18 경찰간부직]
- ☑ 을사늑약이 체결되자 민영환은 유서를 남기고 자결하였다.

[24 지방직 9급]
- ☑ 정미의병은 13도 창의군을 조직하고 서울 진공 작전을 추진하였다.

[18 국가직 7급]
- ☑ 최익현은 을사늑약 직후 의병을 일으켰다가 대마도로 압송된 후 순국하였다.

[17 국가직 9급]
- ☑ 을사의병에서는 신돌석과 같은 평민 의병장이 최초로 등장하였다.

[21 법원직]
- ☑ 을미의병 이후 잔여 세력이 활빈당 등의 무장 결사를 조직하였다.

[15 기상직 9급]
- ☑ 서울진공작전 실패 이후 일본은 호남 지역 의병에 대해 '남한 대토벌 작전'을 전개하였다.

[17 경찰간부직, 21 법원직]
- ☑ 정미의병 때 이인영은 각국 영사관에 의병을 국제공법상 전쟁단체로 인정해 달라는 통문을 보냈다.

[19 국가직 9급, 24 서울시 1회]

☑ 일제의 황무지 개간권 요구를 반대하기 위해 보안회가 창설되었다.

[15 지방직 9급]

☑ 대한자강회는 고종의 강제 퇴위 반대 운동을 전개하다가 일본의 탄압으로 해산되었다.

[20 지방직 9급]

☑ 대한자강회는 헌정연구회의 활동을 계승하여 월보를 간행하고 지회를 설치하였다.

[25 국가직 9급]

☑ 신민회는 비밀결사의 형태로 활동을 전개하였다.

[16 서울시 7급, 24 서울시 1회]

☑ 신민회는 평양에 대성학교, 정주에 오산학교를 설립하였다.

[15 경찰직 1차, 20 법원직]

☑ 신민회는 국권 회복과 민주공화정체의 국민 국가 건설을 목표로 삼은 비밀 조직이었다.

[24 지방직 9급]

☑ 신민회는 일제가 날조한 105인 사건으로 와해되었다.

[15 경찰직 1차, 20 법원직]

☑ 신민회 인사들은 만주와 연해주에 독립군 기지를 건설하기 위해 노력했다.

[22 지방직 9급]

☑ 안중근은 연해주에서 의병 투쟁을 전개하였으며, 하얼빈에서 이등박문을 사살하였다.

[19 경찰간부직, 22 지방직 9급]

☑ 안중근은 여순감옥에서 『동양평화론』을 집필하였다.

MEMO

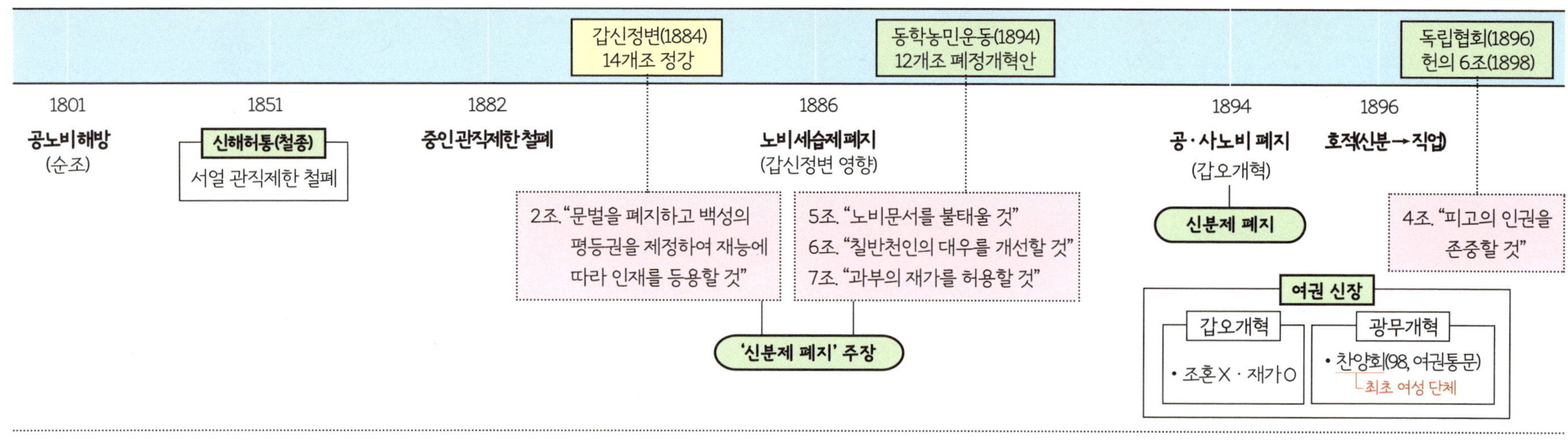

갑신정변(1884) 14개조 정강	동학농민운동(1894) 12개조 폐정개혁안	독립협회(1896) 헌의 6조(1898)

1801	1851	1882	1886	1894	1896
공노비해방 (순조)	신해허통(철종) 서얼 관직제한 철폐	중인관직제한철폐	노비세습제폐지 (갑신정변 영향)	공·사노비 폐지 (갑오개혁)	호적(신분 → 직업)

2조. "문벌을 폐지하고 백성의 평등권을 제정하여 재능에 따라 인재를 등용할 것"

5조. "노비문서를 불태울 것"
6조. "칠반천인의 대우를 개선할 것"
7조. "과부의 재가를 허용할 것"

'신분제 폐지' 주장

신분제 폐지

4조. "피고의 인권을 존중할 것"

여권 신장

갑오개혁	광무개혁
• 조혼 X · 재가 O	• 찬양회(98, 여권통문) └ 최초 여성 단체

해외 이주민과 간도·독도 문제

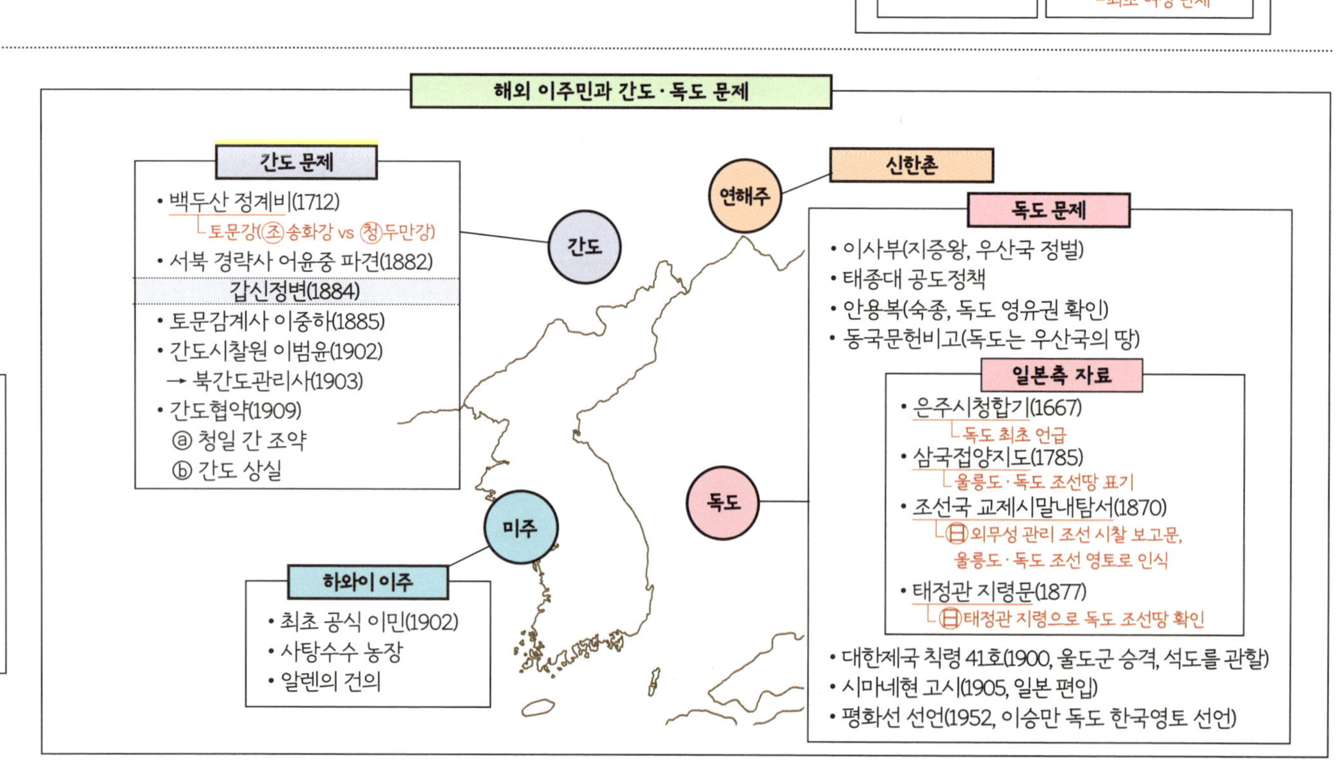

[24 서울시 2회]

☑ 1886년 노비세습제가 폐지되었다.

[22 서울시]

☑ 여권통문 발표를 계기로 찬양회가 조직되었다.

[20 경찰간부직, 21 경찰간부직]

☑ 여권통문은 찬양회가 순성여학교를 세우는 배경이 되었다.

[18 지방직 9급]

☑ 1910년 완공된 덕수궁 석조전은 서양 신고전주의 양식의 건물이다,

[16 경찰간부직, 20 경찰간부직]

☑ 대한제국은 간도 지역에 이범윤을 간도 관리사로 파견하였다.

[16 경찰간부직]

☑ 1909년 일제는 간도 협약을 체결하여 남만주의 철도 부설권을 얻는 대가로 간도를 청의 영토로 인정하였다.

[17 국가직 9급]

☑ 대한제국 칙령 41호, 삼국접양지도는 모두 독도가 우리나라 영토임을 입증하고 있다.

[13 지방직 7급]

☑ 대한제국 정부는 칙령을 반포하여 울릉도를 군으로 승격시키고 독도(石島)를 관할 구역으로 포함시켰다.

[13 지방직 7급]

☑ 러·일전쟁 중 일본은 대한제국 정부에 알리지 않고 독도를 시마네 현에 편입시켰다.

[17 지방직 7급]

☑ 6·25전쟁 중 이승만 정부는 '인접 해양의 주권에 대한 평화선 선언'을 발표하여 독도를 한국 영토로 확인하였다.

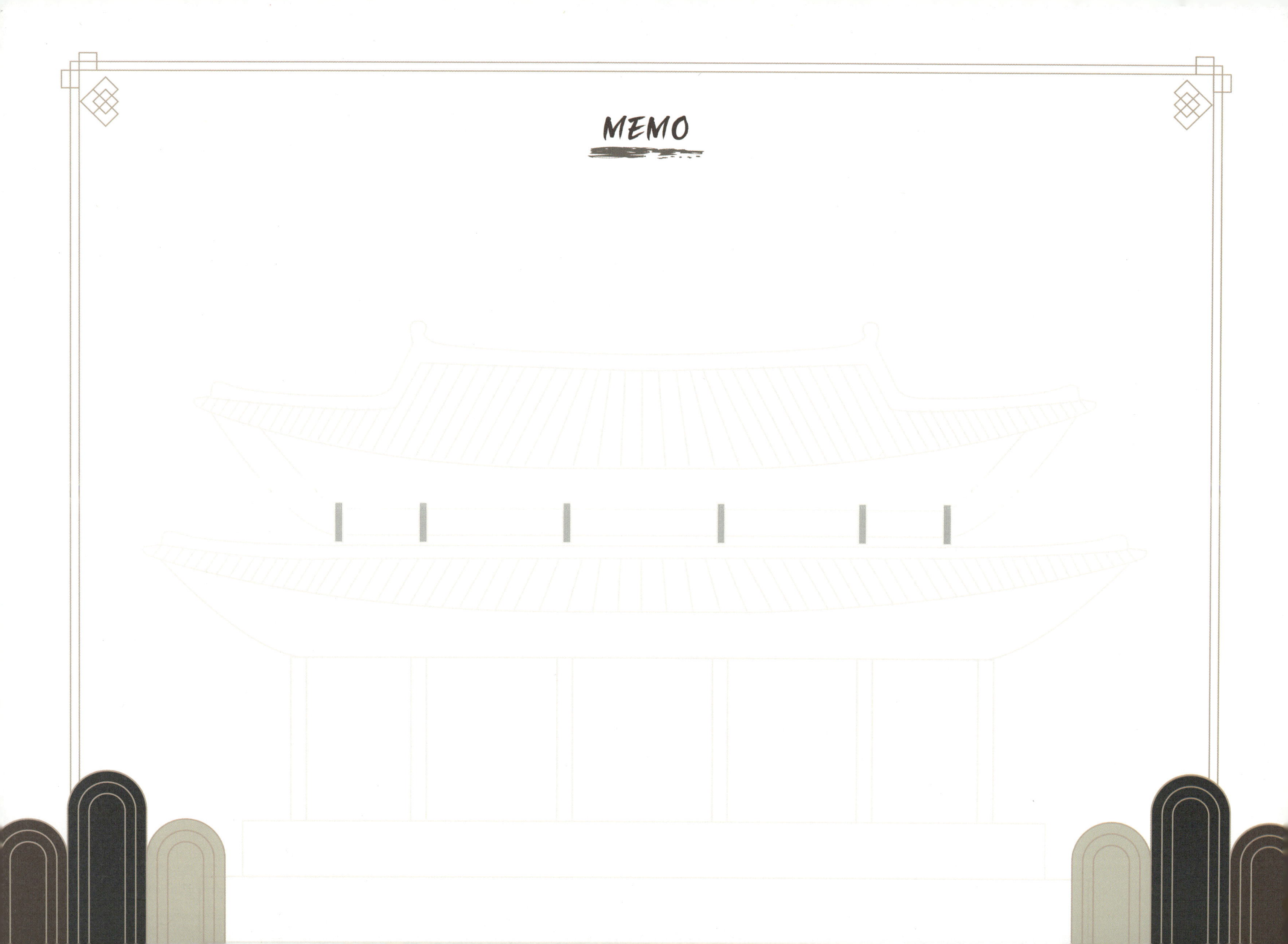

MEMO

VI
독립운동사

1910년대	1920년대	1930~40년대

무단통치

- 조선 총독부
  └ only 무관
- 중추원(총독부 자문)
  └ 소집 X
- 헌병 경찰제
- 헌병 경찰은 한국인의 범죄에 대해 법 절차나 재판 없이 즉결 처분할 수 있는 권한이 있었다.
  즉결처분권

조선 태형령(12)

제1조 3개월 이하의 징역 또는 구류에 처하여야 할 자는 그 정상에 따라 태형에 처할 수 있다.
제13조 본령은 조선인에 한하여 적용한다.

1차 조선교육령(11)

- 보통학교 수업연한을 4년으로 정한 조선교육령이 공포되었다
- 서당규식을 발표하여 개량 서당을 탄압하였다.

토지조사사업(12 ~ 18)

- 토지 소유자는 조선 총독이 정한 기간 내에 주소, 성명 또는 명칭 및 소유지의 소재, 지목, 자 번호, 사표, 등급, 지적, 결수를 임시토지조사국장에게 신고해야 한다. 단 국유지는 보관 관청이 임시토지조사국장에게 통지해야 한다. 토지조사령
- 지역별 지가와 그것의 1.3%를 지세로 하는 과세표준을 명시하였다. 지세령
- 역둔토·궁장토를 총독부 소유로 만들었다.

산업 침탈

- 회사가 본령이나 본령에 의거하여 발하는 명령과 허가 조건에 위반하거나 공공질서와 선량한 풍속에 반하는 행위를 할 때 조선총독은 사업의 정지와 금지, 지점의 폐쇄, 또는 회사의 해산을 명할 수 있다. 회사령(10)
- 일본은 광산, 어장, 산림 등 자원에 대해서도 수탈을 강화하였다. 어업령·산림령·광업령
- 농공은행을 조선식산은행으로 개편하였다.(18)

3.1 운동
↓
유화정책

문화통치
(민족분열 + 친일파 양성)

- 국체를 변혁 또는 사유재산제를 부인할 목적으로 결사를 조직하거나 그 정을 알고 이에 가입하는 자는 10년 이하의 징역 또는 금고에 처함. 치안유지법
- 신임 총독은 전임 총독이 시행한 정책에 대신해 새로운 정책을 실시한다고 말한다. … (중략) … 신임 총독의 정책 중에서 그나마 주목할 만한 것이 있다면 지방 제도를 개정해 일정 금액 이상의 세금을 내는 조선인들에게 선거권을 주고 부 협의회 선거를 처음으로 실시한 것 정도이다. 하지만 그것도 자문 기구에 불과하다.
- 조선·동아일보 창간(but 검열·정간)

2차 조선교육령(22)

보통학교의 … 고등보통학교 … 학교와 대학을 설치한 수 있게 하였다.

산미증식계획(20 ~ 34)

총독부는 15년 동안 토지개량과 농사개량을 통해 식량 생산을 대폭 늘려 일본으로 더 많은 쌀을 가져가고 조선의 농민생활도 안정시킨다는 계획을 세웠다. 이를 위해 논의 비중을 높이고 저수지와 같은 수리시설을 개선·확충하며, 다수확 품종과 비료 개발을 진행했다.

산업 침탈

- 회사령 철폐(20, 신고제)
- 일본상품에 대한 관세가 철폐되었다.(23)
- 일본인 업자에 특혜를 준 연초전매령을 공포하였다.
- 신은행령(28)

세계
대공황
↓
만주사변

농촌진흥운동(32)

- 춘궁퇴치와 농가부채 근절을 목표로 내세웠다.
- 조선총독부는 『조선농지령』을 제정하여 지주의 소작료 수탈을 어느 정도 통제하고 소작인의 소작료 감면 청구권을 법제화했다. 이는 소작인의 소작권을 안정시켜 농촌사회의 불안을 완화하려는 것이었으나, 실제 운영과정에서는 지주의 권익을 옹호하고 마름의 횡포를 통제하지 않았다.(34)

산업 정책

원료확보를 위한 남면북양 정책이 추진되었다.(34)

중일 전쟁
(1937.7)

민족말살 통치(본격화)

- 일본에 충성하자는 황국신민 서사를 암송하게 하였다. 황국신민서사 암송
- 아침마다 천황이 살고있는 궁을 향해 절을 올렸다. 궁성요배
- 조선사상범 예방 구금령(41)
- 한인애국반(38, 주민통제)
  └ 국민정신총동원 운동

3차 조선교육령(38)

제1조. 소학교는 국민 도덕의 함양과 국민 생활의 필수적인 보통의 지능을 갖게 함으로써 충량한 황국 신민을 육성하는 데 있다.
제13조. 심상소학교의 교과목은 수신, 국어(일어), 산술, 국사, 지리, 이과, 직업, 도화, 소공, 창가, 체조이다 조선어는 수의 과목으로 빈니.

국가 총동원령(38)

- 지원병
- 국민징용령을 공포하여 강제적인 노무동원을 실시하였다.
- 초등교육 기관의 명칭을 국민학교로 바꾸었다. (41)

태평양전쟁(41)

4차 조선교육령(43)

학교에서 군사훈련을 실시하고 일상생활에서도 일본어만 사용하게 하였다.

- 학도지원병
- 징병제(44)
- 여자정신근로령(44)을 통해 여성에 대한 강제 동원이 이루어졌다. 몸빼 착용

[21 경찰간부직]
☑ 일제강점기인 1911년에 제1차 조선교육령이 발표되었다.

[19 서울시 7급]
☑ 한일 강제병합 이후 육해군 대장 중에서 임명된 조선 총독은 일본 천황에 직속되어 한반도에 대한 입법, 사법, 행정권을 장악하였다.

[20 국가직 9급, 24 서울시 1회]
☑ 조선태형령은 1912년에 제정되었다.

[19 서울시 7급]
☑ 한일 강제병합 이후 헌병경찰은 구류, 태형, 3개월 이하의 징역 등에 해당하는 한국인의 범죄에 대해 법 절차나 재판 없이 즉결 처분할 수 있는 권한을 가졌다.

[18 경찰직 1차]
☑ 1910년대 총독부 자문 기구로 중추원이 설립되었는데, 3·1운동 때까지 단 한번도 개최되지 않았다.

[13 서울시 7급]
☑ 1910년대 헌병 경찰은 경찰을 지휘하며 일반 경찰 업무까지 간여하였다.

[22 경찰간부직]
☑ 조선 태형령이 시행되는 시기에는 보통학교의 수업 연한을 4년으로 하였다.

[18 경찰직 1차]
☑ 1910년 일제는 회사령을 공포하여 회사를 설립할 경우 총독부의 허가를 받도록 하였다.

[16 국가직 9급]
☑ 토지 조사령은 토지 등급은 물론 지적, 결수, 지목 등을 신고하도록 하였다.

[19 법원직, 21 소방직]
☑ 토지 조사 사업을 추진하는 과정에서 농민의 관습적 경작권이 인정되지 않았다.

[18 서울시 9급]
☑ 토지 조사 사업에서는 명의상의 수인을 내세우기 어려운 동중·문중 토지의 상당 부분이 조선 총독부의 소유가 되었다.

[21 국가직 9급]
☑ 토지 조사 사업은 역둔토, 궁장토를 총독부 소유로 만들었다.

[20 국가직 9급, 24 서울시 1회]
☑ 치안유지법은 1925년에 제정되었다.

[19 국가직 7급]
☑ 1923년에 일본 상품에 대한 관세가 철폐되었다.

[18 지방직 7급]
☑ 조선총독부는 문화통치 시기 치안유지법을 제정하여, 사상을 통제하고 사회운동을 탄압하였다.

[14 국가직 7급]
☑ 1920년대 일제는 친일파 양성을 겨냥하여 도 평의회와 부·면 협의회를 만들었다.

[15 국가직 7급]
☑ 1920년대 문화통치를 표방하면서 조선일보, 동아일보 등의 발행을 허가하였다.

[16 서울시 9급]
☑ 문화통치 시기에 문관도 총독으로 임명될 수 있도록 하였으나 무관 총독만이 부임하였다.

[18 지방직 7급]
☑ 문화통치 시기에 헌병경찰제가 보통경찰제로 전환되면서 경찰의 수가 증가하였다.

[16 법원직]
☑ 제2차 조선 교육령에 의하면 보통학교의 수업 연한은 6년이었다.

[17 국가직 7급]
☑ 1918년 일제는 농공 은행을 통합하여 조선 식산 은행을 설립하였다.

[22 간호직]

☑ 산미 증식 계획의 결과 조선인의 1인당 쌀 소비량이 감소하였다.

[22 계리직]

☑ 산미 증식 계획의 결과 조선인 자작농이 감소하고 소작농이 급증하였다.

[15 서울시 9급, 22 계리직]

☑ 산미증식계획의 결과 만주로부터 조, 수수, 콩 등의 잡곡 수입이 증가하였다.

[18 서울시 7급]

☑ 산미 증식 계획으로 인해 조선 농민들은 고율의 소작료 외에도 수리조합비를 비롯하여 여러 비용을 부담해야 했다.

[14 경찰직 1차]

☑ 산미 증식 계획은 수리 시설의 확대와 품종 교체, 화학 비료 사용 증가 등을 통해 쌀의 증산을 이루고자 하였다.

[19 국가직 7급]

☑ 1940년대에 학교에서 조선어 사용이 금지되었다.

[21 국가직 9급]

☑ 농촌진흥운동은 춘궁 퇴치, 농가 부채 근절을 목표로 내세웠다.

[17 교육행정직]

☑ 민족말살통치 시기에 여자 정신 근로령을 발표하였다.

[14 국가직 7급]

☑ 중·일전쟁 이후 조선 총독부는 조선인의 협력을 부르짖는 국민정신총동원운동을 전개하였다.

[18 국가직 9급]

☑ 일제는 국가총동원법 제정 이후 국민 징용령을 공포하여 강제적인 노무 동원을 실시하였다.

[21 국가직 9급, 21 경찰간부직]

☑ 중일 전쟁 이후 조선총독부는 황국 신민 의식을 강화하고자 소학교를 국민학교로 개칭하였다.

[13 국가직 7급]

☑ 중일 전쟁 이후 일제는 놋그릇 공출 등 노동력과 물자 수탈을 강화하였다.

MEMO

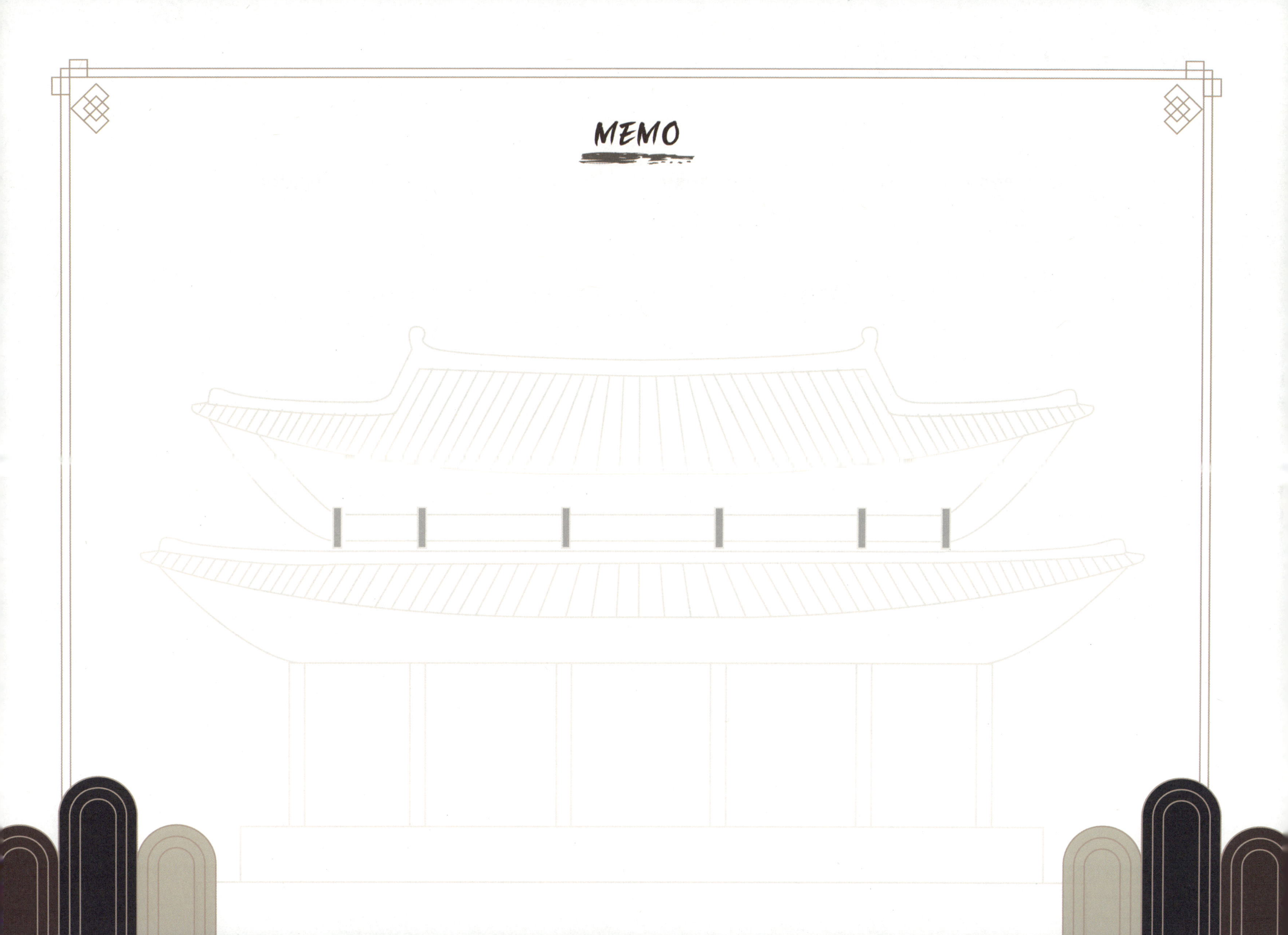

구분
무단통치 | 문화통치 | 민족말살통치
1910 | 1919 | 1925 | 1931 | 1937

內
만주
外
관내

한일합방

비밀결사
기지건설

3·1운동

실력양성운동
경 물산장려운동
교 민립대학 설립운동

계급·계층운동
계급 농민·노동운동
암태도 소작쟁의 — 원산노동자 총파업
계층 청년·여성·백정
근우회 — 조선형평사

무장투쟁
짧은영광 - 봉오동·청산리 전투
긴시련 - 일 간도 참변
러 자유시 참변 → 3부
중 미쓰야 협정

치안유지법(25)

좌우합작운동
· 한국독립유일당 북경 촉성회(26)
· 6.10 만세운동(26)
→ 신간회(27)

민족유일당운동
혁신의회(28)
국민부(29)

만주사변

문맹퇴치운동
문자보급·브나로드
위기

계급운동
비합법적 혁명조합
위기

조선어학회 사건(42)

한중 연합작전
· 한국독립군
· 조선혁명군
위기

한인애국단(31)
· 이봉창·윤봉길

중일전쟁

군대양성의 꿈

임시정부 — 국민대표회의(23) — 위기 vs 국무령·집단지도체제 — · 한국국민당(35) — 한국광복군(40)

흡수(42)

의열단 — 3김 (익상·상옥·지섭) — 위기 vs 內 나석주(26) / 外 황포군관학교 단원 입학(26) — · 조선혁명 간부학교(32) · 민족혁명당(35) — 조선의용대(38)

MEMO

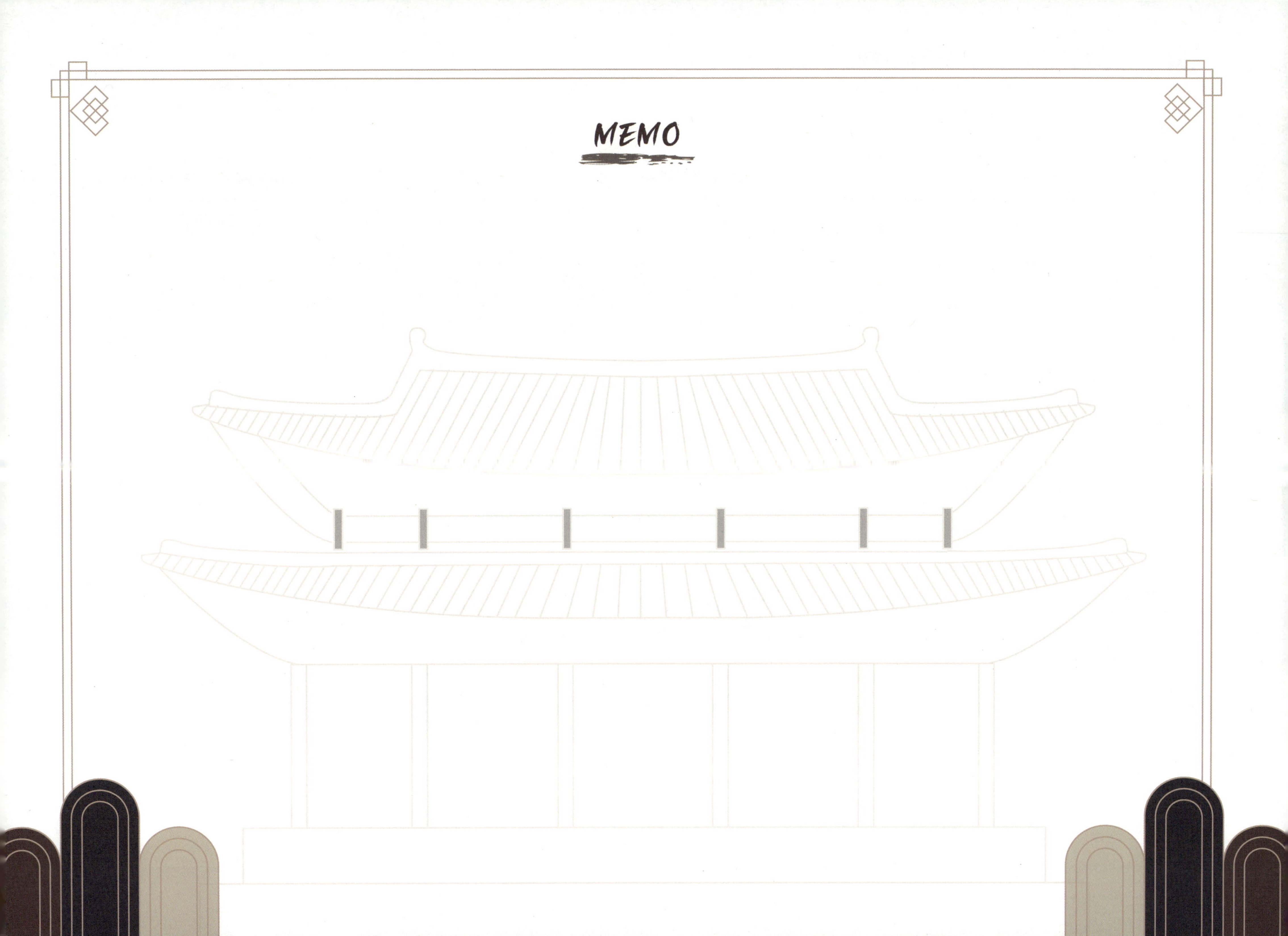

1910년대(무단통치)	1920년대	1930 · 40년대

무장 투쟁

해外 독립운동 기지 건설

- 중광단(대종교), 간민회
- 서전서숙(06) → 명동학교(08)
- 김규홍이 아뢰기를, "이미 수십 년 전부터 우리 백성이 간도로 이주하여, 이제는 수만호에 십여만 명이나 된다고 합니다. …… 이범윤을 이곳에 계속 주재시키면서 사무를 관장하도록 하여 백성들의 생명과 재산을 보호하게 하는 것이 어떻겠습니까?"라고 하였다.

- 경학사 → 부민단 → 한족회
- 신흥강습소(11) → 신흥무관학교(19)
- 경술년(1910)에 여러 형제들이 모여서 같이 만주로 갈 준비를 하였다. … 이회영(1867 ~ 1932)은 1만여 석의 재산과 가옥을 모두 팔고 큰집, 작은 집이 함께 압록강을 건너 떠났다. 그는 반수해서 독립 운동 기지를 설립하였다.

- 이곳에서는 한인 집단 거주지인 신한촌이 형성되어 자치기구와 학교가 만들어졌으며, 다양한 독립운동이 일어났다. 이곳에서 이상설 등은 성명회를 조직하여 독립운동을 벌였고, 이후 임시정부의 성격을 가진 대한국민의회가 전로한족회 중앙총회로부터 개편 조직되었다.
- 대한광복군 정부(14, 이상설 · 이동휘, 공화정)
- 대한국민의회(19, 손병희) ┌ 한인사회당(18)

서간도 · 삼원보
북간도 · 용정
연해주 · 블라디보스토크
국내

이상설
그는 을사조약이 체결되자 조약의 무효를 주장하는 상소를 올렸다. 1906년에는 이동녕 등과 함께 간도 용정촌에 서전서숙을 설립하여 항일 민족정신을 높이기 위해 온 힘을 다하였다. 1907년 이준, 이위종 등과 함께 고종의 특사로 헤이그 만국평화회의에 참석하려다가 일본의 방해로 좌절되었다. 이 사건으로 국내에서는 궐석 재판이 진행되어 사형이 선고 되었다.

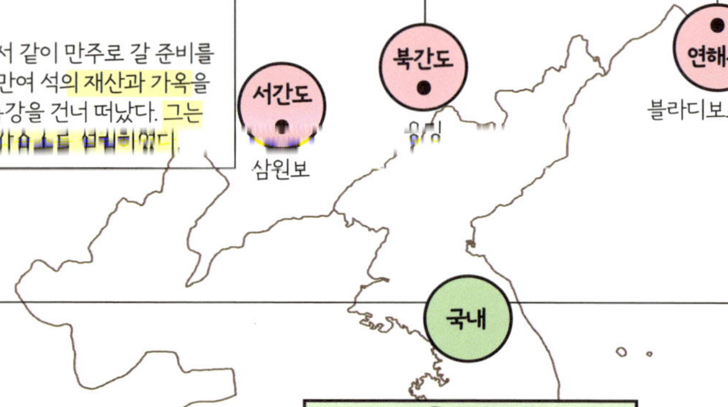

미주
1903년에 우리나라 공식 이민단이 이곳에 도착하였다. 이주 노동자들은 사탕수수 농장, 개간 사업장, 철도 공사장 등에서 일하며 한인 사회를 형성하여갔다.

대한인국민회(10)
- 이승만, 안창호, 박용만 ┌ 외교 vs 무장투쟁

흥사단(13)

조선국민군단(14)
- 박용만
- 하와이, 군대양성

상해

동제사(12)
- 신규식, 박은식

대동보국단(15)
- 박은식, 잡지 '진단'

신한청년당(18)
- 파리강화회의(김규식)

국內 비밀결사

독립의군부(12)
- 임병찬은 고종의 지시로 독립의군부를 몰래 조직하였다. 그는 안으로 의롭고 용감한 사람들을 선발하여 기회를 보아 조선의 독립을 선언하고, 밖으로는 문명 열강의 도움을 받아 독립을 회복하려 하였다.
- 나라를 되찾은 후 고종을 복위시키려는 목표를 세우고 전국적인 의병봉기를 준비하였다.

- 송죽회(여교사), 기성단, 자립단

대한광복회(15)
- 부호의 의연 및 일본인이 불법 징수하는 세금을 압수하여 무장을 준비한다.
- 남북 만주에 사관학교를 설치하여 독립 전사를 양성한다.
- 중국과 러시아에 의뢰하여 무기를 구입한다.
- 일인 고관 및 한인 반역자를 수시 수처에서 처단하는 행형부를 둔다.

이 단체는 조선국권회복단의 박상진이 풍기광복단과 제휴하여 조직하였다. 무력 투쟁을 통한 독립을 목표로 하였고, 군자금 모집, 독립군 양성, 무기구입, 친일부호 처단 등 활동을 전개하였다.

[20 지방직 7급]

☑ 대한광복회는 군자금을 모집하고 친일파를 공격하였다.

[25 국가직 9급]

☑ 대한광복회는 박상진을 총사령으로 하여 공화정체를 지향하였다.

[20 지방직 7급]

☑ 대종교 계열 인사들이 북간도에서 무장 독립 단체인 중광단을 조직하였다.

[15 국가직 9급]

☑ 독립의군부와 대한광복회는 모두 1910년대 국내에서 결성된 비밀 결사 단체이다.

[20 경찰간부직]

☑ 1912년 유생들이 중심이 되어 독립의군부를 조직하고 복벽주의 운동을 전개하였다.

[19 서울시 9급, 19 국가직 9급]

☑ 독립의군부는 나라를 되찾은 후 고종을 복위시키려는 목표를 세우고 전국적인 의병 봉기를 준비하였다.

[17 경찰직 1차, 25 국가직 9급]

☑ 임병찬이 결선한 독립의군부는 일본 정부와 조선 총독부에 한국 침략의 부당성을 밝히고 국권 반환을 요구하는 서신을 보냈다.

[16 경찰간부직, 20 지방직 7급]

☑ 신민회, 대한광복회는 공화주의를 표방하였다.

[17 국가직 9급]

☑ 1910년대 연해주에서는 독립 운동 단체로 권업회가 조직되었다.

[25 국가직 9급]

☑ 연해주에서 한인촌인 신한촌이 형성되었다.

[17 국가직 7급]

☑ 1914년 연해주에서 대한 광복군 정부가 수립되어 독립 운동을 전개하였다.

[17 국가직 9급]

☑ 1910년대 하와이에서 박용만은 군사 양성 기관인 대조선 국민군단이 창설하였다.

[20 지방직 7급]

☑ 이회영, 이시영, 이상룡 등은 서간도에서 경학사를 조직하였다.

[20 지방직 7급]

☑ 박용만, 이승만, 안창호 등은 대한인국민회를 조직하였다.

[18 법원직]

☑ 이상설은 서전서숙을 설립하고, 대한광복군정부의 정통령으로 추대되었다.

[18 지방직 7급]

☑ 중광단은 3·1 운동 이후 북로군정서로 발전하였다.

[17 국가직 7급, 25 국가직 9급]

☑ 상하이에서 신규식, 박은식 등의 주도로 동제사가 조직되었다.

[17 국가직 9급]

☑ 일본에서 독립운동 기지인 한인들이 선발되었다.

[12 국가직 9급]

☑ 이동휘는 블라디보스토크에서 대한광복군정부에 참여하였으며, 최초의 사회주의 정당인 한인사회당을 결성하였다.

[22 지방직 9급]

☑ 이회영, 이상룡 등이 서간도 삼원보에 신흥 강습소를 세웠고, 이것이 훗날 신흥 무관 학교가 되었다.

[18 지방직 9급]

☑ 1917년 상하이에서 신규식, 박은식, 신채호, 조소앙 등이 대동단결선언을 발표하였다.

상해시기(19~32)

수립
- ⼤ 이승만, 豂리 이동휘(19.9)
  └ 1차 개헌(임시헌법)
- 최초의 3권 분립
  ⼊ 임시의정원, ⼤ 법원, ⾏ 국무원
- 연통제 · 교통국 →애국공채
  └ 행정 └ 정보
- 군자금 전달(백산상회, 이륭양행)
  └ 애국공채 └ 1914(부산) └ 1919
- 독립운동 자금을 마련하기 위하여 애국 공채를 발행하였다.

위기
- 연통제 · 교통국 와해(21)

외교 vs 무장투쟁

국민대표회의(23.1~23.6)
- 미국정부에 국제연맹이 우리나라를 위임통치해 줄 것을 청원한 이승만은 대통령으로서의 자격이 없다. (창조파)
- 3.1운동으로 출범한 임시정부는 민족의 대표기관이다 문제가 있다면 조직을 개선해서 정부를 활성화시키는 것이 옳다. (개조파)

개편
이승만 탄핵, 국무령제(25)
상하이 임시정부 의정원에서는 이승만의 후임 대통령을 선거한 결과 만장일치로 박은식을 신임대통령으로 결정하였다.

국무위원 집단지도체제(27)
대한민국 임시정부는 헌법을 개정하여 집단지도체제인 국무위원제를 채택했다. 즉, 5~11인의 국무위원 가운데 한 사람을 주석으로 선출하되, 주석은 대통령이나 국무령과 같이 특별한 권한을 갖지 않고 다만 회의를 주재하는 권한만 갖게 했다.

⊕ 국민당 지원

이동(32~40)
- 34 낙양군관학교 한인특별반 편성
- 35 한국국민당

충칭시기(40)
- 건국 시기의 헌법상 경제체계는 국민 각개의 균등생활 확보 및 민족 전체의 발전 그리고 국가를 건립 보위함과 연환(城市)관계를 가진다.
- 규모가 큰 생산기관의 공구와 수단 …(중략)…은행·전신·교통 등과 대규모 농·공·행·상 기업 및 성시(連環) 공업 구역의 주요한 공용 방산(房産)은 국유로 한다.
- 한국의 전체 인민은 현재 이미 반침략전선에 참가해 오고 있으며, 이제 하나의 전투 단위로서 추축국에 선전한다.

대한민국 임시정부(최초의 공화제 정부, 19.9)

위치 · 정통성 · 흡수

상해정부
- 이승만, 외교

임시헌장(19.4)
대한민국은 민주공화제로 함 …(중략)… 민국 원년 3월 1일 우리 대한민족이 독립을 선언한 뒤 …(중략)… 이제 본 정부가 전 국민의 위임을 받아 조직되었으니 전 국민과 더불어 전심(專心)으로 힘을 모아 국토 광복의 대사명을 이룰 것을 선서한다.

임시의정원 — 상해

한성정부
- 13도 대표
- 이승만, 이동휘
  └ 집정관 총재 └ 총리

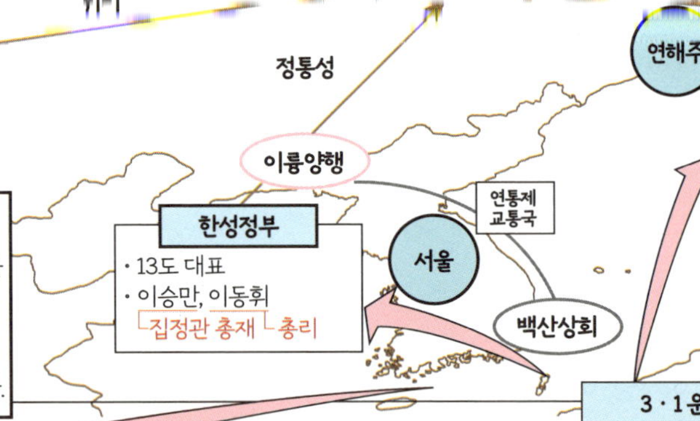

이륭양행 / 서울 / 백산상회 / 연통제 교통국

연해주 — 대한국민의회(19. 3)
- 의회식구성
  └ 행정부x

3·1운동

배경
- 융희 황제가 삼보(三寶: 토지·인민·정치)를 포기한 8월 29일은 즉 우리 동지가 삼보를 계승한 8월 29일이니, 그동안에 한 순간도 숨을 멈춘 적이 없음이라. 우리 동지는 완전한 상속자니 저 황제권 소멸의 때가 즉 민권 발생의 때요, 구한국 최후의 날은 즉 신한국 최초의 날이니 …… 대동단결선언
- 도쿄에서 조선 청년독립단의 이름으로 독립선언서를 발표하였다. 2·8독립선언

전개
- 이 날은 태황제의 인산날이었으므로 망곡하러 모인 군중이 수십 만이었다. 인산례(因山禮)가 끝나고 융희제(순종)와 두 분의 친왕 이하 여러 관료와 궁속들이 돌아오다가 청량리에 이르렀다.
- 민족대표(태화관) + 학생들(탑골공원)
- 오늘날 우리의 이 행동은 민족적요구에서 나온것이니 오직 자유로운 정신을 발휘할것이며 결코 배타적 감정으로 치닫지 말라 기미독립선언서

결과
- 무단통치 → 문화통치
- 임시정부 수립
- 무장 투쟁 활성화
  └ 봉오동·청산리 전투(20)

[19 경찰간부직]

☑ 대동단결선언, 대한독립선언(무오독립선언), 2·8독립 선언 순으로 발표되었다.

[15 교육행정직]

☑ 3·1 운동은 도쿄에서 발표된 2·8 독립 선언의 자극을 받았다.

[19 경찰직 1차]

☑ 상하이의 신한청년당은 파리강화회의에 보낼 독립청 원서를 작성하여 김규식을 대표로 파견하였다.

[19 기상직 9급]

☑ 민족대표 33인은 태화관에서 독립선언서를 낭독하였다.

[19 경찰간부직]

☑ 3·1 운동 당시 미국에서는 필라델피아 한인 자유 대회 가 개최되었다.

[20 소방직]

☑ 3·1 운동 운동은 대한민국 임시 정부 수립의 계기가 되었다.

[14 국가직 9급, 25 지방직 9급]

☑ 3·1 운동 운동을 계기로 일제는 무단 통치를 이른바 '문화 통치'로 바꾸었다.

[17 지방직 7급]

☑ 대한민국 임시 정부는 블라디보스토크와 상해, 한성 (서울) 등 세 곳의 임시정부가 협력하여 구성하였다.

[19 경찰직 1차]

☑ 1919년 9월에 수립된 대한민국 임시 정부의 초대 대통 령에는 이승만, 국무총리에는 이동휘가 임명되었다.

[17 서울시 9급]

☑ 대한민국 임시 정부는 국외 거주 동포에게 독립 공채 를 발행하여 독립 자금을 조달하였다.

[17 서울시 9급, 21 지방직 9급]

☑ 대한민국 임시 정부는 국내 항일 세력과 연락하기 위해 연통제를 운영하였다.

[17 서울시 9급]

☑ 대한민국 임시 정부 수립 이전 임시 의정원을 구성하 였다.

[17 지방직 7급]

☑ 대한민국 임시 정부는 기관지로 '독립신문'을 간행하 여 주로 독립 운동에 과한 사실을 보도하였다.

[22 국가직 9급]

☑ 대한민국 임시 정부는 외교 운동을 위해 미국에 구미 위원부를 설치하였다.

[17 국가직 9급]

☑ 1923년 국민 대표 회의에서는 창조파와 개조파 등의 주장이 대립하였다.

[21 국가직 9급]

☑ 1925년 임시의정원에서 이승만을 탄핵하고 박은식을 임시대통령으로 선출하였다.

[21 법원직]

☑ 국민대표회의에서 창조파는 주로 외교론을 비판하는 무장 투쟁론자들로 구성되었다.

[21 법원직]

☑ 임시정부는 1925년에 헌법을 고쳐 국무령 중심의 내각책임제로 전환하였다.

[17 경찰간부직]

☑ 대한민국 임시 정부는 사료 편찬소를 두고 『한일 관계 사료집』을 간행하였다.

[22 서울시]

☑ 박은식은 대한민국 임시 정부의 2대 대통령을 역임하 였다.

[19 경찰직 2차]

☑ 대한민국 임시정부의 제3차 개헌은 국무위원 중심의 집단지도체제를 채택하였다.

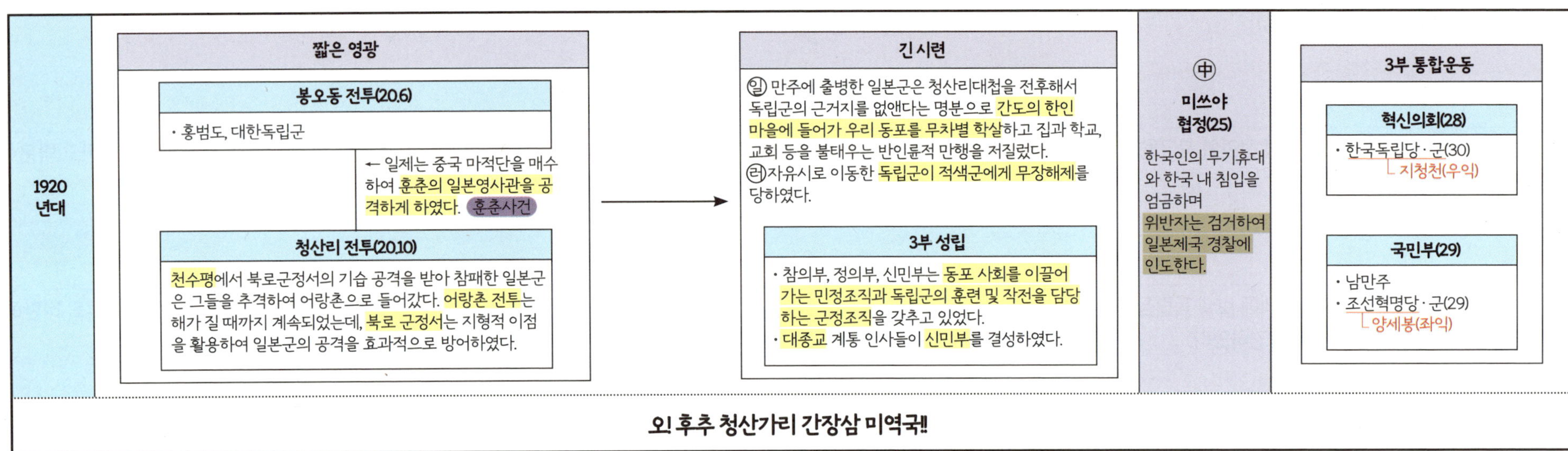

외 후추 청산가리 간장삼 미역국!!

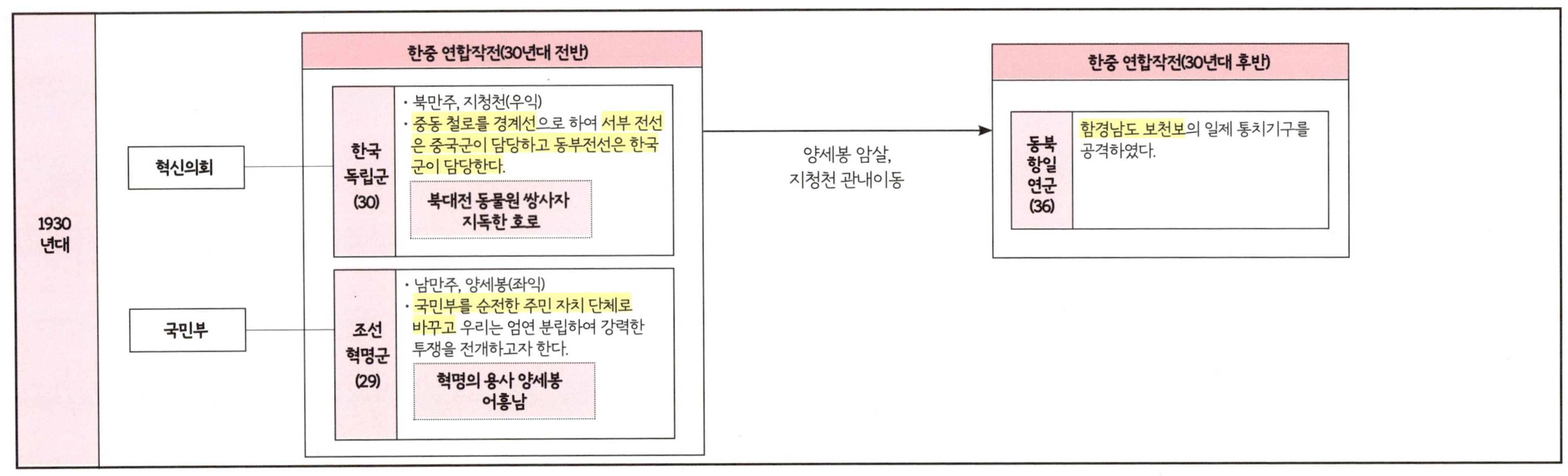

[19 경찰직 2차]

☑ 봉오동 전투 직후 일제는 중국 마적을 매수하여 훈춘의 일본 영사관을 습격하고 이를 핑계로 일본군을 두만강 이북으로 출병 시켰다.

[17 법원직]

☑ 1920년 청산리 전투에서 김좌진, 홍범도가 이끄는 독립군이 일본군을 크게 물리쳤다.

[19 경찰직 2차]

☑ 청산리전투에서 독립군은 백운평에서의 전투를 시작으로 일본군과 6일 동안 10여 회에 걸친 전투를 벌여 크게 승리하였다.

[15 기상직 9급]

☑ 간도참변 이후 밀산에서 서일 등은 대한독립군단을 조직하여 자유시로 이동하였다.

[19 지방직 9급]

☑ 대한 독립 군단은 자유시 참변을 겪고 러시아 적군에게 무장해제를 당하였다.

[11 지방직 9급]

☑ 1920년대 중반 독립군의 통합 운동으로 참의부, 정의부, 신민부가 조직되어 각 지역에서 민정과 군정을 겸하였다.

[15 경찰직 1차]

☑ 1925년 일제와 만주 군벌 사이에 이른바 미쓰야 협정이 맺어짐으로써 독립군의 활동은 큰 위협을 받게 되었다.

[17 서울시 7급]

☑ 1920년대 말 3부 통합 운동의 결과 북만주에서는 혁신의회, 남만주에서는 국민부가 수립되었다.

[17 서울시 7급]

☑ 1920년대 말 3부 통합 운동의 결과 남만주에서는 국민부가 수립되고, 군사 조직으로 조선혁명군이 결성되었다.

[19 국가직 7급]

☑ 1930년대 초 양세봉이 이끄는 조선혁명군이 흥경성 전투에서 일본군을 물리쳤다.

[18 지방직 9급]

☑ 한국 독립군은 만주 지역에서 활동했던 한국 독립당의 산하 군사 조직이었다.

[18 기상직 9급]

☑ 한국 독립군은 임시정부의 요청으로 지도부 대부분이 중국 관내로 이동하였다.

[19 경찰직 2차, 21 계리직]

☑ 조선혁명군은 중국 의용군과 연합하여 영릉가 전투, 홍경성 전투에서 일본군에 크게 승리하였다.

[25 지방직 9급]

☑ 양세봉은 조선 혁명군을 지휘하여 영릉가 전투를 승리로 이끌었다.

[18 기상직 9급]

☑ 한국독립군은 쌍성보 전투, 동경성 전투 등에서 일본군을 격퇴하였다.

[13 기상직 9급]

☑ 한국독립군은 북만주 지역에서 지청천이 이끌었다.

[21 계리직]

☑ 동북항일연군은 혜산진 보천보를 습격하여 일제의 경찰주재소와 면사무소를 파괴하였다.

의열단(19, 김원봉)

- 만주 길림에서 김원봉 윤세주 등이 조직하였다.
- 민중은 우리 혁명의 대본영(大本營)이다. 폭력은 우리 혁명의 유일한 무기이다. 우리는 민중 속으로 가서 민중과 손을 맞잡아 끊임없는 폭력 – 암살, 파괴, 폭동 – 으로써 강도 일본의 통치를 타도하고…
  조선혁명선언
  1. 천하의 정의의 사를 맹렬히 실행한다.

좌익		
박재혁(20)	· 부산경찰서	
김익상(21)	· 조선총독부 · 황푸탄의거(다나카)	
김상옥(23)	· 종로경찰서	
김지섭(24)	· 궁성(이중교 의거)	
나석주(26)	· 동양척식주식회사 · 조선식산은행	

군대양성의 꿈

단원을 황푸 군관학교에 보내 군사훈련을 받도록 ⬚⬚⬚⬚⬚⬚⬚⬚⬚⬚⬚⬚⬚⬚⬚⬚⬚⬚⬚⬚⬚ 설립하였디.

만주와는 별개

우익	· 조선혁명당(지청천) · 한국독립당(조소앙)

한인애국단(31, 김구)

- 의거 활동

이봉창(32)	도쿄에서 일왕이 탄 마차행렬에 폭탄을 던졌다.
윤봉길(32)	기념식 단상에 폭탄을 던져 일본군 장성과 고관들을 처단하였다.

군대양성의 꿈

중 낙양군관학교 한인특별반(34)

중
일
전
쟁

(37.7)

⬚⬚⬚⬚⬚ (35, 난징)

김원봉의 의열단이 한국독립당·조선혁명당과 연합하여 결성하였다.

⬚⬚⬚⬚⬚⬚ (37, 난징)

우익 이탈

한국국민당 (35, 김구, 항저우)

한국광복운동단체연합회의 결성을 주도하였다.

한국광복운동 단체연합회 (37.8, 난징)

⬚⬚⬚⬚⬚⬚⬚⬚ (37.12, 닌징)

중·일 전쟁이 일어나자 조선민족혁명당을 중심으로 통합에 찬성하는 단체들에 의하여 결성되었다.

⬚⬚⬚⬚⬚(38)

1938년 민족혁명당을 중심으로 조직된 군사 단체이며 일부는 화북으로 이동하고 남은 병력은 한국광복군에 합류하였다.

중국 국민당 지원
포로심문, 암호해독, 후방교란

한국독립당 (40, 충칭, 정부여당)

- 한국독립당, 한국국민당, 조선혁명당의 통합으로 만들어졌다.
- 대한민국 임시정부를 주도적으로 이끌어가는 역할을 하였다.

조선독립동맹(42, 김두봉)

- 민주공화정
- 강령(사회주의)
  └ 삼균주의와 유사

조선의용군(42)

화북지역의 옌안을 중심으로 활동하였다.

조선의용대화북지대(41)

중국 팔로군과 함께 태항산 지구에서 일본군과 교전하였다.

광복군 합류(42)

한국광복군(40)

41. 대일 선전포고
42. 조선의용대 흡수
43. 영국과 연합(미얀마 · 인도 전선)
44. 국내정진군
45. 국내진공작전(미 oss 연합, 실행X)
   중 간섭(행동준승 9개항)
   → 독자적 지휘

[21 지방직 9급, 24 지방직 9급]

☑ 의열단은 「조선혁명선언」을 강령으로 삼아 의열 투쟁을 전개하였다.

[24 서울시 2회]

☑ 신채호는 「조선혁명선언」에서 민중직접혁명론을 주장했다.

[18 경찰간부직]

☑ 1921년 의열단원 김익상은 조선총독부에 폭탄을 던지는 의거를 일으켰다.

[16 경찰직 1차]

☑ 의열단원들은 중국 황포 군관 학교에 입학하여 군사 교육을 받았다.

[17 서울시 사회복지]

☑ 1926년 의열단원 나석주는 조선 식산 은행과 동양척식 주식회사에 들어가 폭탄을 던지고 권총으로 관리들을 저격하였다.

[25 지방직 9급]

☑ 김구는 상하이에서 한인 애국단을 조직하였다.

[16 경찰직 1차]

☑ 의열단은 혁명 투사·독립운동 지도사를 양성하기 위한 조선 혁명 간부 학교를 설립·운영하였다.

[19 지방직 9급]

☑ 의열단은 한국독립당, 조선혁명당 등과 함께 1935년 민족혁명당을 결성하였다.

[18 지방직 9급]

☑ 한인애국단 소속의 이봉창은 1932년 일왕이 탄 마차 행렬에 폭탄을 던졌다.

[18 서울시 9급]

☑ 1932년 4월 윤봉길은 상하이 홍커우 공원에서 일본 요인들을 폭살시키는 의거를 결행하였다.

[12 국가직 7급]

☑ 김지섭은 도쿄에서 황궁으로 들어가는 이중교에 폭탄을 던져 일제에게 두려움을 안겨 주었다.

[18 국가직 7급, 22 간호직]

☑ 김구는 한국국민당 창당을 주도하였다.

[19 법원직]

☑ 조선 민족 혁명당은 중일 전쟁이 발발하자 조선 민족 전선 연맹을 결성하였다.

[19 국가직 9급]

☑ 조선민족진선연맹은 중국 국민당의 지원을 받아 조선 의용대를 창설하였다.

[25 지방직 9급]

☑ 김원봉은 조선 의용대를 창설하여 항일 무장 투쟁을 전개하였다.

[20 경찰직 2차]

☑ 1942년 설립된 조선의용대의 일부는 화북으로 이동하고 남은 병력은 한국광복군에 합류하였다.

[25 지방직 9급]

☑ 한국광복군은 중국 충칭에서 국민당 정부의 지원을 받아 창설되었다.

[25 지방직 9급]

☑ 한국광복군은 영국군의 협조 요청으로 미얀마, 인도 전선에 파견되었다.

[16 경찰직 2차]

☑ 임시 정부는 충칭에 정착한 이후 주석 중심제로 정부 형태가 개편되었다.

[15 기상직 7급]

☑ 1940년 5월 대한민국 임시 정부는 기초 정당을 한국국민당에서 한국 독립당으로 확대·개편하였다.

[17 경찰간부직]

☑ 대한민국 임시 정부는 5차 개헌 때 주석·부주석제를 채택하여 강력한 지도 체제를 갖추었다.

[14 국가직 9급, 24 법원직]

☑ 한국광복군은 1940년 충칭에서 창설되었는데, 총사령에 이(지)청천, 참모장에 이범석을 선임하였다.

[18 국가직 7급, 24 법원직]

☑ 1940년대 대한민국 임시 정부는 대일 선전 포고를 발표하고 연합군을 지원하는 작전에 참여하였다.

[20 국가직 9급, 24 법원직]

☑ 1942년 조선독립동맹은 조선의용대 화북지대를 기반으로 조선의용군을 조직하였다.

[20 경찰간부직]

☑ 대한민국 임시 정부는 조소앙의 삼균주의를 기초로 하는 건국강령을 발표하였다.

[19 지방직 9급]

☑ 대한민국 임시 정부는 미군전략정보국의 지원 아래 국내 진공 작전을 준비하였다.

[15 서울시 9급]

☑ 조선의용군은 중국의 화북 전선에서 일본군에 대항하여 팔로군과 연합작전을 전개하였다.

산업

- 회사령 철폐(20) → 민족자본(경성방직, 평양 메리야스)
- 관세 철폐(23)

물산장려운동

우리생활의 첫번째 조건은 의식주 문제 즉 산업적 기초이다. 그러므로 조선사람은 조선사람이 지은 것을 사서 써야한다.

교육

민립대학 설립운동

- 민중의 보편적 지식은 보통교육으로 능히 수행할 수 있으나 사회 최고의 비판을 구하며 유능한 인물을 양성하려면 최고학부의 존재가 가장 필요하다.
- 일천만이 일원씩이라는 구호를 내세웠다.

계층운동

- 형평운동 : 공평은 사회의 근본이고 사랑은 인간의 본성이다 고로 우리는 계급을 타파하고 모욕적 칭호를 폐지하자.

근우회(27, 좌우합작)

우리가 실제로 우리 자체를 위해, 우리 사회를 위해 분투하려면 우선 조선 자매 전체의 역량을 공고히 단결하여 운동을 전반적으로 전개하지 않으면 아니 된다.

계급운동

쟁의투쟁(20년대 전반)

- 생존권 투쟁, 합법
  └ 소작료↓, 임금↑
- 소작인 조합 → 자작농 조합
- 조선 노농총동맹(24)

암태도소작쟁의

암태도 지주 문재철도 7할의 소작료를 징수하였다. 이에 소작인들은 서태석의 주도하에 1년간 소작쟁의를 벌였다.

민족주의 계열 (실력양성운동)

이광수, 『민족적 경륜』

『지금까지 해 온 정치적 운동은 모두 일본을 적대시 하는 운동뿐이었다. 이런 종류의 정치 운동은 해외에 서 이루어 진 것이다. 그러나 조선 내에서는 허용되는 범위 내에서 일대 정치적 결사를 조직해야 한다는 것이 우리의 주장이다.

사회주의 계열 (계층운동 · 계급운동)

치안유지법 (25)

좌우합작의 꿈

6.10 만세운동(26)

- 조선 민중아! 우리의 철천지 원수는 자본 · 제국주의 일본이다. 이천만 동포야! 죽음을 각오하고 싸우자! 만세 만세 조선 독립 만세.
- 8시간 노동제를 실시하라! 동일노동 동일 임금! 소작제를 4 · 6제로 하고 공과금은 지주가 납부한다!

↓

신간회(27~31)

- 민족주의세력에 대해서 부르주아 성질을 의심하고 그것이 타락하게 있는 지 내지 버르고 제휴하여 해하야 할 것이니. 정우회 선언
- 강령
  ⓐ 민족 단결
  ⓑ 기회주의자 배격
  ⓒ 정치 · 경제적 각성 촉구
- 피고 허헌은 신간회의 위원장으로 광주 에 가서 안재홍과 회합하여 광주사건을 규탄하기 위한 연설과 시위를 모의하였 다.

쟁의투쟁(20년대 후반)

- 조선노동총동맹 · 조선농민총동맹(27)

원산 노동자 총파업

문평라이징선 석유 회사에서 일본인 감독 이 조선인 노동자를 구타한 사건이 발단이 되어 원산 2000여명 노동자들이 파업을 단행하였다.

만주사변 (31)

문맹퇴치운동 (29~34)

- 조선인에 있어서 무엇 하나 필요치 않은 것이 없다. 그러나 그중에서도 간단하고 쉬운 문자의 보급은 민족 이 가질 최대의 긴급사라 하겠다.
- 동아일보 주도로 브나로드 운동이 라는 농촌 계몽운동이 전개되었다.

계급운동(30년대)

- 정치투쟁(비합법적 혁명조합), 폭력
  └ 제국주의 타도, 토지분배
- 중일전쟁으로 쇠퇴

경성부민관 의거(45)

친일파 박춘금이 주최한 경성부민관 에서 폭탄 의거를 일으켰다.

[24 서울시 2회]
- [x] 민족유일당운동의 결과 신간회가 결성되었다.

[22 법원직, 20 소방직]
- [x] 광주학생항일운동은 신간회의 후원으로 확산되었다.

[11 지방직 7급]
- [x] 조선 총독부는 백정 출신을 호적에 '도한'으로 써 넣거나 붉은 점을 찍어 차별하였다.

[16 경찰간부직]
- [x] 1923년 백정들의 사회 운동 단체로 조선 형평사가 경남 진주에서 창립되었다.

[16 경찰간부직]
- [x] 1927년 조선 여성들의 단결과 지위 향상을 도모하는 근우회가 조직되었다.

[24 지방직 9급]
- [x] 천도교 소년회는 어린이날을 제정하고 잡지 『어린이』를 창간하였다.

[20 경찰직 2차]
- [x] 방정환과 조철호를 중심으로 어린이 운동이 전개되면서 처음으로 5월 1일을 '어린이날'로 정하였다.

[14 서울시 9급, 16 경찰간부직, 25 지방직 9급]
- [x] 6·10 만세 운동은 준비 과정에서 사회주의 계열과 민족주의 계열이 연대하여 민족 유일당이 결성될 수 있는 공감대를 형성하였다.

[17 법원직]
- [x] 이광수, 최린 등의 타협적 민족주의자들이 자치운동을 주도하였다.

[21 법원직]
- [x] 6·10 만세 운동은 순종의 국장일에 학생들이 만세 시위를 벌이고 시민들이 가세하였다.

[18 지방직 9급]
- [x] 대한국민노인동맹단의 강우규는 새로 부임하는 사이토 조선 총독에게 폭탄을 투척하는 의거를 일으켰다.

[18 지방직 9급]
- [x] 물산 장려 운동은 평양에서 조만식 중심으로 시작되어 전국으로 확산되었다.

[18 지방직 9급]
- [x] 물산 장려 운동은 회사령 폐지와 일본 상품에 대한 관세 철폐 움직임에 대항하였다.

[25 국가직 9급]
- [x] 민립대학설립기성회가 민립대학 설립 운동을 추진하였다.

[18 교육행정직]
- [x] 민립대학 설립운동은 '한민족 1천만이 한 사람이 1원씩'이라는 구호를 내걸고 전개되었다.

[18 교육행정직, 22 지방직 9급]
- [x] 물산 장려 운동에 대해 사회주의 계열은 자본가의 이익을 위한 운동이라고 비판하였다.

[22 국가직 9급]
- [x] 조선일보는 한글 보급 운동에 앞장서 『한글원본』을 만들었다.

[20 국가직 9급]
- [x] 동아일보는 브나로드 운동이라는 농촌 계몽 운동을 전개하였다.

[14 서울시 9급]
- [x] 암태도 소작 쟁의는 농민들이 지주와 그를 두둔하는 일본 경찰에 맞서 끈질기게 투쟁하여 소작료를 낮추는 성과를 거두었다.

[19 지방직 9급]
☑ 1929년 원산에서 일본인이 한국인 노동자를 구타한 사건을 계기로 총파업이 일어났다.

[19 기상직 9급]
☑ 원산 노동자 총파업 당시 중국, 소련, 프랑스 노동자들이 격려 전문을 보내왔다.

[18 서울시 7급]
☑ 신간회는 비타협적 민족주의 세력과 사회주의 세력이 힘을 합쳐 만들었다.

[17 서울시 사회복지]
☑ 서울 청년회계 사회주의자와 물산 장려 민족 세력이 연합하여 조선 민흥회를 결성하였다.

[18 서울시 7급]
☑ 신간회는 자치운동의 확산을 경계하고, 일제의 민족 분열 정책에 대응하고자 하였다.

[19 경찰간부직]
☑ 신간회의 회장은 이상재, 부회장은 홍명희가 선출되었다.

[19 서울시 9급]
☑ 신간회는 전국에 140여 개소의 지회와 약 4만 명의 회원을 확보하였다.

[18 기상직 9급]
☑ 신간회는 농민·노동운동 지원, 수재민 구호, 일본인의 이민 반대 등의 활동을 전개하였다.

[15 지방직 7급]
☑ 신간회는 정치·경제적 각성 촉구, 단결, 기회주의 배격을 기본 강령으로 내세웠다.

[16 경찰간부직]
☑ 광주 학생 항일 운동이 일어나자 신간회는 민중대회를 열어 항일 열기를 확산시키려 하였으나, 일제의 탄압으로 좌절되었다.

[17 기상직 9급]
☑ 1930년대 초반에 신간회가 해소되고 혁명적 농민 조합 운동이 격렬하게 전개되었다.

정치사
VII
현대사

36 8·15 광복과 분단

정상회담

- 각 군사 사절단은 일본국에 대한 장래의 군사행동을 협정하였다. … (중략) … 앞의 3대국은 조선인민의 노예상태에 유의하여 적당한 시기에 맹세코 조선을 자주 독립시킬 결의를 한다. **카이로 회담**
- 이 회담에서 소련은 일본과의 전쟁에 참전할 것을 결정하였다. 미국이 신탁통치안을 처음으로 제시하였다. **얄타 회담**
- 카이로 회담 재확인, 일본의 무조건 항복 요구 **포츠담 회담**

해방이전 → 1945.8.15

정부수립 준비 3단체

[illegible]	[illegible]
① 대한민국임시정부(김구, 40) └한국 광복군 ② 조선독립동맹(김두봉, 42) └조선 의용군 └건국강령 ① 보통선거 ② 무상교육 ③ 생산시설 국유	③ 조선건국동맹 (여운형, 44) 해방 며칠 전, 엔도 정무총감은 어제까지도 자기 마음대로 모욕하던 이 사람을 초청하여 일본인의 생명 보호를 애걸하였다. 그러자 이 사람은 감옥에 있는 정치범의 즉시 석방, 청년 학생의 자치대 결성, 정치적 활동의 자유 보장, 3개월 간의 식량 확보 등 4개 조항을 조건 으로 내걸고 응락하였다. 돌아오는 길에는 동지들로 하여금 자치대를 조직하게 하였다.

[illegible] (안재홍·여운형, 45.8.15)

- 치안(145개 지부)
- 조선 전(全) 민족의 총의를 대표하며 이익을 보호할만한 완전한 새 정권이 나와야 하며, 이러한 새 정권이 확립되기까지의 일시적 과도기에 있어서 본 위원회는 조선의 치안을 자주적으로 유지하며 한 걸음 더 나아가 조선의 완전한 독립 국가 조직을 실현하기 위하여 새 정권을 수립하는 한 개의 잠정적 임무를 다하려고 한다.
- 건준위 강령
  ① 완전한 독립국가 건설
  ② 민주주의 정권 수립
  ③ 과도기 자주적 질서유지

→

[illegible] (45.9.6)

- 좌익 장악
- 주석(이승만, 거절),
- 부주석(여운형)
- 미국 부정으로 해체

→

[illegible] (45.9.7)

제1조 북위 38도선 이남의 모든 권한은 당분간 본관의 권한하에 시행한다.
제2조 정부 등 모든 공공 사업 기관에 종사하는 자는 별도의 명령이 있을 때까지 종래의 정상기능과 업무를 수행할 것이며

해방 전후 남한의 정치세력 스펙트럼

- 김성수·송진우(한국민주당, 45.9)
- 이승만(반탁을 주도하는 독립촉성중앙협의회를 조직하였다, 45.10)
- 김구(한국독립당, 45.11)

- 김규식(민족자주연맹)
- 안재홍(국민당 창당을 주도하고 미군정청에서 민정장관을 역임하였다)

- 여운형(조선인민당을 창설하고 좌우합작운동을 이끌었다)

- 백남운(연합성 신민주주의를 표방한 신민당을 창당하였다)

[18 서울시 9급]

☑ 김두봉은 조선 독립 동맹의 주석으로 선출되어 활약하였다.

[24 서울시 2회]

☑ 『대한민국건국강령』은 조소앙의 삼균주의를 이론적 틀로 삼았다.

[18 서울시 7급]

☑ 조소앙의 삼균주의는 토지 및 대기업의 국유화에 찬성하였다.

[20 지방직 7급, 24 국가직 9급]

☑ 1944년 여운형 등은 조선에서 비밀결사 조직인 조선 건국동맹을 조직하였다.

[16 국가직 7급, 18 서울시 9급]

☑ 카이로 선언은 미국, 영국 ,중국의 정상이 모여 회담을 한 후 나온 선언인다.

[18 서울시 9급]

☑ 포츠담 회담에서 연합국은 일본에 무조건 항복을 요구하였다.

[18 서울시 9급]

☑ 카이로 선언에서 연합국은 적당한 시기에 한국을 독립시킬 것을 결의하였다.

[16 국가직 7급]

☑ 모스크바 3상 회의에서 4개국에 의한 최장 5개년의 한반도 신탁 통치를 결정하였다.

[15 경찰직 3차]

☑ 8·15 광복과 동시에 여운형은 조선 건국 동맹을 확대 개편하여 조선 건국 준비위원회를 결성하였다.

[19 국가직 7급]

☑ 조선 건국 준비위원회는 여운형, 안재홍 등이 중심인물이었다.

[21 경찰직]

☑ 조선건국준비위원회는 이승만을 주석으로 하는 정부 수립을 선포하였다.

[18 법원직]

☑ 송진우, 김성수는 한국 민주당을 결성하여 미군정에 적극적으로 참여하였다.

[15 경찰직 3차, 21 법원직, 21 경찰간부직]

☑ 이승만은 미국에서 귀국한 후 독립 촉성 중앙 협의회를 조직하였다.

[14 국가직 9급]

☑ 여운형은 조선인민당을 결성하였으며, 진보적 민주주의를 표방하면서 좌우합작을 추진하였다.

[14 국가직 9급]

☑ 안재홍은 국민당을 결성하였으며, 신민족주의를 내세워 평등사회를 건설하려 하였다.

1945

모스크바 3국 외상회의 (미·영·소, 45.12)

조선에 주재한 **미·소 양국 군사령관은 2주 이내에 회담을 개최, 양국의 공동 위원회를 설치 조선 임시 민주 정부 수립을 원조한다.** 또 4국에 의한 신탁 통치체를 실시하는 동시에 조선 임시 정부를 수립케 하여 조선의 장래 독립에 대비할 터인 바 **신탁 통치 기간은 최고 5년으로 한다.**

- ㉯ 반탁(김구, 이승만) → 반공
- ㉰ 반탁 → 찬탁(박헌영)

1946

1차 미소공동위원회 (46.3~5) 결렬

- **임시정부 구성을 원조할 목적으로 위원회를 설치한다.** 그 위원회는 조선의 민주주의 정당 및 사회단체와 협의하여야 한다.
- **소련은 합의한 사항에 반대하는 세력을 협의대상에서 배제해야 한다고 주장하였다.**
- 미국은 소련이 '의사표현의 자유'를 보장하지 않는다며 비판했다.
- 덕수궁 석조전에서 개최

이승만 정읍 발언(46.6)

우리는 남방만이라도 임시 정부 혹은 위원회 같은 것을 조직하여 38도선 이북에서 소련이 철퇴하도록 세계 공론에 호소해야 할 것이다.

좌·우합작 위원회 (46.7~47.7)

- 한국 독립 보장한 모스크바 결정 지지
- 중도파 주도(여운형, 김규식)

좌우합작 7원칙(46.10)

1. 조선의 민주 독립을 보장한 삼상 결정에 의하여 남북을 통한 좌우합작으로 민주주의 임시정부를 수립할 것.
2. 미소공동위원회 속개를 요청하는 공동성명을 발표할 것.
3. 토지개혁에 있어 몰수, 유조건 몰수, 체감 매상 등으로 토지를 농민에게 **무상으로 분여**하여 적정 처리하고, 중요 산업을 국유화하여 ……
4. **친일파 민족 반역자를 처리할** 조례를 본 합작 위원회에서 입법 기구에 제안하여 …… 실시하게 할 것

미군정 지원

미군정이 남조선과도 입법의원을 구성했다.

실패

- 미군정 입장 변화(지지 → 철회)
  - 트루먼 독트린(47.3)
- 지도자 불참
  - ⓐ 이승만실(실질적 반대)
  - ⓑ 김구(찬성) — 단독정부 추구
- 여운형 피살(47. 7)

1947

트루먼 독트린 (냉전, 47.3)

↓

2차 미소공위 (47.5~8) 결렬

↓

한국 문제 UN 이관 (47.9)

↓

UN 총회(47. 11)

한국을 민족적 독립국가로 재건하기 위하여 한국국민 중에서 **대표자를 선출할 목적으로 유엔 한국 임시 위원단을 설치하기로 한다.**

1948

UN 한국 임시위원단 북한 입국 거부 (48.1)

→

UN 소총회 (48.2.26)

남한만의 단독 선거 결정

→

5.10 총선거 (48.5.10)

- 1948년 5월10일 마침내 **남한에서는 유엔 한국 임시 위원단의 감시 아래 총선거가 실시**되었다.
- 김구와 김규식 조소앙 등의 **남북협상파와 좌익세력은 참여하지 않았다.**
- 제주도 2개 선거구에서는 국회의원이 선출되지 않았다
- **만 21세 이상 국민에게 투표권 부여**

→

제헌헌법 (48.7.17)

- **제헌국회의 임기는 국회 개시일로부터 2년으로 한다.**
- 대통령과 부통령을 국회의 간접 선거로 선출하도록 규정하였다.
- 광복 이전의 악질적인 반민족 행위자를 처벌하는 특별법을 제정할 수 있도록 하였다.

→

대한민국 정부수립 (48.8.15)

단독정부 수립 반대

① 나는 통일된 조국을 달성하려다 38도선을 베고 쓰러질지언정 일신의 구차한 안일을 위하여 단독 정부를 세우는 데는 협력하지 아니하겠다. **3천만 동포에게 읍고함**
② 4월 3일 한 무장부대가 제주도 내의 12개 지서를 일제히 공격하고 경찰과 서북청년회 숙소 대동청년당 등 우익단체 요인의 집을 습격하였다. **제주 4·3항쟁**
③ 남북 제정당 사회 단체 지도자는 우리 강토에서 외국 군대가 철거한 이후에 내전이 발생 될 수 없다는 것을 확인하며 어떤 무질서도 용인하지 않을 것이다. **남북 협상**

여순 반란사건 (48.10.19)

여수 주둔 국방 경비 14연대 소속 일부 병사가 제주도 진압 출동을 거부하면서 무장 봉기하였다.

→

국가보안법 제정 (48.12)

[16 국가직 7급]
☑ 모스크바 3상 회의에서는 4개국에 의한 최장 5개년의 한반도 신탁통치를 결정하였다.

[15 서울시 7급]
☑ 모스크바 3상회의에서는 임시정부의 수립을 원조하기 위해 미소 공동위원회를 설치하기로 결정하였다.

[13 경찰직 1차, 22 국가직 9급]
☑ 모스크바 3상 회의 결과가 알려지자 김구,이승만 등의 우익 세력은 대대적인 반탁 운동에 나섰다.

[18 국가직 9급]
☑ 김구는 탁치 반대 국민 총동원 위원회를 조직하였다.

[19 경찰간부직]
☑ 미소 공동 위원회에서 양측은 임시 민주 정부 수립에 참여할 단체의 범위를 둘러싸고 대립하였다.

[11 국가직 7급]
☑ 미소 공동 위원회에서 미국은 표현의 자유를 내세워 모든 단체와 정당의 참여를 주장하였다.

[21 지방직 9급]
☑ 미·소 공동위원회는 미·소 양측의 의견 차이로 결렬되었다.

[21 지방직 9급]
☑ 유엔 총회는 유엔 감시하의 총선거로 정부를 수립한다는 결정을 내렸다.

[19 법원직]
☑ 좌우합작운동은 여운형과 김규식 등이 주도하였다.

[15 서울시 9급]
☑ 좌우 합작 7원칙에서는 미소 공동위원회 속개 등을 요구하였다.

[19 법원직]
☑ 좌우 합작 위원회는 이승만의 정읍 발언을 반대하였다.

[19 법원직]
☑ 좌우 합작 위원회는 모스크바 3국 외상 회의 결정을 지지하였다.

[18 국가직 9급]
☑ 김규식은 남조선 과도 입법 의원의 의장을 역임하였다.

[15 사회복지직]
☑ 안재홍은 국민당 창당을 주도하고 미군정에서 민정 장관을 역임하였다.

[16 국가직 7급]
☑ 유엔 한국 임시 위원단은 소련의 방해로 남한 지역에서만 총선거를 감시하였다.

[18 국가직 9급, 18 법원직]
☑ 남북 협상에 참가했던 김구와 김규식 등은 5·10 총선거에 참여하지 않았다.

[21 경찰간부직]
☑ 김구는 남한만의 단독선거 실시에 반대하여 북한 지도자들과 통일 정부 수립을 논의하고자 남북협상에 참여하였다.

[14 경찰간부직]
☑ 제주도에서는 4·3 사건의 여파로 5·10 총선거에 차질이 빚어졌다.

[19 경찰간부직]
☑ 1948년 5월 10일 총선거는 21세 이상 모든 국민에게 투표권이 부여된 최초의 보통선거이며, 198명의 제헌 국회 의원이 선출되었다.

[19 경찰직 2차]
☑ 제헌국회에서 간선제 방식으로 대통령에 이승만, 부통령에 이시영이 선출되었다.

1948 ────────────────────────── **1949**

제헌국회

반민족 행위자 처벌법(48.9)

일본정부와 동모하여 한·일 합방에 적극 협력한 자, 한국의 주권을 침해하는 조약 또는 문서에 조인한 자와 모의한 자는 사형 또는 무기징역에 처하고, 그 재산과 유산의 전부 혹은 2분의 1 이상을 몰수한다.

반민특위위원회

제헌헌법을 근거로 제정된 법률에 의해 구성되었다. 대통령은 우리 위원회의 활동이 삼권분립 원칙에 위배된다고 주장하고 있으며 내무장관은 피의자인 노덕술을 요직에 등용하였다.

이승만 정부의 방해

· 공소시효 2년 → 1년

· 실형 O → 처벌 X

농지개혁법(49.6)

제5조 정부는 아래에 의하여 농지를 취득한다.
1. 아래의 농지는 정부에 귀속한다.
   (가) 법령 내지 조약에 의하여 몰수 또는 국유로 된 농지
   (나) 소유권의 명의가 분명치 않은 농지
2. 아래의 농지는 적당한 보상으로 정부가 매수한다.
   (가) 농가 아닌 자의 농지
   (나) 자경하지 않는 자의 농지

제12조 1가당 총 경영면적 3정보를 초과하지 못한다.
· 북한에서 추진된 토지개혁의 영향을 받았다.
· 분배받은 농민은 평년 생산량의 30%를 5년간 상환하였다.

전쟁 발발 이전 ──── **1950** ──────── **1951** ──────── **1953**

6 · 25 전쟁 진행과정

유신 회담

배경

북한인민군 창설 (48.2)

국내외 정세

· 중국의 공산화
· 경교장에서 김구가 육군 소위 안두희에게 암살당하였다.

애치슨선언(50.1)

미국은 극동방어선에서 한국을 제외한다고 선언하였다.

→

전쟁 발발 (50.6.25)

↓

UN 안보리 참전 결의 (50.6.27)

안전보장이사회는 북한군의 대한민국에 대한 무력공격이 평화파괴를 조성한다고 단정하였다. 이 지역에서 평화와 안전을 회복하기 위해 필요한 원조를 제공한다.

↓

서울 함락 (50.6.28)

UN군 참전 (50.7.1)

낙동강 전선 (50.7)

↓

인천상륙작전 (50.9.15)

유엔군이 상륙작전의 성공을 통해 유엔군의 반격의 교두보가 마련되었다.

↓

서울수복 (50.9.28)

↓

평양 탈환 (50.10)

중공군 참전 (50.10.25)

흥남철수 (50.12.15)

· 아군은 38선 이북에서 대대적인 철수를 계획하였다.
· 아군과 피난민들이 흥남부두에서 모든 선박을 동원하여 해상으로 철수를 시작하였다.

↓

1 · 4 후퇴 (51.1.4)

↓

서울 재탈환 (51.3.15)

→

휴전회담시작 (소련의 제안, 51.7)

· 군사분계선
· 포로송환

↓

이승만의 반공포로석방 (휴전 반대, 53.6)

↓

휴전협정 체결 (북, 중, 미, 53. 7)

양측은 현전선을 군사분계선으로 정하고 군사분계선 남북 2km 지역을 비무장지대로 설치하였다.

↓

한미상호방위조약 (원조경제, 53. 10)

미합중국의 육군 해군 공군을 대한민국 영토 내에 배치하는 권리를 대한민국은 이를 허용하고 미합중국은 이를 수락한다.

[22 지방직 9급]

☑ 반민법(반민족행위처벌법)에 의해 반민특위와 특별 재판부가 구성되었다.

[22 지방직 9급]

☑ 반민법(반민족행위처벌법)은 농지개혁법 제정 이전 제정되었다.

[16 지방직 9급, 24 지방직 9급]

☑ 농지개혁법은 지주 소유의 토지를 유상매수하여 농민에게 유상으로 분배하도록 하였다.

[24 지방직 9급]

☑ 농지개혁은 소작농이 감소하고 자작농이 증가하는 결과를 낳았다.

[22 경찰간부직]

☑ 농지개혁법에 따르면 농지의 분배는 1가구당 총 경영 면적 3정보를 초과하지 못하였다.

[18 경찰직 2차]

☑ 농지개혁법은 농가 아닌 자의 농지, 자경하지 않는 자의 농지는 매수하도록 했다.

[19 지방직 9급]

☑ 농지개혁법에 따르면 농지를 분배받은 농민은 평년 생산량의 30%를 5년간 상환하도록 하였다.

[19 법원직]

☑ 농지개혁법에 따르면 정부는 농지를 매입하는 대가로 지주에게 지가 증권을 발급하였다.

[19 지방직 9급]

☑ 농지개혁법에 따르면 농지만 분배 대상에 포함되었다.

[17 국가직 7급, 23 지방직 9급]

☑ 6·25 전쟁이 발발하기 전 미국은 극동 방위선에서 한국을 제외한다고 선언하였다.

[18 경찰직 1차]

☑ 6·25 전쟁 중 소련이 정전회담을 제안하였고, 유엔군과 공산군이 이를 받아들이면서 정전회담이 시작되었다.

[20 경찰간부직]

☑ 휴전협정이 체결되고 같은 해 한미 상호 방위 조약이 체결되었다.

[20 지방직 7급, 23 지방직 9급]

☑ 6·25 전쟁 중에 이승만 정부는 반공 포로를 석방하였다.

[18 기상직 9급]

☑ 6·25 전쟁 중 국민 방위군 사건이 일어났다.

이승만 1공 정부(독재정권, 48~60)

1948

제헌의회(1代 총선, 48.5.10)
- 임기 2년

제헌헌법
- 대통령·부통령제
  - 국회에서 선출(간선제)
- 4년 중임제

제1공화국(1代 대선, 48.8.15)
- ㉐이승만, ㉗이시영

1950

2代 총선(50)

무소속 ↑
(反이승만 多)

6·25 전쟁(50.6)
- 임시수도 부산

1951~1953

국민회, 대한청년당 등 우익단체를 토대로 자유당이 조직되었다.

1차 개헌 (발췌개헌, 52)
- 부산에 임시 수도를 둔 정부가 계엄령을 선포하고 공포 분위기를 조성하여 기립 표결 방식으로 개헌안을 통과시켰다.
- 대통령 직선제와 양원제를 골자로 하는 헌법 개정이 이루어졌다.

2代 대선(52)

이승만(72%), 조봉암(11%)

→ The end(53.7)

1954

2차 개헌 (사사오입 개헌, 54)

제55조. 대통령과 부통령의 임기는 4년으로 한다. 단, 재선에 의하여 1차 중임할 수 있다.

부칙. 이 헌법 공포 당시의 대통령에 대하여는 제55조 제1항 단서의 제한을 적용하지 아니한다.

- 개헌에 필요한 136표에서 1표가 모자라 부결되었으나 사사오입을 적용하여 개헌안을 통과시켰다.

민주당 창당(55)

1956

3代 대선(56)

구분	자유당	민주당	무소속
대통령	이승만	신익희X	조봉암
부통령	이기붕	장면	

조봉암 → 돌풍!
장면 → 못살겠다 갈아보자!

이승만 독재
- 진보당 사건(58. 1) : 진보당 강제해산
- 국가보안법 개정안을 통과시킨 이른바 보안법 파동이 발생하였다.

장면 2공 정부(유일한 의원내각제 정부, 60~61)

1960

3.15 부정선거 → 김주열 시신 발견

4.19 혁명(60.4)

서울대 선언문

상아의 진리탑을 박차고 거리에 나선 우리는 질풍과 같은 역사의 조류에 자신을 참여시킴으로써, 지성과 진리, 그리고 자유의 대학 정신을 현실의 참담한 박토에 뿌리려 하는 바이다.

- 경무대를 향해 돌진하던 시위대에 경찰이 총격을 가하였다.
- 정부는 시위의 배후에 공산주의 세력이 개입되었다고 발표하였다.
- 이승만 하야 요구

교수들의 시국선언

마산, 서울 기타 각지의 학생 데모는 주권을 빼앗긴 국민의 울분을 대신하여 궐기한 학생들의 순진한 정의감의 발로이며 부정과 불의에 항거하는 민족 정기의 표현이다.

허정 과도내각

3차 개헌(60.6)

제32조 민의원 의원이 정수와 선거에 관한 사항은 법률로써 정한다. 참의원 의원은 특별시와 도를 선거구로 하여 법률의 정하는 바에 의하여 선거하며 …

제53조 대통령은 양원 합동 회의에서 선거하고 재적 국회의원 3분의 2이상의 투표를 얻어 당선된다.

제2공화국 (장면 내각)

1. 일본과의 국교정상화 및 유엔 감시하의 남북한 자유 선거에 의한 통일 달성
3. 부정 선거의 원흉과 발포 책임자와 부정 불법 축재자 처벌

4차 개헌(60.11)
- 반민주행위자 처벌법
- 소급 입법
  - for 3.15 부정선거사범 처벌
- 학생과 혁신계 정당의 통일운동이 활발히 전개되었다.
- 경제개발 5개년 계획이 수립되었다.

1961

5.16 군사정변

[20 지방직 7급]

☑ 6·25 전쟁 중에 대통령 간선제를 직선제로 바꾸는 '발췌 개헌안'이 통과되었다.

[20 법원직, 19 지방직 7급]

☑ 제2차 개헌안은 당시 재임 중인 대통령에 대해서는 중임 제한 규정을 적용하지 않도록 하였다.

[20 지방직 9급, 16 서울시 9급]

☑ 이승만 정권은 1954년 의회에서 부결된 초대 대통령 중임 제한 철폐를 사사오입의 논리로 통과시켰다.

[20 경찰직 1차]

☑ 발췌개헌으로 대통령 선출 방식이 국회 간선제에서 국민 직선제 방식으로 바뀌었다.

[20 경찰직 1차]

☑ 사사오입 개헌 이후 치러진 정·부통령 선거에서 대통령에 자유당의 이승만, 부통령에 민주당의 장면이 당선되었다.

[22 경찰간부직]

☑ 이승만 정부는 1958년 간첩혐의로 조봉암 및 진보당 관계자를 체포하고 다음 해에 조봉암을 처형하였다.

[20 경찰직 1차, 19 서울시 9급]

☑ 1956년 조봉암은 진보당을 결성하여 혁신계를 이끌었다.

[17 서울시 7급, 24 서울시 1회]

☑ 4·19 혁명으로 이승만 대통령이 하야한 뒤 허정 과도 정부에서 내각 책임제 개헌을 단행하였다.

[20 법원직, 17 경찰직 1차]

☑ 제3차 개헌은 내각 책임제와 양원제 국회를 구성하는 것을 주요 내용으로 하였다.

[17 서울시 9급, 21 경찰직 1차]

☑ 장면 정부 시기에 경제 개발 5개년 계획안이 마련되었다.

[24 서울시 1회]

☑ 4·19 혁명 당시 마산 시민들이 3·15 부정선거를 규탄하는 시위를 전개하였다.

[19 서울시 7급]

☑ 1956년 3대 대통령 선거에서 조봉암후보가 전체 유효표의 30%를 차지하였다.

[19 서울시]

☑ 4.19혁명 당시 이승만 정부는 경무대를 향해 돌진하던 시위대에 경찰이 총격을 가하였다.

박정희 3공 정부(경제 개발을 위한 종잣돈, 63~72)

1961

5.16 군사정변
↓
혁명공약

· 반공을 국시의 제일의로 삼고 반공 태세를 재정비한다.
· 이와 같은 우리들의 과업이 성취되면 참신하고 양심적인 정치인에게 정권을 이양하고 우리는 본연의 임무로 복귀할 준비를 갖춘다.

박정희 군정(2년간)

(정치) 정치활동 정화법(구 정치인 OUT)

5차 개헌(62)
· 간선제 → 직선제

(경제) 민생안정을 위해 능기 부제 딩딤 화폐개혁 등을 실시하였다.
경제개발 5개년 계획 실시(62 ~ 66)

1963

5代 대선(63)
박정희 vs 윤보선

나는 오늘 제1회 수출의 날 기념식에 즈음하여 이 뜻 깊은 날이 자립경제를 앞당기는 또 하나의 계기가 될 것을 기원합니다. 수출 1억달러

1967

6代 대선(67)
박정희 vs 윤보선

1968

· 1.21 사태(청와대습격)
· 푸에블로호 납포
· 향토예비군
· 울진 · 삼척 무장공비사건
  cf) 판문점 도끼만행사건(73)
· 국민교육헌장, 주민등록증

1969

6차 개헌(69)
· 대통령 3회 연임 허용
· 3선 개헌(변칙 통과)
↓
닉슨독트린(69)
냉전완화 → 반공정책 위기

제3공화국(선건설, 후통일)

한일 기본조약(65)

김종필-오히라 비밀회담(62)
· 한일협정 비밀추진
  독립축하금 명목
/ 위안부 문제 X

⇒

6.3 반대 시위(64)
· '제2의 을사조약'
  "굴욕외교"
· 위수령 발표

⇒

한일협정 체결(65)
· 한일국교 정상화   · 냉전체제 강화
제2조 : 1910년 8월 22일 및 그 이전에 대한제국과 일본제국 간에
제3조 : 대한민국 정부가 국제연합 총회의 결의 제 195(III)호에 명시된 바와 같이 한반도에 있어서의 유일한 합법정부임을 확인한다.

베트남 파병(64 ~ 73)
↓
브라운각서(66)
베트남 파병이 이루어지면서 미국과 한국 사이에 한국 군의 현대화 체결되었다.

파독(광부 · 간호사)

박정희 4공 정부(강력한 대통령, 72~81)

1970 ~1971

· 새마을운동(70)
· 경부고속도로개통(70)
· 와우아파트 붕괴(70)
· 전태일 분신(70)
↓

7代 대선(71)
朴 vs DJ
공화당   신민당
· 고전 끝에 당선
↓
국가비상사태 선포(71.12)

1972

7.4 남북공동성명(72. 7. 4)

오늘을 기하여 국회를 해산시키고, 정당 및 정치활동의 중지 등 현행헌법의 일부조항의 효력을 정지시킨다. 비상국무회의는 헌법개정을 공고한 날로부터 1개월 이내에 국민투표에 부쳐 확정한다. 유신선포

7차 개헌(72.12)
제39조 제1항 - 대통령은 통일 주체 국민 회의에서 토론 없이 무기명 투표로 선거한다.
제40조 제1항 - 통일 주체 국민 회의는 국회의원 정수의 1/3에 해당하는 수의 국회의 원을 선거한다.
제47조 - 대통령의 임기는 6년으로 한다.
· 비상계엄 하에서 제정되어 국민투표로 확정된 헌법이 시행되었다. 정부는 한국적 민주주의라고 선전하였다.

1976

제4공화국

통제
· 국회해산권
· 유신정우회 (국회의원1/3 임명)
· 김대중 납치사건(73), 민청학련사건(74)

긴급조치권
· 대한민국 헌법의 개정 또는 폐지를 주장 · 발의 · 제안 또는 청원하는 일체의 행위를 금한다.
· 이 조치를 위반한 자와 이 조치를 비방한 자는 법관의 영장 없이 체포 · 구속 · 압수 · 수색하며 15년 이하의 징역에 처한다.

vs

반발
· 개헌청원 1백만 서명운동(73)
· 천주교 정의구현 사제단(74)

3.1 민주 구국 선언(76)
재야 인사들이 명동성당에 모여 3.1 민주구국선언을 발표하였다.

[21 소방직]

☑ 5·16 군사정변 후 국가 재건 최고 회의가 만들어졌다.

[19 서울시 9급]

☑ 박정희 군정은 농가 부채 탕감, 화폐 개혁 등을 실시하였다.

[21 법원직]

☑ 박정희 정부 시기에 일본과 국교 정상화를 추진하였다.

[18 서울시 9급]

☑ 한일기본조약 체결 시 위안부 문제가 주요한 의제로 논의되지 않았다.

[18 서울시 9급]

☑ 한일기본조약 협의를 위해 중앙정보부장 김종필이 특사로 파견되었다.

[18 서울시 9급]

☑ 한일 기본 조약이 체결될 때 재일 교포의 법적 지위 및 대우에 관한 협정도 함께 체결되었다.

[21 경찰간부직, 21 국가직 9급]

☑ 한·일협정 체결에 반대하여 학생과 시민은 6·3 시위로 불리는 반대 운동을 전개하였다.

[21 경찰간부직]

☑ 한국과 일본은 1965년 한·일협정을 체결하고 국교를 회복하였다.

[19 지방직 9급]

☑ 베트남 파병 이후 미국은 브라운 각서를 통해 한국에 대한 경제, 군사 원조를 약속하였다.

[20 법원직]

☑ 1969년 제6차 개헌은 대통령의 3선을 허용하는 내용이 포함되었다.

[20 서울시 7급]

☑ 1971년 대통령 선거에서 민주공화당 후보로 박정희, 신민당 후보로 김대중이 출마했다.

[18 서울시 7급]

☑ 유신헌법은 비상계엄 하에서 제정되어 국민투표로 확정되었다.

[17 경찰직 1차, 21 경찰간부직, 21 법원직, 22 지방직 9급]

☑ 유신헌법은 대통령의 임기를 6년으로 규정하고, 연임 제한을 두지 않았다.

[21 경찰간부직, 21 법원직]

☑ 유신헌법에서 대통령은 국회해산권, 국회의원 ⅓에 대한 추천권을 가진다.

[21 경찰간부직]

☑ 유신헌법은 대통령에게 국민의 기본권 일부를 제한할 수 있는 긴급조치권을 부여하였다.

[17 지방직 9급]

☑ 유신헌법 통과 이전 민족 통일을 위한 남북 공동 성명이 발표되었다.

[18 서울시 7급]

☑ 유신헌법은 대통령을 통일 주체 국민회의 대의원들이 간접선거로 선출하도록 하였다.

[19 서울시 9급, 21 소방직]

☑ 유신 체제에 반대하는 재야 인사들이 명동성당에 모여 3·1 민주 구국선언을 발표하였다.

[23 법원직]

☑ 유신헌법 적용 이전에 전태일이 근로기준법 준수를 요구하며 분신하였다.

전두환 5공 정부(정의사회 구현+복지국가, 81~88)

1979	1980	1981	1987

4공 말기 정치 불안
- Y.H 여공 사건
- YS 국회 제명
- 부·마 민주화운동

서울의 봄
"유신 폐지", "신군부 퇴진",
"김대중 석방"

민주정의당 창당(81.1)

5공 말기 정치 불안
- 부천 경찰서에서 성고문 사건이 발생하였다.(86)
- 개헌청원 1천만 서명운동
- 박종철 고문치사 사건
- 4.13 호헌 조치(간선제 유지)

5.18 광주 민주화운동
- 우리는 왜 총을 들 수밖에 없었는가? 그 대답은 너무나 간단합니다. 너무나 무자비한 만행을 더 이상 보고 있을 수만 없어서 너도나도 총을 들고 나섰던 것입니다.
- 시민 무장 봉기로 발전
- 관련기록물이 유네스코 세계기록 유산으로 등재되었다.

10.26 사태(박정희 피살)

12代 대선 (81.2)
새헌법에 따라 전두환은 다시 대통령에 당선되었다.

6월 항쟁
- 이한열 사망(87.6.9)
- 무엇보다 우리는 이른바 4.13 대통령의 특별조치를 국민의 이름으로 무효임을 선언한다.
- 당일 10시 각 본부별 종파별로 고문살인 조작 규탄 및 호헌철폐 국민대회를 개최한 후 오후 6시를 기하여 성공회 대성당에 집결, 국민운동본부가 주관하는 국민대회를 개최한다.

국가보위 비상대책위원회

제 5공화국

6 · 29 민주화 선언
오늘의 이 시점에서 저는 사회적 혼란을 극복하고, 국민적 [판독 불가] 없다는 결론에 이르게 되었습니다

12.12 사태
신군부 세력이 12.12사태를 일으켜 권력을 장악하였다.

11代 대선(80.8)
집권준비를 마친 전두환은 통일주체국민회의를 통해 11대 대통령으로 선출되었다.

경제
- 3저호황(저유가·저금리·저달러)
- 국제무역 수지 흑자(86)

9차 개헌(87.10)
- ㉠직선제
- 대통령의 임기는 5년이며 단임으로 제한하였다.

8차 개헌(80.10)
- 국민의 반발과 악화된 국제여론을 의식하여 개헌을 단행하였다.
- ㉠간접선거(by ㉠선거인단)
- 7년 단임제

13代 대선(87.12)
노태우 ㉠당선 (최저 득표율)

6공 정부(평화로운 정권교체, 88~현재)

1988~1993	1993~1997	1998~2003	2003~2008

노태우 정부(6공화국)
- 서울 올림픽(88)
- 북방외교(소련·중국 수교)

지방 자치제 부분 실시(지방의회선거)

전두환 5공 청문회

김영삼 정부(문민정부)
- 공직자 재산등록

지방자치제 전면 실시(지방단체장 선거)

전두환·노태우 구속

- 전직 대통령을 구속하고 재판하는 일은 국가적으로 불행하고 부끄러운 일입니다. 그러나 이러한 과정을 거치지 않으면 우리 역사는 바로 설 수 없습니다.

- 역사 바로 세우기 운동
  ⓐ 조선 총독부 건물 철폐
  ⓑ 초등학교 명칭 사용

김대중 정부(국민정부)
- 최초의 평화적 여야 정권 교체

노무현 정부(참여정부)

[19 서울시 7급]

☑ 부산, 마산을 중심으로 부마항쟁이라고 불리는 대규모 민주화 시위가 계기가 되어 10·26 사태가 일어났다.

[21 국가직 9급]

☑ 유신헌법 시행 시기에 부·마 민주 항쟁이 일어났다.

[18 소방직]

☑ 5·18 민주화 운동 당시 시위대가 시민군을 조직하여 계엄군에 맞섰다.

[19 경찰직 1차]

☑ 10·26 사태 이전 YH 무역의 여성 노동자들이 신민당사에서 농성을 벌였다.

[19 서울시 7급]

☑ 12·12 사태 이후 서울의 봄이라고 불리는 대규모 학생 시위가 벌어졌다.

[18 경찰간부직]

☑ 5·18 민주화 운동은 신군부가 계엄령을 전국으로 확대한 것을 계기로 발생하였다.

[18 경찰간부직]

☑ 부마 항쟁은 김영삼 신민당 총재가 의원직에서 제명되면서 시작되었다.

[21 법원직]

☑ 8차 개정 헌법에서는 대통령의 임기를 7년으로 하였다.

[21 법원직]

☑ 8차 개정 헌법은 대통령 선거인단에서 대통령을 선출하도록 규정하였다.

[12 국가직 7급]

☑ 전두환 정부가 대통령 간선제 헌법의 고수를 천명하자 6월 민주 항쟁이 일어났다.

[21 경찰간부직]

☑ 4·13 호헌 조치 이후 민주헌법쟁취 국민운동본부가 결성되어 6·10 민주화 운동을 이끌었다.

[18 경찰간부직]

☑ 1987년 6·10 민주화 운동 당시 전국에 계엄령이 선포되지 않았다.

[18 경찰간부직]

☑ 1987년 6월 민주항쟁의 결과 5년 단임의 대통령 직선제 개헌안이 국민 투표로 확정되었다.

[18 서울시 9급]

☑ 1992년 대통령 선거에서 김영삼 후보가 당선되면서 문민정부가 출범하였다.

[19 경찰간부직, 20 법원직]

☑ 김영삼 정부는 지방 자치제를 전면 실시하였다.

[22 경찰간부직]

☑ 김영삼 정부는 옛 조선총독부 건물을 철거하였다.

[24 서울시 1회]

☑ 김영삼 정부는 금융실명제를 실시하고, 하나회를 해체하였다.

[21 계리직]

☑ 제9차 개헌은 1987년 6월 민주항쟁 결과 이루어졌다.

	남한	북한
50년대	이승만 정부 　북진 통일론	적화 통일론
60년대	장면 정부 　UN감시하 인구비례 남북총선거 주장 박정희 정부 　先건설, 後통일	—
70년대 (냉전 완화)	닉슨독트린(69) 남북적십자 회담(71)	

7·4 남북 공동 성명(72)

첫째, 통일은 외세에 의존하거나 외세의 간섭을 받음이 없이 자주적으로 해결하여야 한다.
둘째, 통일은 서로 상대방을 반대하는 무력행사에 의거하지 않고 평화방법으로 실현하여야 한다.
셋째, 사상과 이념, 제도의 차이를 초월하여 우선 하나의 민족으로서 민족적 대단결을 도모하여야 한다.
· 최초 합의 문서(비공식)
· 서울, 평양 동시 발표
· 남북 조절 위원회 구성

독재강화 이용 ── ㉯ 유신체제
　　　　　　　 └─ ㉰ 국가주석제

6.23 평화통일 선언(73) : 남북 UN 동시 가입 제안, 모든 국가에 문호개방

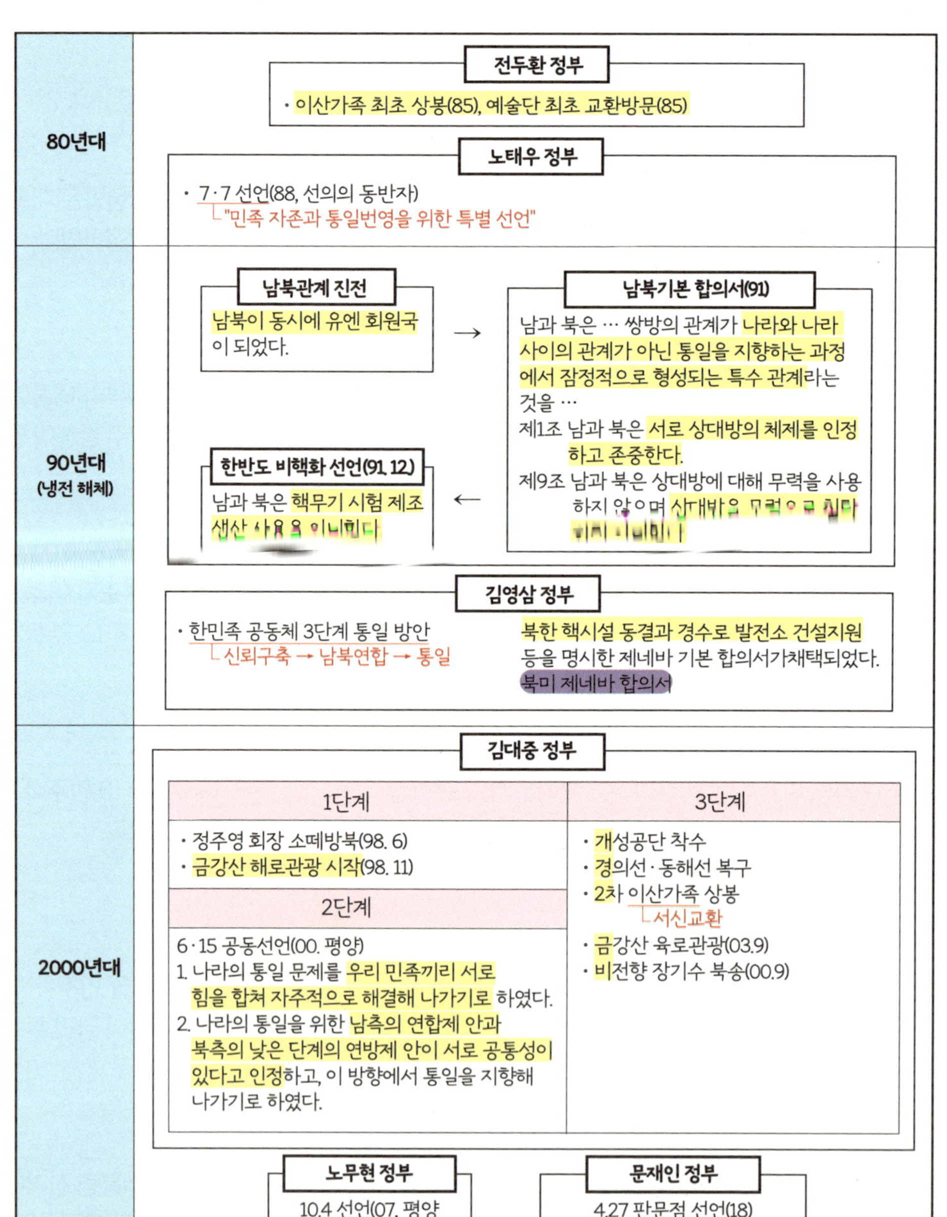

80년대	**전두환 정부**
	· 이산가족 최초 상봉(85), 예술단 최초 교환방문(85)

노태우 정부

· 7·7 선언(88, 선의의 동반자)
　└ "민족 자존과 통일번영을 위한 특별 선언"

90년대 (냉전 해체)

남북관계 진전
남북이 동시에 유엔 회원국이 되었다.

→

남북기본 합의서(91)
남과 북은 … 쌍방의 관계가 나라와 나라 사이의 관계가 아닌 통일을 지향하는 과정에서 잠정적으로 형성되는 특수 관계라는 것을 …
제1조 남과 북은 서로 상대방의 체제를 인정하고 존중한다.
제9조 남과 북은 상대방에 대해 무력을 사용하지 않으며 상대방을 무력으로 침략하지 아니한다.

한반도 비핵화 선언(91. 12)
남과 북은 핵무기 시험 제조 생산 사용을 아니한다

←

김영삼 정부

· 한민족 공동체 3단계 통일 방안
　└ 신뢰구축 → 남북연합 → 통일

북한 핵시설 동결과 경수로 발전소 건설지원 등을 명시한 제네바 기본 합의서가 채택되었다.
북미 제네바 합의서

2000년대

김대중 정부

1단계	3단계
· 정주영 회장 소떼방북(98. 6) · 금강산 해로관광 시작(98. 11)	· 개성공단 착수 · 경의선·동해선 복구 · 2차 이산가족 상봉 　└ 서신교환 · 금강산 육로관광(03.9) · 비전향 장기수 북송(00.9)
2단계	
6·15 공동선언(00, 평양) 1. 나라의 통일 문제를 우리 민족끼리 서로 힘을 합쳐 자주적으로 해결해 나가기로 하였다. 2. 나라의 통일을 위한 남측의 연합제 안과 북측의 낮은 단계의 연방제 안이 서로 공통성이 있다고 인정하고, 이 방향에서 통일을 지향해 나가기로 하였다.	

노무현 정부	**문재인 정부**
10.4 선언(07, 평양)	4.27 판문점 선언(18)

[19 경찰간부직]

☑ 4·19 혁명 직후 중립화 통일론이나 남북협상론 등 통일 논의가 제기되었다.

[15 법원직]

☑ 7·4 남북 공동 성명은 남과 북에서 정치권력의 강화에 이용되었다.

[16 계리직, 20 법원직]

☑ 노태우정부 시기 남북 간에 한반도 비핵화 공동 선언을 채택하였다.

[18 지방직 9급]

☑ 7·4 남북 공동 성명에서는 남북 조절위원회를 구성하기로 합의하였다.

[16 기상직 9급]

☑ 노태우 정부는 북방외교를 통해 공산권 국가들과 외교 관계를 수립하였다.

[20 소방직]

☑ 노태우 정부는 민족자존과 통일 번영을 위한 특별 선언(7·7 선언)을 발표하였다

[18 교육행정직, 20 법원직]

☑ 남북 기본 합의서 채택 이전 남북한이 유엔에 동시 가입하였다.

[17 교육행정직]

☑ 전두환 정부 시기 이산가족의 고향 방문이 시작되었다.

[16 경찰직 1차]

☑ 6·15 공동선언에서는 남측의 연합제 안과 북측의 낮은 단계의 연방제 안의 공통성을 인정하였다.

[17 지방직 9급]

☑ 김영삼 정부 시기에 북한 핵시설 동결과 경수로 발전소 건설 지원 등을 명시한 '북미 제네바 기본 합의서'가 채택되었다.

[18 서울시 9급, 20 법원직, 20 소방직]

☑ 1998년 금강산 관광이 처음 시작되었다.

[18 법원직, 20 법원직]

☑ 6·15 공동 선언 채택 이후 개성 공단 건설 사업이 시작되었다.

[18 교육행정직]

☑ 6·15 공동 선언 이후 이산가족 정례 상봉과 서신 교환이 이루어졌다.

[19 경찰직 1차]

☑ 2018년 문재인 정부는 제3차 남북 정상 회담을 열고 판문점 선언을 채택하였다.

MEMO

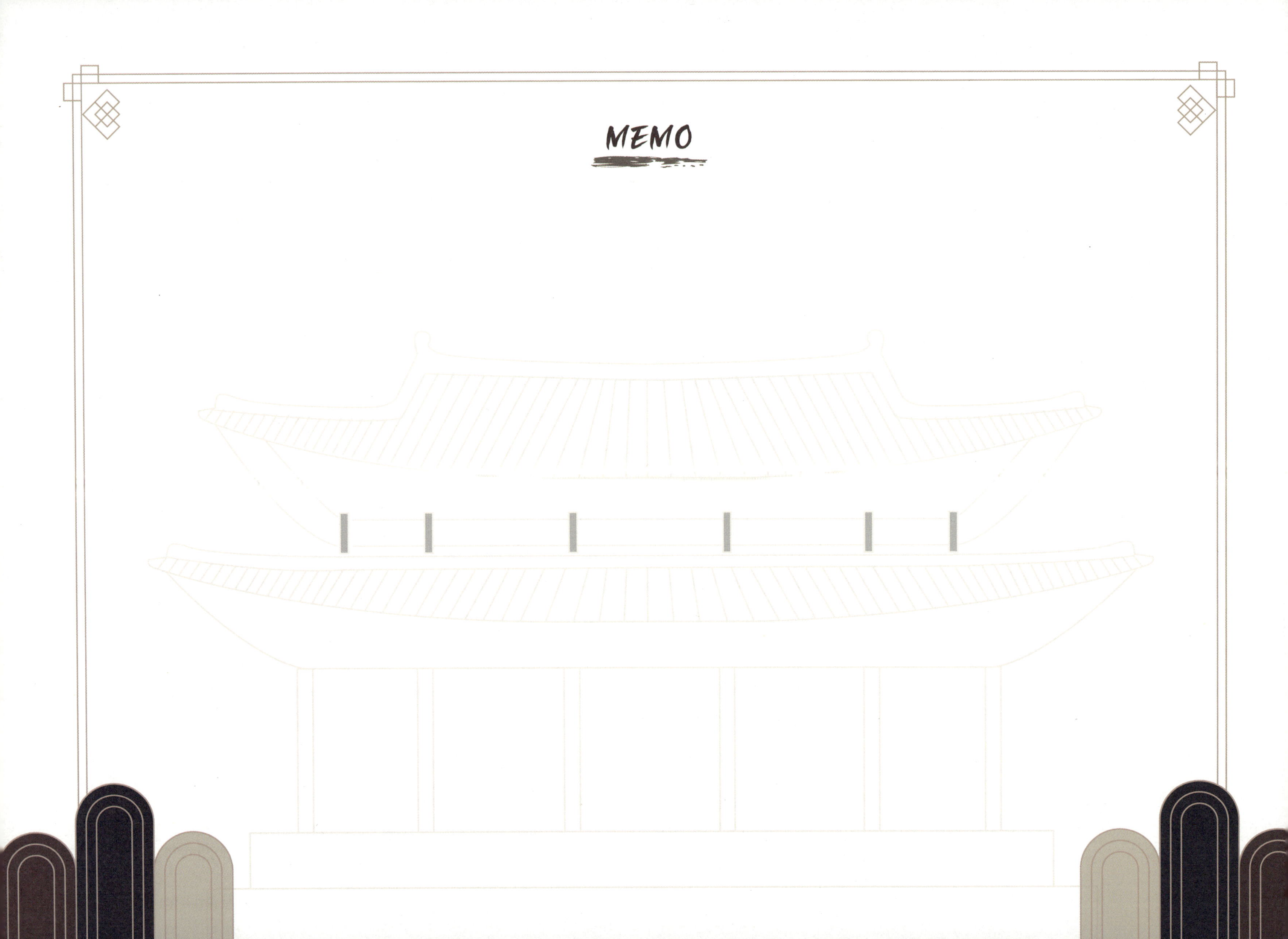

VIII
고대·고려·조선

제가회의(고구려)

범죄자가 있으면 제가가 모여 논의하여 사형에 처하고, 처와 자식은 노비로 삼는다.

정사암회의(백제)

호암사에는 정사암이라는 바위가 있다. 나라에서 장차 재상을 뽑을 때 후보 3, 4명의 이름을 써서 상자에 넣고 봉해 바위에 두었다가 얼마 후에 가지고 와서 열어보고 그 이름 위에 도장이 찍혀있는 사람을 재상으로 삼았다.
　　　　　　　　　　　　　　　　　　　　　　　　　　　　　　　- 『삼국유사』 -

화백회의(신라)

귀족들의 회의체로, 만장일치제를 특징으로 하였다. 이곳에서 국왕을 폐위시키거나 새로운 국왕을 추대하는 등 왕권을 견제하는 역할을 하였다.

22담로

[판독 불가 — 백제의 무령왕은 22담로에 왕족을 파견하여 지방 통제를 강화하는 등 지방에 대한 관심은 커져갔다.]

9주(신문왕)

당과 함께 고구려, 백제를 멸망시키고, 9주를 설치하였다. 본국(신라) 경계 안에 3주를 … 옛 백제 경계 안에 3주를 … 옛 고구려 남쪽 경계 안에 3주를 두었다.
　　　　　　　　　　　　　　　　　　　　　　　　　　　　　　　- 『삼국사기』 -

5소경(신문왕)

지방 중심지에는 5소경을 설치하여 수도인 금성(경주)이 동남쪽에 치우친 약점을 보완하였다. 그리고 고구려, 백제, 가야 유민을 이주시켜 통제하였다.

9서당(신문왕)

… 셋째는 백제인으로 만든 백금서당이고, … 다섯째는 고구려인으로 만든 황금서당이고, … 여섯째는 말갈인으로 만든 흑금서당이다.
　　　　　　　　　　　　　　　　　　　　　　　　　　　　　　　- 『삼국사기』 -

통일신라 관등제 정비

신라는 고구려와 백제의 옛 지배층을 흡수하기 위해 통일 과정에서 신라에 협력한 고구려, 백제의 지배층에게 각각 신라 관등을 수여했다. 삼국 통일 과정에서 옛 고구려와 백제의 지배층에게 임시로 수여된 관등은 점차 체계화되었다. 문무왕 때는 백제인에 대한 관등 수여 기준이, 신문왕 때는 고구려인에 대한 관등 수여 기준이 마련되었다. 그런데 이를 살펴보면 백제인은 신라의 17관등 중 제10 관등인 대나마까지만 임명될 수 있었고, 고구려인은 제7관등인 일길찬까지만 오를 수 있었다.

발해의 중앙관제

- 발해는 당의 3성 6부 제도를 받아들였지만, 실정에 맞게 운영 방식과 각 부서의 명칭을 바꾸는 등 독자적으로 운영하였다.
- 행정을 총괄하는 정당성에 권력이 집중되었고 그 장관인 대내상이 국정을 총괄하였다. 정당성은 6부를 둘로 나누어 관할하였는데, 6부의 명칭에는 유교 이념이 반영되었다.

발해의 지방제도

[판독 불가 … 지방 행정 중심지이니 교통의 중심지에는 15부와 62주를] 두고 지방관을 파견하였다.

발해의 촌

곳곳에 촌리(村里)가 있는데 모두 말갈 부락이다. 그 백성은 말갈족이 많고 토인(土人)은 적다. 모두 토인을 촌장으로 삼는다.

[11 지방직 9급]

☑ 삼국 시대 국가 중대사는 각 부의 귀족들로 구성된 회의체에서 결정하였다.

[17 사회복지직]

☑ 신라 화백회의는 만장일치로 국론을 정했으며 회의의 의장은 상대등이었다.

[19 서울시 9급, 18 기상직 9급]

☑ 백제는 부여 호암사에 있는 정사암에서 귀족들이 재상을 선출하고 국사를 논의했다.

[17 지방직 9급]

☑ 고구려의 중앙 정치는 내내로를 비롯하어 10어 등급의 관리들이 나누어 맡았다.

[17 지방직 9급]

☑ 백제는 16품의 관등제를 시행하고, 품계에 따라 옷의 색을 구별하였다.

[25 지방직 9급]

☑ 통일 신라는 집사부 장관인 시중이 왕명을 받들어 행정을 총괄하였다.

[16 교육행정직]

☑ 통일신라는 위화부를 두어 관리의 인사 업무를 담당하게 하였다.

[20 소방직]

☑ 발해는 정당성의 대내상이 국정을 총괄하였다.

[17 지방직 9급]

☑ 발해는 정당성 아래 6부를 두어 정책을 집행하였다.

[19 서울시 7급]

☑ 발해의 중앙 관부 중 정책을 집행하는 기관은 정당성이었다.

[15 경찰직 2차]

☑ 발해는 정당성 아래에 있는 좌사정이 충·인·의 3부를, 우사정이 지·예·신 3부를 각각 나누어 관할하였다.

[21 경찰직 1차]

☑ 백제는 방군제를 실시하여 지방 제도를 재정비하였다.

[16 지방직 9급]

☑ 통일 신라는 전국을 9주로 나누고 그 아래 군이나 현을 두어 지방관을 파견하였다.

[15 국가직 9급]

☑ 통일 신라 시대에는 전략적 요충지에 5소경을 두고, 사신이 행정을 관할하였다.

[18 교육행정직, 22 지방직 9급, 24 국가직 9급]

☑ 발해는 5경 15부 62주의 지방 행정 조직을 갖추어 다스렸다.

[17 경찰간부직, 18 국가직 9급]

☑ 통일 직후에는 백제·고구려 유민과 말갈인을 중앙군인 9서당에 편입시켰다.

[24 국가직 9급]

☑ 통일 신라는 지방군을 10정으로 조직하였다.

[15 경찰직 2차, 22 지방직 9급]

☑ 발해의 군사 조직은 중앙군으로 10위를 두어 왕궁과 수도의 경비를 맡겼다.

[16 서울시 7급]

☑ 통일 신라는 지방 세력을 통제, 감시할 목적으로 일정 기간 경주에 미물게 하는 상수리 제도를 실시하었다.

[15 지방직 9급, 17 지방직 9급]

☑ 발해는 감찰 기관으로 중정대가 있었다.

[17 국가직 7급]

☑ 발해는 도서와 문서를 관장하는 문적원을 두었다.

[19 서울시 9급]

☑ 발해는 주자감을 설치하여 귀족 자제에게 유학을 가르쳤다.

도병마사와 식목도감

고려 시대 중서문하성과 중추원의 고위 관료들은 도병마사와 식목도감에서 국가의 중요한 일을 논의하였다. 도병마사에서는 국방과 군사문제를 다루었고, 식목도감에서는 제도와 격식을 만들었다.

고려 중앙군(2군 6위)

직업군인인 경군에게 군인전을 지급하고 그 역을 자손에게 세습시켰다.

대간의 서경권

의종이 환관 정함을 종7품 관리로 삼았다. 어사대에서 환관이 관리가 된 것은 옛 법에 없는 일이라 하며 간쟁하였으나 왕이 들어주지 않았다. 이에 반발한 어사대 관원들이 조정에 출근하지 않으니, 왕이 불러 "이미 정함에게 내린 명령을 거두었다."라고 말하였다.   - 『고려사절요』 -

고려의 음서

- 사위나 외손자에게도 적용되었다.
- 공신의 자손, 조종 묘예(대대로 충절과 예를 지킨 가문), 문무 5품 이상 관인의 자손 등이 대상이었다.
- 신(최종번)은 …일찍이 과거에 뜻을 두었으나 …음서로 벼슬을 얻었습니다. 그런데 유학(과거)이 아닌 다른 방법으로 출세한다면 무슨 면목으로 벼슬하겠습니까. 더구나 조상들은 모두 이 길을 따랐는데 자손으로서 다른 길로 벼슬길에 나갈 수 있겠습니까.
- 이규보, 『동국이상국집』 -

삼별초

좌·우별초와 신의군으로 구성된 부대로 무신 정권 때 최우가 설치하였다. 1270년 무신 정권이 무너지자, 고려 정부는 몽골과 강화하고 개경 환도를 결정하였다. 이에 반발해 진도, 제주도로 옮겨 가면서 고려 정부와 몽골에 맞서 싸웠으나 1273년에 진압되었다.

고려 향리

- 고려 시대에는 지방관이 파견되지 않은 속현이 주현보다 훨씬 많았다. 주현에 파견되는 지방관도 임기가 짧았기 때문에 효율적으로 지방을 다스리는 데 어려움을 겪었다. 이러한 상황에서 조세 징수와 군사 징발 등 지방 행정 실무를 직접 맡아 처리한 관리가 바로 향리였다.
- 고려 시대의 조세와 공물 징수, 재판과 죄수 관리 등을 담당하였다. 또한 각종 공사를 추진하고, 국가에 위급한 일이 있을 때 지역민의 안전을 지키고자 노력하였다.

과거제도

개인의 능력을 중시하는 과거제는 제술과와 명경과, 잡과 등으로 구분됐고, 제술과가 가장 중요하게 여겨졌다. 무신을 뽑는 무과는 거의 시행되지 않았다.

[16 경찰직 1차]

☑ 중서문하성은 국가의 정책을 심의하는 재신과 정치의 잘못을 비판하는 낭사로 구성되었다.

[18 경찰직 3차]

☑ 상서성에 소속된 소속된 6부가 각각 국무를 분담했다.

[18 경찰직 3차]

☑ 중추원은 추부라고 불리며 군사 기밀과 왕명 출납을 관장했다.

[18 경찰직 3차]

☑ 어서대는 백관을 규찰, 탄핵하는 언관의 역할을 맡았다.

[21 지방직 9급]

☑ 도병마사에서는 국방과 군사 문제를 다루었고, 식목도감에서는 제도와 격식을 만들었다.

[16 경찰직 1차, 24 법원직]

☑ 대간은 왕의 잘못을 논하는 간쟁과 잘못된 왕명을 시행하지 않고 되돌려 보내는 봉박, 관리의 임명과 법령의 개정이나 폐지 등에 동의하는 서경의 권한을 가지고 있었다.

[16 국가직 7급, 17 법원직, 18 법원직]

☑ 고려시대 삼사는 화폐와 곡식의 출납, 회계의 일을 맡았다.

[15 경찰직 3차]

☑ 고려시대 5도에는 안찰사가 파견되었으며 도내의 지방을 순찰하였다.

[17 경찰간부직]

☑ 고려는 5도의 장관으로 안찰사, 양계의 장관으로 병마사를 각각 파견하였다.

[15 경찰직 3차]

☑ 고려시대에는 주요 군현에만 수령을 파견하였다.

[18 서울시 9급, 24 서울시 2회]

☑ 고려의 지방은 지방관이 파견된 주현과 파견되지 않은 속현으로 구성되었다.

[24 서울시 2회]

☑ 향, 부곡, 소는 향리가 행정 업무를 담당하였다.

[17 경찰간부직]

☑ 고려 3경은 처음에는 개경, 서경, 동경을 가리켰으나, 이후에는 동경 대신 남경이 들어갔다.

[15 기상직 9급]

☑ 고려시대 과거는 시험 과목에 따라 제술업, 명경업, 잡업 등으로 구분하였다.

[19 경찰직 1차]

☑ 고려시대에는 무관을 뽑는 무과가 사실상 실시되지 않았다.

[19 경찰직 1차]

☑ 고려시대에는 원칙적으로 대역죄나 불효·불충죄를 저지르지 않은 양인이면 누구든지 과거에 응시할 수 있었다.

[15 기상직 9급]

☑ 고려시대 왕실 및 공신의 후손, 5품 이상 관원의 자손은 음서의 혜택을 받았다.

[21 경찰간부직]

☑ 고려시대 특수군인 광군은 거란의 침입에 대비하여 설치한 것이다.

[21 경찰간부직]

☑ 고려의 중앙군인 6위는 수도 경비와 국경 방어 임무를 맡았다.

[23 지방직 9급, 21 경찰간부직]

☑ 고려시대 양계의 주진군은 국경 수비를 담당하는 상비적 전투 부대였다.

[19 서울시 9급]

☑ 고려시대 중앙군(경군)에게는 군인전을 지급하고 그 역을 자손에게 세습시켰다.

[19 서울시 9급]

☑ 고려 중앙군인 6위 중 감문위는 궁성과 성문 수비를 맡았다.

경연

왕과 신하가 모여 유교 경전과 역사를 공부하면서 학문과 정책을 토론하던 제도이다. 현실 정치에 대한 왕과 신하들의 토론이 이루어지기도 하였다.

6조직계제

의정부의 서사를 나누어 6조에 귀속시켰다. … 의정부가 관장한 것은 사대 문서와 중죄수의 심의뿐이었다.　　　　　　　　　　　　　　　　　　　－『태종실록』 1414. 4. 17. －

의정부서사제

조는 각기 모든 직무를 먼저 의정부에 품의하고, 의정부는 가부를 헤아린 뒤에 왕에게 아뢰어 (왕의) 전지를 받아 6조에 내려보내어 시행한다.　　　　　　　－『세종실록』 1436. 4. 12. －

상피제

가족이나 가까운 친인척과 같은 관서에 근무하지 않도록 하거나 출신 지역의 지방관으로 임명하지 않는 제도이다.

비변사

원래 여진족과 왜구의 침입에 대비하기 위해 만든 임시회의 기구였다. 임진왜란을 거치면서 전·현직 정승을 비롯한 주요 관원이 참여하였고, 군사 문제뿐 아니라 외교, 재정, 인사 등 국정 전반을 다루었다. 이로 인해 의정부와 6조의 기능이 축소되었다.

사헌부

- 시정(時政)을 논하고, 모든 관원을 규찰하며, 풍속을 바르게 하는 등의 일을 맡는다.
　　　　　　　　　　　　　　　　　　　　　　　　　　　　　　　－『경국대전』 －
- 정치를 토론하고, 모든 관리를 감찰하여 살핀다. 풍속을 바로잡고, 원통하고 억울한 일을 풀어 주며, 거짓된 행위를 단속하는 일을 맡는다.　　　－『경국대전』 －

5가작통제

무릇 민호(民戶)는 그 이웃과 더불어 모으되, 가족 숫자의 다과(多寡)와 재산의 빈부에 관계없이 다섯집마다 한 통(統)을 만들고, 통 안에 한 사람을 골라서 통수(統帥)로 삼아 통 안의 일을 맡게 한다.

면리제

1리(里) 마다 5통 이상에서 10통까지는 소리(小里)를 삼고, … (중략) … 리(里) 안에서 또 이정(里正)을 임명한다.

경재소

지방 고을에는 그곳의 유력 집안이 있습니다. 그 가운데 서울에 살면서 벼슬하는 자들의 모임을 경재소라고 합니다. 간사한 향리의 범법 행위를 살펴서 지방의 풍속을 유지했는데 그 유래가 오래되었습니다.　　　　　　　　　　　　　　　　　　　　－『성조실록』 －

홍문관

- 궁중의 서적과 문서를 관리하고, 국왕의 자문에 응하며, 경연(經筵)을 주관하였다.
- 매일 아침 신하들이 임금에게 정사를 보고하던 상참(常參) 등에 참여하여 국정에 대한 의견을 제출하였다.
- 홍문관은 왕궁 서고에 보관된 책을 관리하고, 임금의 물음에 응한다.　　　－『경국대전』 －

사간원

사간원은 임금의 옳지 못한 처사에 간언하고, 관리들의 잘못을 규탄하는 일을 맡는다.
　　　　　　　　　　　　　　　　　　　　　　　　　　　　　　　－『경국대전』 －

유향소

- 지방 양반들은 자치 기구인 향청을 통해 수령을 자문하고 수령과 향리의 비리를 감시했으며 백성을 교화했다. 정부는 향청을 활용하여 향촌 자치를 부분적으로 인정하면서 지방 통치의 효율성을 꾀하였다.
- 전하께서 다시 유향소를 세우고 좌수와 별감을 두도록 하였는데, 나이가 많고 덕망이 높은 자를 추대하여 좌수로 일컫고, 그 다음으로 별감이라 하여 한 고을을 규찰하고 관리하게 하였다.　　　　　　　　　　　　　　　　　　　　　　　　　　　　－『율곡전서』 －

조선의 향리

향리는 수령의 행정실무를 보좌하였으며, 아전으로 신분이 격하되었다.

[19 국가직 9급]

- ☑ 교서관은 서적 출판 및 간행의 업무를 전담하였다.

[19 경찰직 1차]

- ☑ 사헌부와 사간원의 관원은 서경권을 가지고 있다.

[16 경찰직 2차]

- ☑ 조선시대 의금부와 승정원은 왕권을 강화하는 데 기여하였다.

[16 경찰직 2차]

- ☑ 조선시대 예문관은 국왕의 교서를 작성하는 역할을 맡았다.

[19 서울시 9급]

- ☑ 조선시대 홍문관은 궁중 도서를 관리하고 국왕의 자문에 응하는 학문기관이었다.

[14 서울시 9급]

- ☑ 사헌부와 사간원은 대간으로 불렸는데, 임명된 관리의 신분, 경력 등을 심의, 승인하는 역할을 담당하였다.

[19 국가직 9급, 19 서울시 9급]

- ☑ 승정원은 국왕의 명령을 신하들에게 전달하는 비서기관이다.

[19 서울시 9급]

- ☑ 의금부는 국왕의 명령을 받아 중대한 죄인을 다스리는 사법기관이다.

[21 지방직 9급]

- ☑ 사헌부는 시정을 논하고, 모든 관원을 규찰하며, 풍속을 바르게 하는 등의 일을 맡는다.

[22 국가직 9급]

- ☑ 조선의 관청 중 춘추관은 시정기를 편찬하였다.

[16 기상직 7급]

- ☑ 각 도에 파견되는 관찰사는 원칙상 1년 임기에 단임으로 제한되있다.

[18 국가직 9급]

- ☑ 조선은 건국 330여 개의 모든 군현에 수령을 파견하였다.

[18 서울시 7급]

- ☑ 조선시대 수령은 자기 출신 지역에 부임하지 못하며, 각 도에는 관찰사를 파견하여 수령의 업무 성적을 평가하였다.

[18 서울시 7급]

- ☑ 조선시대 지방 군현 밑에는 면, 리, 통을 두고 다섯 집을 1통으로 편제하였다.

[22 서울시, 22 법원직]

- ☑ 조선 전기에는 중앙에서 경재소를 통해 지방의 유향소를 통제하였다.

[22 법원직]

- ☑ 유향소는 수령을 보좌하고 향리를 감찰하는 역할을 하였다.

[16 기상직 7급]

- ☑ 유향소는 국초부터 있었는데 세조 때 폐지되었다가 성종 때 다시 설치되었다.

[18 서울시 9급]

- ☑ 조선시대 지방 양반은 유향소를 구성하여 향리를 감찰하고 향촌 질서를 바로 잡았다.

[16 기상직 9급]

- ☑ 조선시대 경재소는 서울과 지방의 연락을 담당하는 곳으로, 각 지방 출신 중앙 관리가 책임을 맡았다.

[18 서울시 7급]

- ☑ 조선시대 향리는 수령의 행정실무를 보좌하였으며, 아전으로 신분이 격하되었다.

[15 경찰직 3차]

- ☑ 조선 후기에는 3사의 언론 기능이 변질되었으며, 3사는 각 붕당의 이해관계를 대변하게 되었다.

과거제도

조선시대 과거 제도에는 문과·무과·잡과가 있었는데, 이 가운데 문과를 가장 중시하였다. 「경국대전」에 따르면 문과 시험 업무는 예조에서 주관하고, 정기 시험인 식년시는 3년마다 실시하는 것이 원칙 이었다.

문과

「경국대전」에서는 탐관오리의 자식, 재가한 여자의 아들과 손자, 서얼의 문과 응시를 제한하고 있다.

기술교육

기술교육은 잡학이라 불렀는데 해당 관서에서 가르쳤다.

무과

[illegible] '모피(某派)'로 지칭되기도 하였다.

4부학당

양인 이상의 신분이면 누구나 입학할 수 있었으며, 생원 진사시를 준비하는 교육을 받았다. 동학, 서학, 남학, 중학이 있었다.

향교

성현에 대한 제사와 유생의 교육, 민의 교화를 위해 부 목 군 현에 하나씩 설치되었다. 이에 대한 관리를 수령 7사에 포함시켜 수령의 평가 기준으로 삼았다.

서원

훌륭한 유학자들을 제사 지내고, 성리학을 연구하는 사립 교육기관이다.

천거

고위 관리가 추천한 인물을 등용하는 것으로, 대개 기존 관리를 대상으로 실시되었다.

조선의 음서

음서는 고려에 비해 그 혜택을 받는 대상이 크게 줄었다. 음서 출신은 과거에 합격하지 않으면 고위 관리로 승진하기 어려웠는데, 이는 조선이 고려에 비해 개인의 능력을 더 중시하였음을 의미한다.

훈련도감

국왕의 행차가 서울로 돌아왔으나, … 이 때에 임금께서 도감을 설치하여 군사를 훈련시키라고 명하시고 나를 그 책임자로 삼으시므로, … 얼마 안되어 수천 명을 얻어 조총쏘는 법과 창, 칼쓰는 기술을 가르치게 하였다. 또 당번을 정하여 궁중을 숙직하게 하고, 국왕의 행차가 있을 때 이들로써 호위하게 하니 민심이 점차 안정되었다.

– 서애집 –

봉수제

국가의 위급 상황을 알리고자 산꼭대기의 봉수대에 연기와 불을 피웠다. 위급 상황의 정도에 따라 1 ~ 5개의 봉수를 올렸다.

[16 경찰직 2차]

☑ 문과는 3년마다 시행하는 정기 시험인 식년시 외에도 증광시, 알성시 등의 부정기 시험이 있었다.

[18 서울시 7급]

☑ 소과의 초시 및 문과의 초시는 인구 비례에 따라 지역별로 합격자의 수를 할당하였다.

[23 지방직 9급]

☑ 조선시대 문과는 예조에서 주관하고, 정기 시험인 식년시는 3년마다 실시하였다.

[18 경찰직 1차]

☑ 문과(대과)의 복시에서는 33명을 이들은 다시 전시를 보았다.

[18 서울시 7급, 16 서울시 7급]

☑ 문과 합격자에게는 합격 증서에 해당하는 홍패를 수여했다.

[18 경찰직 1차]

☑ 무과는 문과처럼 대과와 소과의 구별은 없었으나, 초시·복시·전시를 가르치는 것은 문과와 마찬가지였다.

[15 법원직]

☑ 조선시대에는 재가한 여자의 자손, 서얼은 문과에 응시할 수 없었다.

[15 경찰직 3차]

☑ 조선시대 소과 합격자는 성균관에 입학하거나 문과에 응시할 수 있었으며, 하급관리가 되기도 하였다.

[16 경찰직 2차]

☑ 무과는 주로 서얼과 중간 계층이 응시하였는데, 최종 선발 인원은 28명이었다.

[15 경찰직 3차]

☑ 조선시대 기술관을 뽑는 잡과는 3년마다 치러지는데, 분야별로 정원이 있었다.

[17 법원직]

☑ 조선시대 2품 이상 고위 관리의 사손에게는 음서의 특혜가 주어졌다.

[13 기상직 9급]

☑ 조선시대에는 권력의 집중과 부정을 막기 위해 친인척을 같은 부서에 두지 않는 상피제가 실시되었다.

[23 계리직]

☑ 조선 시대 기술 교육은 잡학이라 불렀는데 해당 관서에서 가르쳤다.

[16 국가직 7급]

☑ 조선 전기에는 오위도총부가 군무를 통괄하였다.

[16 국가직 7급]

☑ 조선 전기에는 지방의 주요 거점을 중심으로 진관을 편제하였다.

[16 국가직 7급]

☑ 조선 전기의 잡색군은 생업에 종사하다가 일정 기간 군사 훈련을 받았다.

[18 법원직]

☑ 임진왜란 중 만들어진 훈련도감은 포수, 사수, 살수로 구성되었으며, 급료를 받는 군인이었다.

[15 경찰직 3차]

☑ 임진왜란 중 제승방략 체제가 폐지되고 속오법에 따라 지방군이 편제되었다.

[18 경찰직 3차]

☑ 1652년 남한산성에 수어청을 두고 광주 및 그 부근의 제진을 경비케 하였다.

[18 법원직]

☑ 속오군은 신분 구분 없이 노비에서 양반까지 편성되었다.

MEMO

IX

고대·고려
조선·근현대

구분	상대	중대	하대

불교

상대 — 삼국의 불교

고구려
- 전진 왕 부견이 사신과 승려 순도를 보내 불상과 경문을 보내 왔다. (소수림왕)

백제
- 침류왕(from 동진 by 마라난타)
- (日)에 불교전파(by 노리사치계)… 성왕

신라
- 왕 역시 불교를 일으키고자 했으나, 여러 신하가 믿지 않아 난감해 했다. 가까운 신하인 이차돈이 아뢰기를, "바라건대 소신의 목을 베어 여러 사람의 논의를 진정시키십시오."라고 했다. … 목을 베자, 잘린 곳에서 피가 솟구쳤는데 색깔이 우윳빛처럼 희었다. (법흥왕)
- 중국 유학을 마치고 귀국한 다음, 국왕에게 황룡사에 9층탑을 세울 것을 건의했다. 그가 9층탑 건립을 건의한 데에는 주변 나라의 침입을 막고자 하는 호국 정신이 담겨 있다. (자장)
- 귀산 등에게 말하기를 "세속에도 5계가 있으니, 첫째는 충성으로써 임금을 섬기는 것, 둘째는 효도로써 어버이를 섬기는 것, (중략) (원광)
- 왕이 수에 군사를 청하는 글을 요청하자, 원광법사는 "자기가 살기 위해 남을 멸망시키는 것은 승려가 할 일이 아니나, 제가 대왕의 땅에 살면서 수초(水草)를 먹고 있사오니 명령을 따르겠습니다." 라고 하였다. (걸사표)

고구려의 승려

혜량	• 신라 망명, 진흥왕 대 국통 • 팔관회 개최
혜자	쇼토쿠 태자의 스승
보덕	도교에 밀려 불교가 쇠퇴함을 개탄하였고, 후에 열반종을 제창하였다.

중대 — 통일신라의 승려

구분	원효(6두품)	의상(진골)
불교통합	종파 간 대립을 극복하기 위해 일심 사상과 화쟁사상을 제창하며 통일 직후 신라 불교계의 통합을 꾀하였다.	당에서 유학하고 돌아와 '모든 존재가 서로 의존하며 조화를 이루고 있다.'라는 사상을 강조하여 통일 직후 신라 사회를 통합하는 데 큰 역할을 하였다.
대중화	원효가 노래를 지어 세상에 퍼뜨렸다. …가난하고 무지한 사람들도 부처의 이름을 알게 되었고, 모두 '나무를 칭하게 되었으니 원효의 교화가 컸다. (정토종)	부석사를 중심으로 많은 제자를 양성하여 교단을 형성하고 각지에 사찰을 세웠다. 또한, 현세에서 겪는 고난을 구제받고자 하는 관음 신앙을 전파하였다.
저서	• 『십문화쟁론』 • 『금강삼매경론』 • 『대승기신론소』	• 『화엄일승법계도』 210개의 그림 · 글씨
기타	원효는 이미 계율 어겨 아들 총(聰)을 낳은 후에는 세속의 옷으로 바꿔 입고 스스로 소성거사라고 하였다. 『화엄경』의 "일체무애인(無㝵人)은 한 번에 생사를 벗어 난다."라는 구절에 나오는 무애라는 이름을 붙이고, 노래를 지어 세상에 퍼뜨렸다. (무애가) 그를 추모하는 비(고선사 서당 화상비)를 세웠으며, 1101년 8월 고려 숙종이 화쟁국사(和諍國師)라는 시호(諡號)를 추증 (追贈) 하였다.	왕이 황성을 쌓고자 하여 의상에게 의견을 묻자, "비록 들판의 초가집에 살아도 바른 도를 행하면 복업이 길어질 것이요, 그렇지 않으면 사람을 수고롭게 하여 애써 성(城)을 만들지라도 역시 이익이 없을 것입니다." 라고 하였다. (문무왕)

- 당에 유학하여 유식론을 독자적으로 발전시켰다. (원측)
- 인도와 중앙아시아 (서역) 여러 나라의 성지를 순례하고 풍물을 생생하게 기록한 『왕오천축국전』을 남겼다. (혜초)

발해의 불교

- 고구려 불교 계승
- 전륜성왕(문왕)

하대 — 풍수지리설 & 선종

구분	풍수지리설	선종
성격	도참사상과 결합	참선 수행, 실천적
전래	도선(신라 하대)	도의(신라 중대)
공통점	• 경주를 중심으로 한 국토 관념을 비판하면서 지방을 중심으로 국토를 재편성할 것을 주장하였다. 이는 신라 중앙 정부의 권위와 통제력을 약화시켰으며, 각 지방에서 호족이 나타나게 된 사상적 근거로 제시되었다. (풍수지리설) • 개인적 정신 세계를 추구하는 경향이 강하였기 때문에 지방에서 독자적인 세력을 이루어 성주나 장군을 자처하던 자들로부터 큰 호응을 받았다. (선종)	

승탑

- 선종
- 팔각원당형
- 쌍봉사 철감선사 승탑

[17 서울시 7급]

☑ 고구려의 승려 보덕은 도교에 밀려 불교가 쇠퇴함을 개탄하였고, 후에 열반종을 개창하였다.

[18 경찰직 3차]

☑ 원광이 세속오계를 정하고, 수나라에 군사를 청하는 표문을 작성했다.

[19 지방직 9급]

☑ 신라 승려 자장은 대국통에 임명되어 출가자의 규범과 계율을 주관하였다.

[17 서울시 7급]

☑ 백제의 겸익은 인도에서 율장을 가지고 돌아와 계율종을 전파하였다.

[19 서울시 9급]

☑ 신라 승려 원측은 당나라에 가서 유식론을 발전시켰다.

[17 경찰직 1차]

☑ 원효는 대중에게 '나무아미타불'을 염불하면 극락세계에 간다고 주장하였다.

[16 경찰간부직]

☑ 원효는 신라 왕실 중심의 귀족 불교 대신에 정토종을 보급하여 불교를 대중화하는데 크게 공헌하였다.

[14 지방직 7급, 18 기상직 9급, 21 경찰직 2차]

☑ 원효는 『금강삼매경론』, 『대승기신론소』 등을 저술하여 불교의 사상적 이해 기준을 확립하였다.

[17 경찰직 2차]

☑ 원효는 다른 종파들 간의 사상적 대립을 조화시키고 분파 의식을 극복하기 위해 『십문화쟁론』을 저술하였다.

[21 경찰직]

☑ 원효는 화쟁국사라는 시호를 받았다.

[16 경찰간부직, 21 경찰간부직]

☑ 의상은 화엄 사상을 바탕으로 교단을 형성하여 많은 제자를 양성하고, 부석사 등의 여러 사찰을 건립하였다.

[19 지방직 7급]

☑ 원효는 저잣거리에서 '무애가'를 부르면서 대중을 교화하였다.

[15 국가직 9급]

☑ 의상은 국왕이 큰 공사를 일으켜 도성을 새로이 정비하려 할 때 백성을 위해 이를 만류하였다.

[17 경찰직 2차, 21 지방직 9급, 21 경찰간부직, 24 법원직]

☑ 혜초는 인도와 중앙아시아 등의 성지를 순례하고 『왕오천축국전』을 남겼다.

[18 지방직 9급]

☑ 신라 하대에는 선종 불교의 영향을 받아 쌍봉사 철감선사탑 등의 승탑이 만들어졌다.

[16 국가직 9급]

☑ 풍수지리설은 신라 말기에 호족이 자기 지역의 중요성을 자부하는 근거로 이용하였다.

유교

상대

유교 교육

고구려	• 태학(유교경전, 귀족자제) └ 중앙, 소수림왕, 관립 • 경당(한학·무술교육, 평민) └ 지방, 장수왕, 사립
백제	• 박사(오경·의·역박사)
신라	• 화랑 2명이… 『시경』『상서』『예기』『춘추전』등을 차례로 3년 안에 습득할 것을 맹세하였다. 임신서기석

역사서(현존 X)

• 『신집』 5권(이문진, 영양왕)
  └ 『유기』(100권) 요약
• 『서기』(고흥, 근초고왕)
• 『국사』(거칠부, 진흥왕)

중대

국립교육기관

• 국학(통일신라, 9년제)

신문왕	설립
성덕왕	문묘 설치 └ 공자와 72제자 초상화 안치
경덕왕	국학을 태학으로 고치고, 박사와 조교를 두어 논어와 효경 등의 유교 경전을 가르쳤다.

• 주자감(발해)

유학자

진골	김대문	• 신라문화의 주체적 인식 • 『화랑세기』『고승전』, • 『한산기』『계림잡전』
6두품	강수	• 불교 비판(세외교) • 『청방인문표』 └ 김인문을 보내줄 것을 청하는 글 • 외교 문서 작성에 뛰어난 재능을 보인 6두품 출신이다. 신라에 유교적 문장과 외교문서를 도입하는 데 크게 기여했으며, 『답설인귀서』와 같은 외교문서는 그의 뛰어난 수사학적 능력을 보여주는 대표적 유산으로 평가 된다.
	설총	• 이두 집대성 • 『화왕계』 to 신문왕

하대

독서삼품과

• 원성왕
• (국학의) 학생은 글을 읽어 세 등급으로 벼슬길에 나아갔다. 『춘추좌씨전』이나 『예기』 또는 『문선』을 읽어 통달하고 『논어』와 『효경』에도 밝은 자를 상(上)으로, 『곡례』『논어』『효경』을 읽은 자를 중(中)으로, 『곡례』『효경』을 읽은 자를 하(下)로 하였다. 오경과 삼사와 제자백가의 책을 모두 통달한 자는 등급을 넘어 발탁하였다.
• 학문보급에 기여했으나 실패 골품제

도당유학생

최치원

• 당나라의 빈공과에 급제하고 문장가로 이름을 떨친 후 귀국하여 개혁안 10여 조를 건의하였다. 진성여왕
• 『4산비문』: 최치원이 지은 비문 중 가치가 높은 4편
  └ 낭혜화상비(6두품을 득난이라 표현)
• 『계원필경』
  └ 최고(最古) 최초 개인문집
• 『토황소격문』
• 『해인사 묘길상탑지』: 탑의 건립사유 밝힘
  └ "전쟁과 흉년의 재앙이 서쪽(중국)에서는 멈추었으나 동쪽(신라)으로 오니…"

도교

구분	고구려	백제	남북국	고려	조선
• 불로장생과 신선이 되기를 추구하는 도교는 삼국에 전래되어 귀족사회를 중심으로 유행했으며 예술에도 많은 영향을 주었다. 도교	왕에게 아뢰었다. "삼교는 솥의 발과 같아서 하나라도 없어서는 안됩니다. 지금 유교와 불교는 모두 흥하는 데 도교는 아직 번성하지 않으니, 소위 천하의 도술(道術)을 갖추었다고 할 수 없습니다. 엎드려 청하오니 당에 사신을 보내 도교를 구해와서 나라 사람들을 가르치게 하소서." 연개소문 • 사신도(강서대묘) └ 사후세계를 지켜준다는 믿음	• 금동대향로(부여) • 산수무늬 벽돌 • 사택지적이 말년에 이르러 지난 날의 영광과 세월의 덧없음을 한탄하여, 불교에 귀의하였다. 사택지적비(의자왕)	• 최치원은 난랑비(鸞郎碑) 서문에서 우리 나라에는 현묘한 도가 있으니 풍류(風流)라 일컬었다. … 실로 이는 삼교(유·불·선)를 포함하고 중생을 교화한다. 최치원의 '난랑비 서문'	• 국가와 왕실의 안녕과 번영을 기원하기 위해 행해졌다. 초제 • 팔관회 └ 개경(11월), 서경(10월) • 예종 15년(1120)에 북송으로부터 도교를 도입하여 개경 북쪽에 도관(道觀)인 복원궁을 세웠고, 초제를 올렸다. 도관	• 소격서(도교 행사주관) └ 조광조가 폐지 • 강화도 마니산 참성단(초제) └ 일월성신에게 제사

[19 기상직 9급]

☑ 연개소문은 숙달 등 8명의 도사를 맞아들이고 도교를 육성하였다.

[14 지방직 9급]

☑ 사택지적비를 통해 당시 백제가 도가(道家)에 대한 이해를 하고 있었음을 알 수 있다.

[14 경찰직 2차]

☑ 임신서기석을 보면 신라에서도 청소년이 유교 경전을 공부하였던 사실을 알 수 있다.

[18 경찰직 1차]

☑ 경덕왕 때 국학을 태학감으로 고치고 박사와 조교를 두어 유교 경전을 가르쳤다.

[17 국가직 9급, 25 국가직 9급]

☑ 원성왕 때 유교 경전의 이해 수준에 따라 관리를 등용하는 독서삼품과를 실시하였다.

[18 서울시 7급]

☑ 고구려는 일찍부터 『유기』가 편찬되었는데, 영양왕 때 이문진이 이를 추려 『신집』 5권을 편찬하였다.

[16 경찰직 1차, 22 서울시]

☑ 통일신라의 김대문은 『화랑세기』, 『고승전』을 편찬하였다.

[17 국가직 9급]

☑ 6두품 출신의 설총은 이두를 정리하였으며, 신문왕에게 「화왕계」라는 글을 바쳤다.

[16 경찰직 2차]

☑ 강수는 외교 문서를 잘 지은 문장가로 유명하며, 불교를 세외교(世外敎)라고 비판하였다.

[16 국가직 7급, 13 국가직 7급]

☑ 최치원은 난랑비 서문에서 도교와 불교에도 조예가 깊은 삼교 회통의 사상을 보여주었다.

[20 국가직 9급, 18 서울시 9급]

☑ 최치원은 당에서 귀국하여 진성여왕에게 시무 10여조를 올려 개혁을 요구하였다.

[24 국가직 9급]

☑ 최치원의 4산비문 중 하나로 낭혜화상의 탑비가 있다.

[18 지방직 9급]

☑ 예종 때 도교 사원인 복원궁을 세워 초제를 지냈다.

[17 국가직 9급]

☑ 도교는 하늘에 제사 지내는 초제의 사상적 근거가 되었다.

[13 국가직 7급]

☑ 조선 초기에는 소격서라는 관청을 두고 일월성신에 대한 제사로서 초제를 주관하게 하였다.

고대의 고분 양식 변화

구분	백제	고구려	신라	통일신라
고분				

계단식 돌무지 무덤
(지배층 동일)

한성(서울 석촌동 고분)

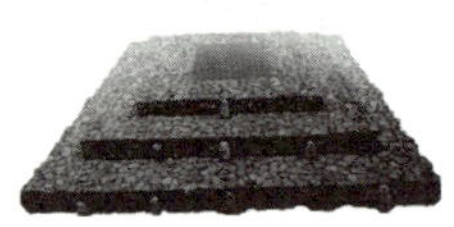

웅진(공주 송산리 고분)

· 굴식 돌방무덤(송산리 고분 1 ~ 5호)
· 벽돌무덤(송산리 고분 6호 · 7호)
  └ 벽화(사신도) ┘ └ 벽화 X

무령왕릉 [송산리 7호분]

· 연도(羨道)와 현실(玄室)을 아치형으로 조성한 벽돌무덤이다. 이 무덤에서 금송(金松)으로 만든 왕과 왕비의 관(棺)을 비롯하여 많은 부장품을 출토하였다. 중국 남조 양나라나 왜와의 교류를 짐작케하는 무덤이다.
· 묘지석 '영동대장군 백제사마왕'

초기

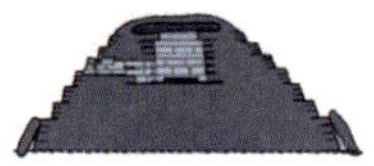

· 장군총
  └ 7층의 계단식 돌무지무덤

마립간 시기

돌무지 덧널무덤

· 천마총, 호우총, 황남대총
  └ 금관
· 껴묻거리
  └ 천마도 (벽화 X)

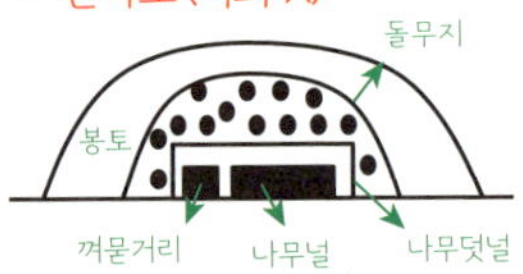

봉토 / 껴묻거리 / 나무널 / 나무덧널 / 돌무지

무덤 양식 비교

구분	벽화	도굴 추가매장
돌무지	X	X
굴식돌방 · 벽돌	O	O
돌무지 덧널	X	X

발 해

정혜공주묘	정효공주묘
· 발해 문왕(대흠무)의 딸로 그녀의 묘지에서는 묘지명이 발굴되어 생활상과 사상, 문화 수준을 엿볼 수 있게 해준다. 또한 묘의 구조가 굴식 돌방무덤으로 되어 있어 고구려계 전통이 유지되고 있었음을 확인할 수 있다.	· 문왕의 넷째 딸 정효공주의 묘는 벽돌 무덤으로 당나라 양식과 천장의 공간이 줄어드는 고구려 양식이 혼합된 무덤이다. 동 · 서, 북벽에 12명의 인물을 그린 벽화가 남아있다. 이 무덤에서 발견된 묘지(墓誌)에는 정효공주의 가족관계 문왕의 손호, 능이 기록되어 있다.
굴식 돌방무덤(고구려)	벽돌무덤(당)
모줄임 천장구조	평행고임 천장구조
돌사자상	벽화(인물도)
묘지석	

굴식 돌방무덤
(돌로 널방 and 흙으로 덮어 봉분)

사비(부여 능산리 고분)

양돌방 / 널방

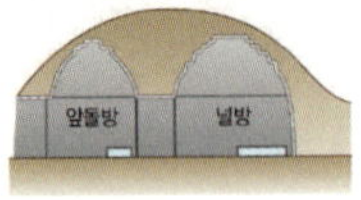

· 규모가 굴작식지돌만방 세무련덤

후기

양돌방 / 널방

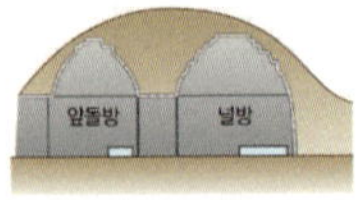

· 초기에는 생활상을 표현한 그림이 많았지만 후기로 갈수록 추상화되었다.
  벽화변화

한강 진출 이후

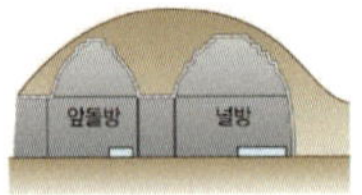

양돌방 / 널방

둘레돌, 12지 신상

양돌방 / 널방

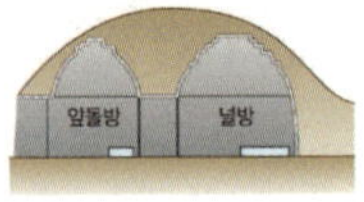

불교식 화장

[20 경찰직 1차]

☑ 고구려 초기에는 돌무지무덤이 유행했는데, 이른 시기의 것들은 단순히 돌무지였지만 점차 기단을 만들고 피라미드 형태로 정교하게 돌을 쌓아 올렸다.

[18 교육행정직]

☑ 고구려 장군총은 돌무지무덤 양식으로 벽화가 발견되지 않는다.

[20 경찰직 1차]

☑ 고구려의 고분 벽화는 초기에는 생활상을 표현한 그림이 많았지만 후기로 갈수록 추상화되었다.

[20 경찰직 1차, 21 경찰간부직]

☑ 무령왕릉과 송산리 6호분은 중국 남조의 영향을 받은 벽돌 무덤이다.

[15 서울시 7급]

☑ 무령왕릉에서는 무덤의 주인을 알려주는 지석과 일본에서 가져온 금송으로 만든 관이 발견되었다.

[18 경찰직 2차]

☑ 무령왕릉에서는 금제 관장식과 돌짐승이 나왔다.

[16 경찰간부직, 21 경찰간부직]

☑ 송산리 6호분의 벽돌무덤은 사신도 벽화의 흔적이 남아 있다.

[19 경찰간부직]

☑ 돌무지 덧널 무덤은 구조상 널방이 없어 벽화를 그릴 수가 없었다.

[15 지방직 7급]

☑ 천마총은 돌무지덧널무덤으로 도굴이 어려워 많은 껴묻거리가 발견되었다.

[15 기상직 7급]

☑ 굴식돌방무덤은 봉토 주위를 둘레돌로 두르고 12지신상을 조각하였다.

[20 경찰직 1차]

☑ 신라의 돌무지덧널무덤은 고구려와 백제의 영향을 받지 않았다.

[19 서울시 7급]

☑ 계단식 돌무지무덤은 백제의 건국 세력이 고구려와 같은 계통이라는 사실을 뒷받침한다.

[15 경찰직 2차]

☑ 통일 신라 시대에는 불교의 영향으로 화장이 유행하였고, 고분 양식도 돌무지덧널무덤에서 점차 규모가 작은 굴식돌방무덤으로 바뀌었다.

[18 경찰직 2차]

☑ 정혜공주묘는 굴식 돌방무덤으로 돌사자상이 발견되었다.

[18 경찰직 2차]

☑ 정효공주의 무덤에서는 인물 벽화와 함께 죽은 자의 가족 관계를 기록한 묘지가 나왔다.

[24 서울시 2회]

☑ 문왕 대에 정혜공주묘와 정효공주묘가 만들어졌다.

구분	삼국시대			남북국 시대	
	고구려	백제	신라	통일신라	발해
건축	· 졸본(오녀산성, 주몽) → 국내성(유리왕) → 평양성(장수왕)	**한성** · 풍납토성 · 몽촌토성 **웅진 (공주)** · 공산성 · 송산리 고분 **사비 (부여)** · 부소산성 · 능산리 고분 · 금동대향로 · 목탑의 모습이 남아 있는 석탑이다. 균형미가 뛰어난 석탑으로 한때 평제탑이라고 불리었다. 정림사지 5층 석탑	· 황룡사(진흥왕) **선덕여왕** · 첨성대 └ 동양 最古 · 영묘사 · 분황사	· 석굴암은 경덕왕 10년(751년)에 창건되었다. 김대성이 현세의 부모를 위하여 불국사를 세우고 전생의 부모를 위하여 석불사(석굴암)을 세웠다고 전해진다. 불국사는 통일 신라의 김대성이 주도하여 불국토(부처의 나라)를 현세에 구현하려는 염원을 담아 건축하였다. 불국사 · 석굴암(경덕왕)	· 상경성의 주작대로(당) · 온돌장치(고구려)
탑		**익산** **미륵사지 모목 석탑** · 우리 왕후께서 좌평 사택적덕의 따님으로 지극히 오랜 세월에 선인(善因)을 심어 이번 생에 뛰어난 과보를 받아 만민을 어루만져 기르시고 삼보(三寶)의 동량(棟梁)이 되셨기에 능히 가람을 세우시고, 기해년 정월 29일에 사리를 받들어 맞이하셨다. ── 세계문화유산 백제 역사유적지구	· 신인(神人)이 말하기를, "황룡사의 호법룡은 나의 아들로서 범왕(梵王)의 명을 받아 그 절을 보호하고 있으니, 본국에 돌아가 그 절에 탑을 세우시오. 그렇게 하면 이웃 나라가 항복하고 구한(九韓)이 와서 조공하여 왕업이 길이 태평할 것이오."라고 하였다. … 백제에서 아비지(阿非知)라는 공장을 초빙하여 이 탑을 건축하고 용춘이 이를 감독했다. 황룡사 9층 목탑 · 분황사 모전 석탑 └ 석재를 벽돌모양으로	**석탑 (이중기단, 3층)** · 감은사지 3층 석탑(신문왕) · 불국사 3층 석탑[석가탑] └ 다라니경 (현존 最古 목판) · 진전사지 3층 석탑(신라하대) └ 기단 · 탑신 부조 불상	· 발해 영광탑(벽돌탑, 당)
불상	· 연가 7연명 금동여래 입상	· 서산 마애 삼존불(백제의 미소)		· 법주사 쌍사자 석등(보은) · 석굴암 본존불	· 이불병좌상(고구려)
		금동 미륵보살 반가 사유상			

[24 국가직 9급]
☑ 미륵사지 석탑은 목탑의 양식을 간직한 현존 최고(最古)의 석탑이다.

[16 서울시 7급, 21 경찰간부직]
☑ 발해의 영광탑은 당나라 영향을 받은 석탑이다.

[19 국가직 9급]
☑ 익산 미륵사지 석탑에서는 백제 무왕의 왕후가 넣은 사리기가 발견되었다.

[16 경찰간부직]
☑ 불국사 3층 석탑에서 발견된 『무구정광대다라니경』은 목판으로 인쇄되었다.

[24 국가직 9급]
☑ 분황사지 석탑은 돌을 벽돌 모양으로 만들어 쌓은 모전 석탑이다.

[15 서울시 7급]
☑ 백제 무왕은 익산에 미륵사를 창건하였다.

[19 경찰직 2차, 21 경찰간부직]
☑ 발해에서는 불교가 장려됨에 따라 이불병좌상 등의 불상이 제작되었다.

[13 국가직 7급]
☑ 통일신라 시대의 석탑은 2중 기단 위에 몸체를 3층으로 세우는 양식이 유행하였다.

[20 경찰직 1차]
☑ 법주사 쌍사자 석등은 통일 신라 시대를 대표하는 석등이다.

[16 사회복지직]
☑ 백제에서 제작해 왜에 보낸 칠지도는 강철로 만들고 금으로 글씨를 상감해 새겨 넣었다.

[18 기상직 9급, 16 경찰간부직]
☑ 부여 능산리 고분군 옆 절터에서 백제 금동 대향로가 출토되었다.

[18 서울시 7급]
☑ 다카마쓰 무덤에서 발견된 벽화를 통해 고구려 문화가 일본에 영향을 미쳤음을 알 수 있다.

[18 서울시 7급]
☑ 고구려의 승려 혜자는 쇼토쿠 태자의 스승이 되었다.

[17 지방직 9급]
☑ 백제의 왕인은 일본에 건너가 천자문과 논어를 전하고 가르쳤다.

[18 서울시 7급]
☑ 신라인들은 배를 만드는 조선술과 제방을 만드는 축제술을 일본에 전해주었다.

[21 국가직 9급]
☑ 백제의 노리사치계가 일본에 불경과 불상을 전하였다.

	1046 (문종 즉위)	**1170** (무신정변)	**1270** (개경환도)	**1392** (조선 건국)

구분	고려 초기 (호족)	고려 중기 (문벌귀족)	무신집권기 (무신)	원간섭기 · 고려 말기 (권문세족 · 신진사대부)	조선시대 (관학파)

불교

광종의 불교정비
- 승과(교종시 · 선종시), 왕사 · 국사
  - └ 탄문 · 혜거

균여
- 고려 초기에 귀법사의 주지를 역임하였고, 남악파와 북악파의 통합을 위해 인유(仁裕)와 함께 큰 사찰의 승려를 찾아가 설득하여 화엄종파의 분쟁을 종식시켰다.

- 법안종 중심의 선종통합시도
- 천태종을 바탕으로 교종과 선종통합

교종 · 선종 통합(의천 · 지눌)

의천(대각국사)
- 문종의 넷째 아들로 출가하여 영통사에 거처하였다.
- 의천이 불전과 경서 1,000권을 바치고, 또 흥왕사에 교장도감을 둘 수 있기를 아뢰었다. 요와 송에서 책을 사들여 4,000권에 이를 정도로 많았는데 죄다 간행하였으며, 교장
- 교학(불교의 이론적교리 공부)과 선(실천적 수행)을 함께해야 한다. 교관겸수
- 교를 배우는 이는 대개 안의 마음을 버리고 외면에서 구하고, 선을 익히는 이는 인연을 잊고 안의 마음을 밝히기를 좋아하니, 모두 한 쪽에 치우친 것으로 두 극단에 모두 막힌 것이다 내외겸전

지눌(보조국사)
- 단박에 깨달음을 얻고 깨달은 후에도 꾸준히 수행해야 한다고 주장하였다. 돈오점수
- 깨달음을 얻기 위해 참선을 하되 교리 공부를 함께할 것을 제안하였다. 정혜쌍수
- 조계종(송광사, 교선통합)
  - └ 선종중심, 교리통합(선교일치)

원간섭기 불교 부패
- 권문세족 결탁
- 사원수공업

↓

보우
- 임제종 도입
- 불교계 폐단을 개혁하기 위해 9산 선문의 통합을 주장하였다.

불교 억제
- 도첩제(태조 실시, 성종 폐지)
- 교단 정리(교 18 · 선 18, 세종)

↕

불교 허용
- 내불당(세종)
- 간경도감 · 원각사(세조)
- 보우 중용(명종)

무신집권기 신앙결사운동

지눌의 수선사 결사[정혜결사]
- └ 순천 송광사
- 명예와 이익을 버리고 산림에 은둔하여 항상 선정을 익히고 지혜를 고루기에 힘쓰며, 예불과 독경을 하고 나아가서는 노동에도 힘을 쏟자.

혜심
- 나는 옛날 공의 문하에 있었고 공은 지금 우리 수선사에 들어왔으니, 공은 불교의 유생이요, 나는 유교의 불자입니다. …(중략)… 유교와 불교는 다름이 없다고 보아야 하지 않겠습니까?

요세의 백련사 결사
- └ 강진 만덕사
- 『묘종초』를 설법하기 좋아하여 언변과 지혜가 막힘이 없었고, 대중에게 참회를 닦기를 권하였다. … (중략)…대중의 청을 받아 교화 시키고 인연을 맺은 지 30년이며, 결사에 들어온 자들이 3백여명이 되었다.

대장경

초조대장경(현종)
- └ 경 · 율 · 논
- 고려 최초의 대장경으로 거란의 침입을 받았던 현종 때 부처의 힘을 빌려 이를 물리치려는 염원에서 만들기 시작하였다.

재조대장경[팔만대장경](고종)
- 몽골 격퇴 염원(1236 ~ 1251 간행) 세계 기록유산
- 대장도감을 설치하여 16년에 걸쳐 판각하였다.

해인사 장경판전(세조)
- 팔만대장경 보관
- 세계 문화유산

[21 국가직 9급]

☑ 고려 광종 때 균여를 귀법사 주지로 삼아 불교를 정비하였다.

[18 국가직 9급]

☑ 팔관회는 10월 또는 11월 보름에 개최되었으며, 토속신에게도 제사를 지냈다.

[17 법원직]

☑ 고려 시대에 팔관회는 외국 상인에게 무역의 장이 되기도 하였다.

[16 경찰직 1차]

☑ 고려 초기에 균여는 화엄 사상을 정비하고 보살의 실천행을 폈다.

[24 서울시 1회]

☑ 의천은 천태종을 개창하였고, 교종을 중심으로 선종을 통합하고자 하였다.

[17 교육행정직, 24 법원직]

☑ 대각국사 의천은 이론의 연마와 실천을 강조하는 교관겸수를 제창하였다.

[18 계리직, 25 국가직 9급]

☑ 요세는 만덕사에서 백련사를 결성하고 정토 신앙을 강조하였다.

[14 기상직 9급]

☑ 해동 천태종은 왕실의 후원을 받았고, 조계종은 무신 정권의 후원을 받았다.

[17 서울시 7급, 25 국가직 9급]

☑ 의천은 송, 요, 일본의 불교 서적을 모아 『신편제종교장총록』을 집필하였다.

[17 서울시 9급, 22 간호직]

☑ 지눌은 깨달은 후에도 꾸준한 실천이 필요하다는 돈오점수를 중시하였다.

[24 서울시 1회, 25 국가직 9급, 25 지방직 9급]

☑ 지눌은 돈오점수와 정혜쌍수를 바탕으로 결사운동을 전개하였다.

[20 소방직]

☑ 의천은 교장(속장경)의 제작에 주도적으로 참여하였다.

[15 경찰간부직, 18 경찰간부직, 20 지방직 7급, 24 법원직, 25 국가직 9급, 25 지방직 9급]

☑ 혜심은 유불일치설을 주장하며 심성의 도야를 강조하여 장차 성리학을 수용할 수 있는 사상적 토대를 마련하였다.

[19 지방직 9급, 25 지방직 9급]

☑ 보우는 원의 불교인 임제종을 들여와서 전파시켰다.

[16 경찰직 1차, 20 소방직]

☑ 지눌은 승려 본연의 자세로 돌아가 독경과 선 수행, 노동에 고루 힘쓰자는 개혁 운동인 수선사 결사를 제창하였다.

[16 경찰직 1차, 17 서울시 9급]

☑ 공민왕 때 개혁 정치를 추진한 보우는 9산 선문의 통합을 주장하였다.

[16 경찰직 1차, 16 서울시 9급]

☑ 『초조대장경』은 현종 때 부처의 도움으로 거란을 퇴치하려고 만든 목판 인쇄본이다.

[16 서울시 9급]

☑ 의천은 송과 요의 대장경 주석서를 모아 『교장』을 편찬하였다.

[24 지방직 9급]

☑ 『재조대장경』은 몽골의 침략을 물리치려는 염원을 담고 있다.

[19 기상직 9급]

☑ 『초조대장경』은 대구 부인사에 보관되었으나 몽골 침입 때 소실되었다

[21 지방직 9급]

☑ 최우 정권 강화도에 대장도감을 설치하여 『재조대장경』을 만들었다.

[17 서울시 9급]

☑ 세조 때 간경도감을 만들어 『월인석보』를 언해하여 간행하였다.

[22 법원직]

☑ 세종은 불교 종파를 선교 양종으로 병합하였다.

[21 경찰직 1차]

☑ 성종 때 도첩제를 폐지하였다.

[19 국가직 7급]

☑ 명종 때 불교를 숭신하여 선교 양종이 부활되고 승과를 실시하였다.

52 고려의 유학·역사서

1046 (문종 즉위) · 1170 (무신정변) · 1270 (개경환도) · 1351 (공민왕 즉위)

구분	고려 초기 (호족)	고려 중기 (문벌귀족)	무신집권기 (무신)	원간섭기 (권문세족)	고려 말기 (신진사대부)

유학

고려 초기 (호족)

광종

- 과거(쌍기 건의)

성종

- 박사파견(12목)
  - 경학·의학박사
- 불교를 행하는 것은 몸을 닦는 근본이며, 유교를 행하는 것은 나라를 다스리는 근원이니 몸을 닦는 것은 내생을 위한 것이며, 나라를 다스리는 것은 오늘의 할 일입니다.
  최승로 시무 28조

고려 중기 (문벌귀족)

사학의 융성

문종

최충이 후진들을 모아 열심히 교육하니, 유생과 평민이 그의 집과 마을에 차고 넘치게 되었다. 마침내 9재로 나누었다. … 이를 시중 최공의 도라고 불렀다. 의관자제로서 과거에 응시하려는 자들은 반드시 먼저 이 도에 속하여 공부하였다. … 세상에서 12도라고 일컬었는데, 최충의 도가 가장 성하였다.
최충의 9재학당(문헌공도)

VS

(전기)관학 진흥책

국자감 정비

- 서적포(서적간행, 숙종)
- 양현고(장학재단, 예종)

국학 7재(예종)

- 7재의 전문강좌를 두어 국자감 교육 강화

경사 6학(인종)

- 국자감의 교육제도
- 유학 + 기술학 (율학·서학·산학)

무신집권기 (무신)

최우

일종의 문인들의 숙위 기구로서 최우는 문인들을 숙위하게 하고 문한작성 등 국정에 대해 자문을 받았다. 서방

원간섭기 ~ 고려 말기

(후기)관학 진흥책

충렬왕

원에서 크게 성행하고 있었던 성리학을 국내에 소개하였으며, 중국 강남에 사람을 보내 공자와 제자들의 초상화 및 문묘에서 사용할 제기와 서적 등을 구해 오게 하였다. "내 일찍이 중국에서 주자가 쓴 책을 보니 성인의 도를 밝히고 불교의 가르침을 물리친 공로가 공자와 짝할 만하였다.
안향(성리학 도입)

충선왕

원의 수도에 있는 저택에 만권당을 지었다. 그 당시 저명한 학자들인 염복·요수·조맹부·우집 등을 초청하여 교류하며 학문을 연구하는 것으로 즐거움을 삼았다.
이제현(만권당)

공민왕

성균관을 다시 정비하고 이색을 판개성부사 겸 성균대사성으로 삼았다. …이색이 다시 가르치는 방법을 정하고 매일 명륜당에 앉아서 경전을 나누어 수업하였는데, 강의를 마치면 함께 논쟁하느라 지루함을 잊을 정도였다.

역사서

고려 중기

삼국사기(인종)

- 삼국의 고기(古記)는 문체가 거칠고 졸렬하며 빠진 부분이 많으므로, 이런 까닭에 임금의 선과 악, 신하의 충과 사악, 국가의 안위 등에 관한 것을 다 드러내어 그로써 후세에 권계(勸戒)를 보이지 못했다. 마땅히 일관된 역사를 완성하고 만대에 물려주어 해와 별처럼 빛나도록 해야 하겠다."라고 하셨습니다.
- 신라의 박씨, 석씨는 모두 알에서 태어났고, 김씨는 금으로 된 상자에 하늘에서 내려 왔다거나 금으로 된 수레를 탔다고도 한다. 이는 너무 괴이해서 믿을 수 없다. 유교적 합리주의

민족·자주의식

동명왕편

처음에는 믿지 못하고 귀신이나 환상이라고만 생각하였는데, 두세번 반복하여 읽어서 점점 그 근원에 들어가니 환상이 아닌 성스러움이며, 귀신이 아닌 신성한 이야기였다.

해동고승전

- 각훈
- 우리나라 고승에 관한 이야기

삼국유사(충렬왕)

삼국의 시조들이 모두 신이(神異)한 일로 탄생했음이 어찌 괴이하겠는가. 이것이 책 첫머리에 『기이(紀異)』편이 실린 까닭이며, 그 의도도 여기에 있는 것이다.

제왕운기(충렬왕)

신이 편수하여 두 권으로 나누어 깨끗이 써서 바칩니다. …(중략)… 중국은 반고로부터 금까지, 동국은 단군으로부터 우리 본조까지 그 시작한 근원을 책에서 두루 찾아내어, 같고 틀림을 비교하여 그 요긴함을 추려 풍영(諷詠)으로 시를 지으니 서로 계승하고 주고 받으며 일어남이 손바닥을 가리키듯 분명합니다.

고려 말기

사략

- 고려 후기 시중을 역임한 이제현이 고려 숙종(肅宗) 때까지의 역사를 편년체로 기술한 통사(通史)이다.
- "이제현이 국사를 편찬하고 『사략』이라 이름 붙여, 다스려지고 어지러지는 것과 흥하고 쇠퇴하는 대개를 약술했으니, 당시의 귀감을 삼고자 함이었다."

[21 국가직 9급]
- ☑ 안향은 원 간섭기에 성리학을 국내로 소개하였다.

[18 지방직 7급]
- ☑ 이색은 정몽주, 권근, 정도전 등을 가르쳐 성리학을 더욱 확산시켰다.

[22 서울시]
- ☑ 이색은 공민왕이 중영한 성균관의 대사성이 되었다.

[16 기상직 9급]
- ☑ 성리학을 수용한 신진 사대부는 『소학』과 『주자가례』를 중시하고 권문세족과 불교의 폐단을 비판하였다.

[19 국가직 7급]
- ☑ 성리학을 처음 소개한 안향을 배향하기 위해 설립된 서원은 뒤에 조선 최초의 사액서원이 되었다.

[19 국가직 7급]
- ☑ 이제현은 충선왕이 세운 만권당에서 조맹부 등의 원의 학자들과 교류하였다.

[15 경찰직 2차, 16 경찰간부직]
- ☑ 국자감에는 율학, 산학, 서학과 같은 기술학부와 국자학, 태학, 사문학 등의 유학부가 있었다.

[15 지방직 9급]
- ☑ 최충이 세운 9재학당은 9경과 3사를 중심으로 교육하였다.

[22 법원직]
- ☑ 고려 예종은 양현고를 설치하여 관학을 진흥하였다.

[15 경찰직 2차]
- ☑ 고려 예종 때 전문 강좌인 7재를 설치하였다.

[15 경찰직 2차]
- ☑ 고려 충렬왕 때 양현고의 부실을 보충하기 위해 섬학전을 설치하였다.

[21 지방직 9급]
- ☑ 『삼국유사』는 불교를 중심으로 신화와 설화를 정리하였다.

[17 경찰직 2차]
- ☑ 『삼국사기』는 현존하는 가장 오래된 역사서로 기전체로 기술되어있다.

[17 경찰직 2차]
- ☑ 『삼국사기』는 유교적 합리주의 사관에 기초하여 신이 사관을 배격하였다.

[12 국가직 9급, 16 국가직 9급]
- ☑ 김부식의 『삼국사기』는 고구려 계승 의식보다는 신라 계승 의식이 좀 더 많이 반영되었다고 평가된다.

[20 국가직 9급]
- ☑ 민족적 자주 의식을 반영한 고려 후기 역사서로 『해동고승전』, 『제왕운기』, 『삼국유사』가 있다.

[19 서울시 9급]
- ☑ 각훈은 삼국시대 이래 승려들의 전기를 정리하여 『해동고승전』을 지었다.

[14 사회복지직, 16 지방직 9급]
- ☑ 이규보는 동명왕의 업적을 칭송한 영웅 서사시인 『동명왕편』을 저술하였다.

[23 지방직 9급]
- ☑ 이규보는 『삼국사기』에 동명왕의 신이한 사적이 생략되어 있다고 평하였다.

[18 경찰간부직]
- ☑ 『제왕운기』는 충렬왕 때 이승휴가 기록한 역사서로 7언시 또는 5언시로 되어 있으며 단군 신화와 발해를 기술하였다.

[20 국가직 9급]
- ☑ 이제현이 저술한 『사략』은 성리학적 유교 사관이 반영되어 대의명분을 강조하였다.

[20 국가직 9급]
- ☑ 『제왕운기』는 원 간섭기에 중국과 구별되는 우리 역사의 독자성을 강조하였다.

[18 교육행정직]
- ☑ 『삼국사기』는 기전체로 서술되었으며 본기, 연표, 지, 열전으로 구성되어 있다.

[24 서울시 1회]
- ☑ 일연은 불교사를 중심으로 설화와 야사를 수록한 역사책을 저술하였다.

구분	고려 전기	고려 후기			
문학		**가전체 문학** · 사물 의인화, 교훈적 · 술 ┌ 이규보『국선생전』 　　└ 임춘『국순전』	**패관문학** ·『역옹패설』(이제현) ·『백운소설』(이규보)	**고려가요** · 서민생활, 자유로운 형식	**경기체가** · 신진사대부
회화		·『천산대렵도』(공민왕) └ 원대 북화의 영향	· 불화(양류관음도, 사경화) 혜허, 日에 현존 └ 경전 표지에 그림으로 내용 설명		
서예	· 구양순체(탄연)	· 송설체(이암)			
	· 신품 4현(김생, 유신, 탄연, 최우) └ 통일신라				
음악	· 아악(宋대성악 영향, 궁중) └ 제례음악	· 향악(고유음악, 민간)			

건축 & 조각

불상

이 시기의 불교 조각은 지역에 따라 다양하게 제작되었다. 처음에는 하남 하사창동의 철조 석가여래 좌상과 같은 대형 철불이 많이 제작되었다. 또한 덩치가 큰 석불이 유행하였는데, 논산 관촉사 석조 미륵보살 입상이 대표적이다. 이 불상은 큰 규모에 비해 조형미는 다소 떨어지지만, 소박한 지방 문화의 모습을 잘 보여 준다.

사원 건축

구분	주심포 양식	다포 양식
맞배지붕	· 주심포 양식에 맞배지붕 건물로 기둥은 배흘림 양식이다. 1972년 보수공사 중에 공민왕 때 중창하였다는 상량문이 나와 우리나라에서 가장 오래된 목조 건물로 보고 있다. 안동 봉정사 극락전 · 예산 수덕사 대웅전(백제 사찰 양식 계승)	· 황해도 사리원 성불사 응진전
팔작지붕	· 영주 부석사 무량수전	

탑

승탑

통일신라	· 쌍봉사 철감선사 승탑	팔각원당형
고려전기	· 고달사지 승탑	

석탑

고려 전기	고려 후기	조선 전기
· 오대산 월정사 8각 9층 석탑 ⓐ 다각다층 + 받침대 보편화 ⓑ 송영향	대리석으로 만든 10층 석탑으로 원래는 경천사에 세워졌다. 이후 원위치에서 불법 반출되어 일본으로 건너갔다가 반환되는 우여곡절을 겪기도 했다. 경천사지 10층 석탑	· 원각사지 10층 석탑 ⓐ 경천사지 10층 석탑 계승 ⓑ 탑골공원

[17 경찰직 1차]

☑ 이규보는 삼국 시대부터 고려 시대까지의 유명한 시화를 모은 『백운소설』을 저술하였다.

[19 경찰직 1차]

☑ 고려 후기 신진 사대부 사이에는 경기체가, 일반 대중 사이에서는 속요가 각각 유행하였다.

[16 기상직 9급]

☑ 부석사 소조 여래 좌상은 신라 불상 양식을 계승한 철불이다.

[22 지방직 9급]

☑ 논산 관촉사 석조 미륵보살 입상은 고려 전기의 불상으로 큰 규모에 비해 조형미는 다소 떨어지지만, 소박한 지방 문화의 모습을 보여 준다.

[19 국가직 9급]

☑ 개성 경천사지 10층 석탑은 원의 석탑을 본떠 만들어졌다.

[19 국가직 9급, 22 간호직]

☑ 경천사지 십층 탑은 원나라 라마교의 영향을 받은 석탑으로 화강암이 아닌 대리석으로 만들어졌다.

[17 경찰직 2차]

☑ 월정사 팔각구층석탑은 강원도 평창에 위치해 있으며 송나라의 영향을 받았다.

[22 국가직 9급]

☑ 안동 봉정사 극락전은 주심포 양식으로 우리나라에서 가장 오래된 목조 건물이다.

[19 경찰직 1차]

☑ 영주 부석사 무량수전과 예산 수덕사 대웅전, 안동 봉정사 극락전은 주심포 양식이다.

[24 지방직 9급]

☑ 영주 부석사 무량수전은 고려시대 건축물이며 배흘림 기둥과 주심포 양식으로 단아하면서도 세련된 아름다움을 담고 있다.

[18 경찰직 1차, 23 국가직 9급]

☑ 황해도 사리원의 성불사 응진전은 대표적인 고려시대 다포 양식의 건물이다.

[16 경찰간부직, 18 경찰직 1차]

☑ 서예는 고려 전기 구양순체가 주류를 이루었고, 후기에는 송설체가 유명하다.

[20 경찰직 1차]

☑ 고려시대에는 불화가 많이 그려졌는데 혜허의 관음보살도가 유명하다.

54 조선 전기 성리학의 발달

성리학 전래 → **성리학 발전** → **예학의 시대**

성리학 전래	성리학 발전	예학의 시대
고려 말	16C	17C
실천적 성리학(소학, 주자가례)	이기론 발전	김장생 └ 가례집람

서경덕
- 理 < 氣
  └ 기는 영원불멸
- 불교·노장사상에 개방적

조식(남명)
- 1501년에 출생하여 1572년에 타계한 경 상우도를 대표하는 유학자이다. 그의 학문사상 지표는 경(敬)과 의(義)이다.
- 학문의 실천성 강조
  → 의병장 배출(정인홍, 곽재우)

서경덕, 조식(남명) → **북인**

이황(퇴계)
- 영남학파
- 이(理)는 존귀하고 보편적이지만, 기(氣)는 천한 것과 악한 것이 섞여 있어 비천한 것으로 보았다
- 일본 성리학에 영향 : 동방의 주자
- 4단 7정 논쟁, 『주자서절요』
  └ 이황 VS 기대승
- 후세 임금은 천명을 받고 왕위에 올랐으니, 책임이 지극히 무겁고 크지만, 자신을 다스리는 수단은 하나도 갖추어지지 않았습니다. 왕이라는 높은 자리는 만백성이 떠받드는 자리인데 스스로 성인인 체하고 오만하고 방종하니, 마침내 어지럽게 되어 멸망하게 되는 것 또한 어찌 이상한 일이겠습니까. … 바라옵건대 밝으신 임금께서는 이러한 이치를 깊이 헤아리시어, 먼저 뜻을 세워 "순임금은 어떤 사람이고 나는 어떤 사람인가. 노력하면 나도 순임금처럼 될 수 있다."라고 생각하십시오. 성학십도

이황(퇴계) → **남인**

성학십도(聖學十圖)

성학(聖學)은 성리학에 대한 깊은 이해를 바탕으로 한 군주를 위한 학문을 의미한다. 이황은 『성학십도』에서 왕 스스로가 인격과 학식을 수양하고자 부단히 노력해야 한다고 강조하였다.

성학십도(聖學十圖)

이이(율곡)
- 주기론, 현실개혁적(사회경장론)
  └ 이는 통하고 기는 국한
- 9도장원공
- 기호학파
- 동·서 붕당 양자 모두 비판
- 『성학집요』, 『기자실기』, 『동호문답』
  └ 수미법
- 성리학의 정치 이론서인 대학연의가 간결하지 못한 점을 비판하고, 군주가 성학(聖學)을 이해하는 데 신하의 역할을 중시하는 입장을 담은 책을 저술하였다. 성학집요

이이(율곡) → **노론**

성혼 → **소론**

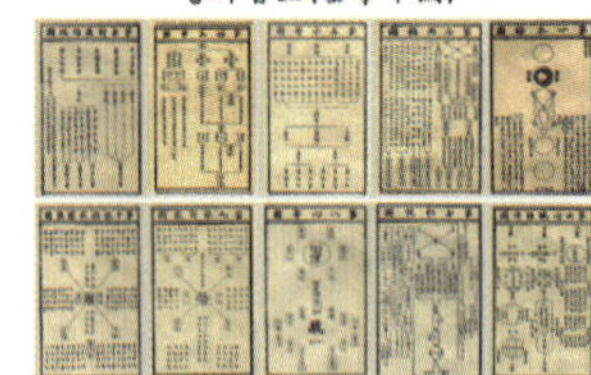

『기자실기』 서문

물론 단군께서 제일 먼저 나시기는 하였으나 문헌으로 상고할 수 없다. 삼가 생각하건대 기자께서 우리 조선에 들어와서 그 백성을 후하게 양육하고 힘써 가르쳐주어 머리를 틀어 얹는 오랑캐의 풍속을 변화시켜, 제나라와 노나라 같은 나라로 만들어 주셨다.

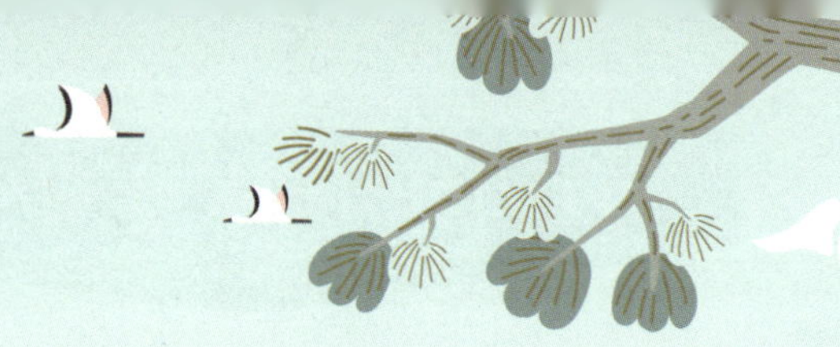

[16 경찰직 1차]

☑ 조식은 노장 사상에 포용적이었으며 학문의 실천성을 특히 강조하였다.

[17 서울시 7급]

☑ 조식의 문인들은 주로 북인을 형성하였다.

[19 경찰간부직]

☑ 서경덕은 기를 중심으로 세계를 이해하고 불교와 노장사상에 대하여 개방적인 태도를 지녔다.

[18 서울시 7급, 20 소방직, 21 소방직]

☑ 이황은 주희의 사회을 뽑아 『주자서절요』를 편찬하여 일본 성리학 발달에 기여하였다.

[17 사회복지직, 20 법원직]

☑ 이이는 『성학집요』를 저술하여 신하가 성학을 군주에게 가르쳐 기질을 변화시켜야 한다고 주장하였다.

[18 경찰간부직]

☑ 이황은 『전습록변』을 저술하여 양명학을 비판하였다.

[15 국가직 7급]

☑ 이황은 도덕적 행위의 근거로서 인간의 심성을 중시하고 근본적이며 이상주의적인 성격이 강하였다.

[15 국가직 7급]

☑ 이황은 간략한 해석을 곁들인 10개의 도형으로 성리학의 핵심 내용을 집성하여 선조에게 바쳤다.

[25 지방직 9급]

☑ 이황의 학문은 유성룡 등에게 이어져 영남학파가 형성되었다.

[19 경찰간부직]

☑ 이황은 『성학십도』 등을 저술하였고, 주자의 이론에 조선의 현실을 나름대로 체계를 세우려고 했다.

[15 경찰직 1차, 22 지방직 9급]

☑ 이이는 『동호문답』을 지술하여 16세기 조선 시회의 모순을 극복하는 방안으로 통치 체제의 정비와 수취 제도의 개혁 등 다양한 개혁 방안을 제시하였다.

[17 서울시 9급]

☑ 이황은 기대승과 8차례 편지를 통해 4단과 7정에 대한 논쟁을 벌였다.

[17 기상직 9급]

☑ 이이는 도학의 입문서인 『격몽요결』을 저술하였으며, 수미법 실시를 주장하였다.

[20 소방직]

☑ 이이는 이(理)는 두루 통하고 기(氣)는 국한된다고 주장하였다.

[25 지방직 9급]

☑ 이이의 학문은 김장생 등에게 이어져 기호학파가 형성되었다.

[18 국가직 7급]

☑ 이이는 사림이 추구하는 왕도정치가 기자에서 시작되었다는 평가를 담은 『기자실기』를 저술하였다.

성리학적 사회질서 붕괴

· 명·청 교체   · 상품 경제 발달   · 신분제 동요

사상의 분화

17C ~18C

19代 숙종

서인
[송시열]
· 주자성리학 절대화

Ⓥⓢ 예송 환국

노론

서울노론
· 낙론(인물성동론)
  주리론
· 북학론
· 인간과 사물의 본성은 같다는 인물성 동론을 주장하며, 이(理)의 보편성을 강조하였다. 이들은 북학사상에 영향을 주어 북학파의 세력기반이 되었다.

Ⓥⓢ 호락논쟁(노론 내부 이기논쟁)

충청노론
· 호론(인물성이론)
  주기고
· 북벌론
· 한원진·윤봉구

남인
[윤휴]
· 주자가 미처 밝히지 못한 부분에 대한 내 생각을 밝혀보려 한다.
· 사문난적으로 몰림

소론
[박세당]
· 『사변록』
· 사문난적으로 몰림

영남 남인

경기 남인

중상실학 ──── **개화사상**

양명학

중종 대에 처음 전래되어 이황에 의해 이단으로 비판받았으며, 정권에서 소외된 소론과 왕가의 종친 그리고 서얼 출신 인사들 사이에서 가학(家學)으로 이어지면서 퍼졌다.

강화학파
· 소론 정제두가 창시
  『하곡집』
· 지식과 행동의 통일을 주장하였으며, 강화학파를 이끌었다. 정제두
· 계승(이광사→이긍익→박은식『유교구신론』)

서학
· 전래(16C, 이수광『지봉유설』)
  마테오리치『천주실의』
· 수용(17C 학문적 → 18C 종교적)
  연행사(청 사신)   남인
· 비판(안정복『천학문답』)

19C

동학

최제우(1대)
· 교리(유·불·선 + 민간 신앙)
  주문·부적
· 사람이 곧 하늘이라. 그러므로 사람은 평등하며 차별이 없나니 사람이 마음대로 귀천을 나눔은 하늘을 거스르는 것이다.
· 탄압(혹세무민 이유 처형, 1864)

최시형(2대)
· 교단 정비(포접제)
  『동경대전』『용담유사』
   한문   한글

천주교 박해

정조
신해사옥(1791)
· 윤지충이 모친상 때 신주를 불 사르고 천주교 의식을 행하였다.
· 윤지충과 권상연을 사형에 처하고, 진산군(珍山郡)은 현(縣)으로 강등하라는 명이 내려졌다.

순조
신유사옥(1801)
· 유배(정약용·정약전)
  강진   흑산도
· 이승훈이 함께 서소문 밖에서 참수되었다.
· 황사영이 북경에 있는 프랑스인 주교에게 군대를 동원하여 조선에서 신앙과 포교의 자유를 보장받을 수 있도록 청하는 서신을 보내려다 발각되었다.
  황사영백서

헌종
병오사옥(1846)
· 최초의 한국인 신부 김대건이 귀국하여 포교 중 순교하였다.

[19 경찰간부직]

☑ 송시열은 조선 사회가 안고 있는 모순을 해결하기 위하여 명분론을 강화하고 성리학을 절대화하였다.

[25 국가직 9급]

☑ 송시열은 효종의 북벌 운동을 지지하였다.

[17 지방직 9급]

☑ 조선 후기 서울 노론과 충청 노론 학자들 사이에서 인성(人性), 물성(物性) 논쟁이 전개되었다.

[19 경찰직 1차]

☑ 호론의 주장에는 명나라를 중화로 보려는 대의명분론이 깔려있었다.

[18 경찰직 1차]

☑ 낙론의 주장은 북학파의 과학기술 존중과 이용후생 사상으로 이어졌다.

[19 국가직 7급]

☑ 양명학은 중종 대에 처음 전래되었으나, 이황에 의해 이단으로 비판받았다.

[19 국가직 7급]

☑ 양명학은 정권에서 소외된 소론과 왕실 종친 그리고 서울 출신 인사들 사이에서 가학으로 이어졌다.

[17 경찰간부직]

☑ 정제두는 『존언』을 지어 일반 민을 도덕 실천의 주체로 인식하였다.

[11 지방직 7급, 24 지방직 9급]

☑ 18세기 초 정제두는 양명학을 체계적으로 연구하여 강화학파를 형성하였다.

[19 국가직 7급]

☑ 양명학은 박은식의 유교구신론과 정인보의 조선학 운동에 큰 영향을 미쳤다.

[20 소방직, 20 법원직]

☑ 정제두는 양명학을 수용하여 강화학파를 형성하였다.

[20 소방직]

☑ 윤휴, 박세당은 주자의 학설을 비판하여 사문난적으로 몰렸다.

[15 경찰간부직]

☑ 조선 후기에는 정감록, 토정비결 등 비기·도참에 따른 예언 사상이 유행하였다.

[22 서울시 9급]

☑ 이수광이 『지봉유설』에서 마테오 리치의 『천주실의』를 소개하였다.

[16 서울시 9급]

☑ 이승훈은 스승 이벽의 권유로 북경에 갔다가 서양인 신부의 세례를 받고 귀국하였다.

[19 지방직 9급, 21 경찰간부직]

☑ 안정복은 성리학의 입장에서 천주교를 비판하는 『천학문답』을 저술하였다.

[24 법원직]

☑ 신해박해 때 윤지충과 권상연을 사형에 처하고 진산군(珍山郡)은 현(縣)으로 강등하라는 명이 내려졌다.

[15 서울시 9급]

☑ 순조 즉위 후 정권을 장악한 노론 벽파가 반대파를 정계에서 제거하려고 신유박해를 일으켰다.

[14 국가직 9급]

☑ 신유박해 때 흑산도로 유배를 간 정약전은 그 지역의 어류를 조사한 『자산어보』를 저술하였다.

[16 사회복지직, 24 법원직]

☑ 순조 때 천주교 신자를 박해하는 과정에서 '황사영 백서 사건'이 일어났다.

[16 경찰직 3차]

☑ 조선 후기 사회 불안이 계속되는 상황에서 최제우는 동학을 창시하였다.

[19 경찰직 2차]

☑ 동학의 교리는 유교, 불교, 도교 세 종교의 내용을 취하고 천주교의 교리도 일부 받아들였으며, 주문과 부적 등 민간 신앙의 요소들도 결합하였다.

[15 기상직 7급]

☑ 동학은 삼남 일대의 농촌 사회를 중심으로 교세가 날로 확장되고 포·접 등의 교단 조직도 만들어졌다.

[21 경찰간부직]

☑ 최시형은 『동경대전』과 『용담유사』를 펴내 동학의 교리를 정리하였다.

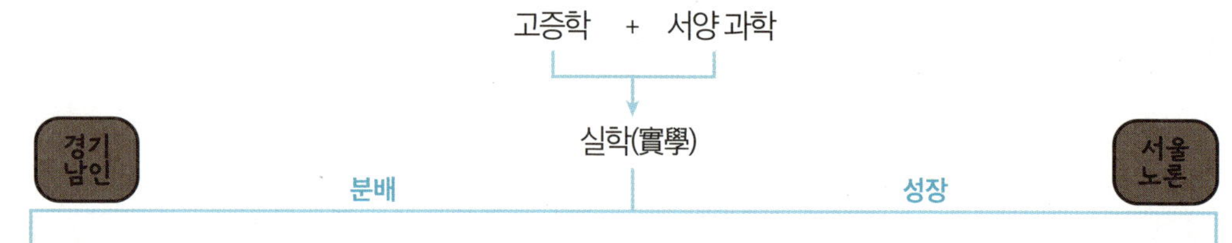

중농학파

유형원(반계, 17C)

『반계수록』에서 신분에 따라 토지를 차등 있게 재분배하자고 주장하였다.

이익(성호)

- 국가는 마땅히 한 집의 생활에 맞추어 재산을 계산해서 토지 몇 부(負)를 1호의 영업전으로 한다.
- 폐전론(화폐 부정)
- 비판 (여섯 가지 좀, 천주교)
  └ 잉여류빌 끼서 노비 슝녀 시배시시·비새 세류름
- 『곽우록』, 『성호사설』(백과사전)
  └ 당면 문제의 해결책 제시

정약용(다산)

마을 토지를 공동 경작하고, 노동량에 따라 소득을 분배할 것을 주장하였다. 여전론
⇒ 정전론(조세제도 개혁 통해 정전제 이념 구현)

여유당전서(정약용의 저술정리)

- "주례"에 나타난 주나라 제도를 모범으로 하여 중앙과 지방의 정치제도를 개혁할 것을 제안했다. 경세유표
- 백성들이 억울한 벌을 받지 않도록 형법을 신중하게 집행하기 위해 지은 책이다. 흠흠신서
- '심서(心書)'라고 이름을 붙인 까닭은 무엇인가? 백성을 다스릴 마음은 있지만 몸소 실행할 수 없기에 그렇게 이름을 붙인 것이다. 목민심서
- 홍역 관련 의서를 종합해 『마과회통』을 저술하였다.
- 화성 건설을 위해 거중기를 설계하였다.

중상학파

유수원

- 사농공상 직업적 평등·전문화
- 『우서』(사·농·공·상을 분별하지 못하는 것이 빈궁의 원인)

홍대용(담헌)

『담헌서』(문집)

- 성인 남자에게 2결의 토지를 나누어 주자고 주장하였다. 균전론
- 『연기』(淸견문록)
- 『주해수용』(수학)
- 지구와의 거리는 겨우 반경(半徑)밖에 되지 않는 데도 오히려 몇 천만 억의 별들이 있는지 알 수가 없다. 하물며 은하계 밖에도 또 다른 별들이 있지 않겠는가! 무한우주론
- 서양의 천문학을 검토해 보니, 지구가 회전한다는 지전설이 옳다는 것을 알 수 있다.
- 실옹과 허자의 문답 형식을 빌려 고정관념을 상대적 논법으로 비판했다. 의산문답

박지원(연암)

- "어느 해 어느 달 이후로는 제한된 면적을 초과해 소유한 자는 더는 토지를 점하지 못한다." 한전론
- 『양반전』을 지어 양반 사회의 허위의식을 고발하였다. 상공업 진흥에도 관심을 기울여 수레와 선박의 이용 등에 대해서도 주목하였다.

박제가

- 서얼 출신으로 상공업 육성과 청과의 통상무역 등을 주장하였다.
- 이용할 줄 모르니 생산할 줄 모르고, 생산할 줄 모르니 백성은 나날이 궁핍해지는 것이다. 비유하건대, 대체로 재물은 우물과 같다. 소비론
- 『종두방서』(종두법 연구)
  └ 정약용 『마과회통』 부록

반드시 암기해야 할 핵심선지

[17 경찰직 1차]

☑ 유형원은 『반계수록』을 저술하였으며, 양반 문벌 제도와 과거제도, 노비제도의 모순을 비판하였다.

[17 국가직 9급, 18 법원직]

☑ 유형원은 『반계수록』에서 신분에 따른 토지의 차등 분배를 주장하였다.

[19 경찰간부직]

☑ 이익은 관직은 적은데 과거에 응시한 사람은 많은데서 붕당이 생긴다고 보았다.

[17 경찰직 1차]

☑ 이익은 한전론에서 영업전의 매매를 금지하고, 그 외에는 토지는 매매할 수 있도록 하자고 주장하였다.

[18 서울시 9급]

☑ 이익은 천지, 인사, 만물, 경사, 시문 등 5개 부문으로 나누어 우리나라와 중국의 문화를 백과사전식으로 소개, 비판한 『성호사설』을 지었다.

[11 지방직 9급, 16 경찰직 2차]

☑ 이익은 나라를 좀먹는 여섯 가지의 폐단을 지적하였다.

[21 계리직]

☑ 정약용은 조세제도 개혁을 통해 정전제의 이념을 구현하려 하였다.

[16 경찰직 2차]

☑ 정약용은 『흠흠신서』에서 형옥의 임무를 맡은 관리들이 유의할 사항을 예로 들어 설명하였다.

[15 경찰직 1차, 17 경찰직 1차]

☑ 정약용은 지방 행정의 개혁에 대하여 쓴 『목민심서』 등을 비롯하여 500여 권의 저술을 남겼다.

[17 지방직 9급]

☑ 정약용은 홍역 관련 의서를 종합해 『마과회통』을 저술하였다.

[19 서울시 7급, 25 지방직 9급]

☑ 정약용은 마을 단위로 토지를 공동 소유, 공동 경작하는 여전론을 주장하였다.

[17 지방직 9급]

☑ 정약용은 박제가와 함께 종두법을 연구하고 실험하였다.

[18 서울시 7급, 20 지방직 9급]

☑ 홍대용은 『의산문답』에서 실옹과 허자의 문답 형식을 빌려 고정관념을 상대적 논법으로 비판하였다.

[24 서울시 1회]

☑ 홍대용은 『의산문답』에서 지구 자전설을 주장하고, 다른 별들에도 우주인이 있을 수 있다는 것을 피력했다.

[17 국가직 9급]

☑ 홍대용은 『임하경륜』에서 성인 남자에게 2결의 토지를 나누어 줄 것을 주장하였다.

[16 법원직]

☑ 박지원은 『호질』, 『양반전』 등의 한문소설을 통해 양반의 위선을 풍자하였다.

[20 지방직 9급]

☑ 박제가는 『북학의』를 저술하였다.

[20 경찰직 2차]

☑ 홍대용은 지구가 둥글다는 것을 입증하고, 중국이 세계의 중심이라는 생각을 비판했다.

[20 경찰직 2차]

☑ 정약용은 토지를 공동으로 소유 경작하여, 노동량에 따라 수확량을 배분하자고 제안했다.

[20 경찰직 2차]

☑ 박제가는 양반의 상업 종사를 강조하였고, 절약보다는 소비를 권장해야 한다고 주장했다.

[20 경찰직 2차]

☑ 박지원은 농업 생산력을 높이는 데 관심을 기울였으며, 화폐 유통의 필요성을 주장했다.

[21 경찰직 1차]

☑ 박지원은 『열하일기』를 저술하였다.

[24 서울시 1회]

☑ 박지원은 농업 관계 저술인 『과농소초』를 펴내기도 했다.

[21 경찰직 1차]

☑ 박제가는 규장각 검서관으로 활동하였다.

[16 서울시 7급]

☑ 박지원은 『한민명전의』에서 한전론을 제안하였는데, 토지 소유의 상한선을 정하면 토지 소유의 양극화를 해소할 수 있다고 주장하였다.

[15 서울시 9급]

☑ 홍대용은 청을 다녀와 『연기』라는 견문록을 저술하였다.

[24 지방직 9급]

☑ 박제가는 청과의 통상과 수레의 이용을 주장하였다.

[24 서울시 2회, 24 지방직 9급]

☑ 홍대용은 중국이 세계의 중심이라는 세계관을 거부하고 지구 자전설을 주장했다.

[24 서울시 2회, 25 국가직 9급]

☑ 정약용은 서양 서적을 참고하여 거중기 등 건축 기계를 제작했다.

[24 서울시 2회]

☑ 박지원은 청나라에 다녀와 쓴 『열하일기』에서 청 문물을 소개했다.

MEMO

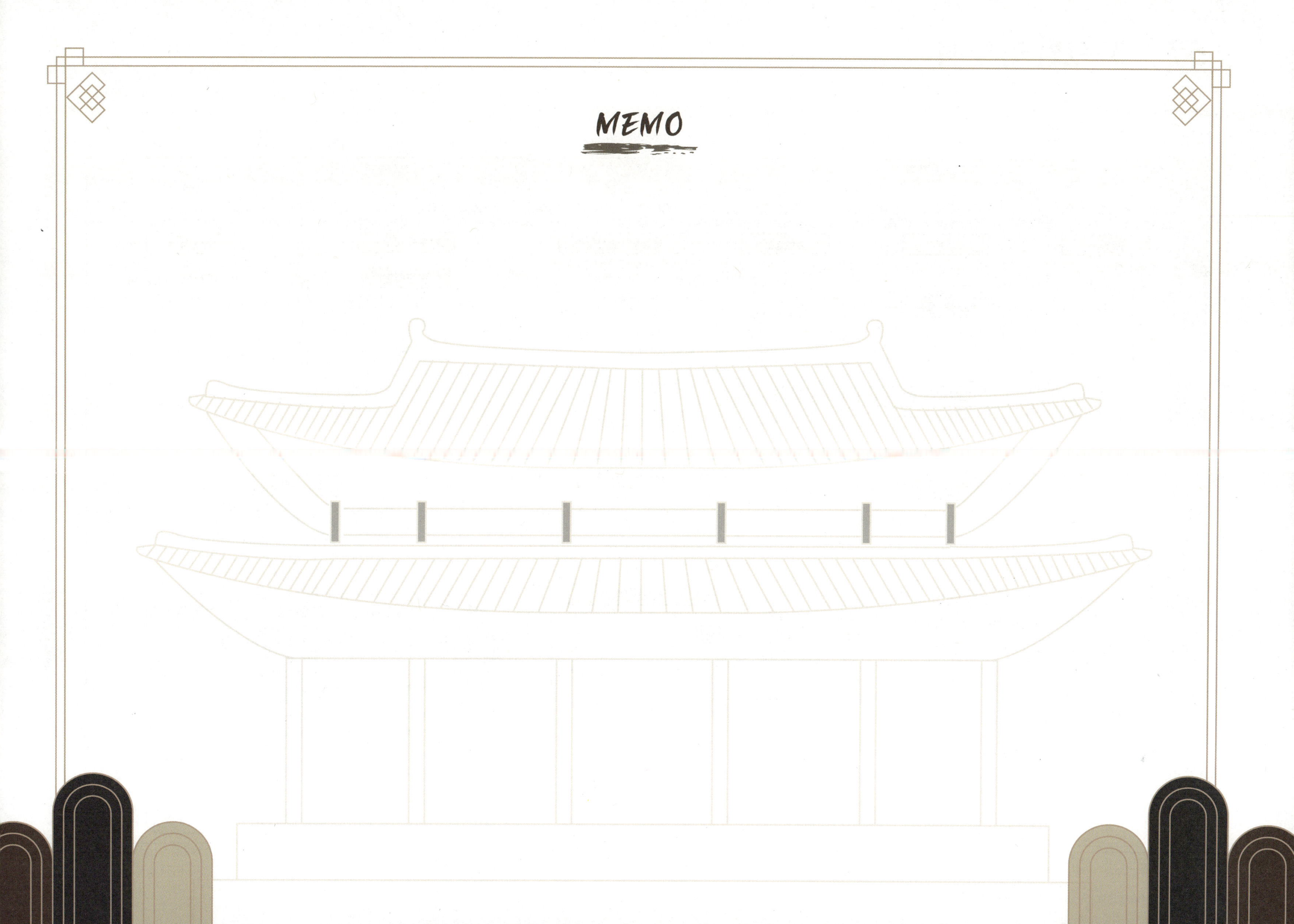

구분	조선 전기			조선 후기		
	15C		16C	18C		19C
	태조	문종	성종	정조		순조

역사서

고려국사
- 정도전
- 조선건국 정당화

고려사
- 기전체

고려사절요
- 편년체
- 고려사 보완

『고려사』 서문
「본기」라 하지 않고 「세가」라 한 것은 대의명분의 중요함을 보이기 위한 것입니다. 신우, 신창을 「세가」에 넣지 않고 「열전」에 내려놓은 것은 왕위를 도적질한 것을 엄히 밝히려 한 것입니다.

동국통감
- 서거정
  최초 편년체 통사
  (고조선 ~ 고려)
- 성종 때에 편찬한 관찬사서로서, 개국 후 권력 갈등을 일으켜 온 국왕과 훈구, 사림의 합작품으로 평가받고 있다.

안정복의 동사강목
- 고구려의 강대하고 현저함은 백제에 비할 바가 아니며, 신라가 차지한 땅은 남쪽의 일부에 불과할 뿐이다.
- 단군으로부터 고려에 이르기까지의 우리 역사를 치밀한 고증에 입각하여 엮은 통사이다.
- 마한을 중시하고 삼국을 무통(無統)으로 보는 입장에서 우리 역사를 체계화하였다.

열조통기
- 안정복
- 조선왕조역사

연려실기술
- 이긍익
- 조선의 정치사를 객관적으로 인과 관계를 밝혀 체계적으로 서술 하였다.
- 우리나라 역대의 문화를 백과사전식으로 정리하여 사료의 가치가 높다.

반도사관 극복

동사(東史)
- 이종휘는 『동사』를 지어 고구려사에 대한 관심을 고조시켰다.

발해고
- 역사서에는 다음과 같은 서문이 실려 있다. "부여 씨와 고씨가 망한 다음에 김씨의 신라가 남에 있고, 대씨의 발해가 북에 있으니 이것이 남북국이다.

중인의 역사

연조귀감	규사	호산외기
정조	철종	헌종
향리 역사	서얼 역사	중인 전기집

해동역사
- 한치윤, 기전체
- 중국·일본자료(500여종)
- 민족사 인식폭 확대

조선왕조실록

- 태조 ~ 철종 / 편년체, 실록청에서 제작
- 세계기록문화유산
- 왕은 열람 X
- 역대 국왕의 언행가운데 후세에 귀감이 될만한 내용만을 뽑아 세조때부터 편찬하였다. 국조보감

작성 과정

국왕 승하	실록청 설치	3단계 수정 (초초→중초→정초)	세초 (참고자료 파기)

사초, 승정원일기, 비변사등록, 일성록, 시정기 참고

by 예문관　　현존 최대분량(세종)　　관청업무일지(by 춘추관)
왕의일기(정조)

세종	임진왜란	광해군	이괄의 난 이후
춘추관	X	춘추관	X
충주	X	오대산	
성주	X	태백산	
전주		마니산	정족산
		묘향산	적상산

[17 국가직 7급]

☑ 『조선왕조실록』은 사관이 기록한 사초, 각 관청의 문서를 모아 만든 시정기 등을 종합 정리하여 편년체로 편찬하였다.

[18 경찰간부직]

☑ 조선왕조실록은 임진왜란 이전 한성 춘추관, 전주, 성주, 충주에 지은 사고에 각기 보관하였다.

[16 지방직 7급]

☑ 춘추관은 관청별 업무 일지인 등록을 모아 시정기를 정기적으로 편찬하였다.

[18 경찰간부직]

☑ 실록이 완성되면 세초(洗草) 과정을 거쳐 실록 편찬에 사용되었던 사초나 초고들을 파기하였다.

[16 지방직 7급]

☑ 역대 국왕의 언행을 본보기로 삼기 위해 세조 때부터 『국조보감』을 편찬하였다.

[17 국가직 7급]

☑ 승정원의 주서는 왕과 신하 간에 오고 간 문서와 국왕의 일과를 매일 기록하여 『승정원일기』를 작성하였다.

[16 지방직 7급]

☑ 조선 초기부터 왕실 관련 행사 및 국가 행사에 관한 기록이나 장면을 모은 의궤를 만들었다.

[22 간호직]

☑ 정도전은 『고려국사』를 편찬하였다.

[21 경찰직 1차]

☑ 문종 때 『고려사절요』를 편찬하였다.

[15 경찰직 2차, 20 경찰직 1차]

☑ 성종 때 고조선부터 고려 말까지의 역사를 정리한 편년체 통사로서 『동국통감』이 간행되었다.

[17 지방직 9급]

☑ 안정복은 조선시대의 역사를 저술한 『열조통기』를 편찬하였다.

[14 기상직 9급]

☑ 이익은 실증적이며 비판적인 역사 서술을 제시하고, 중국 중심의 역사관을 벗어나 우리 역사를 체계화할 것을 주장하였다.

[15 지방직 9급]

☑ 한치윤은 중국 및 일본의 자료를 망라하여 기전체 사서로 『해동역사』를 집필하였다.

[17 국가직 7급]

☑ 안정복은 『동사강목』에서 삼국을 무통 시대로 보고, 단군-기자-마한-통일신라를 정통으로 보았다.

[22 지방직 9급]

☑ 안정복의 『동사강목』은 강목체로 역사를 서술하였다.

[16 경찰간부직]

☑ 이긍익은 조선 시대의 정치와 문화를 정리하여 『연려실기술』을 저술하였다.

[17 경찰직 1차]

☑ 이종휘는 『동사』에서 고구려사 연구를, 유득공은 『발해고』에서 발해사 연구를 심화시켰다.

[14 경찰직 1차, 17 경찰직 1차]

☑ 이종휘와 유득공은 고대사 연구의 시야를 만주 지방까지 확대하여 한반도 중심의 협소한 사관을 극복하는데 힘썼다.

[16 경찰직 1차]

☑ 김정희는 『금석과안록』을 지어 북한산비가 진흥왕 순수비임을 밝혔다.

지도

구분	조선 전기(정치적 · 군사적)			조선 후기(경제적 · 문화적)		
	15C		16C	17C	18C	19C
	태종	세조 / 성종	명종	선조	영조	철종
지도	**혼일강리도** · 1402년 제작된 이 지도는 조선 학자들에 의해 제작된 세계지도이다. 권근의 글에 의하면 우리나라와 일본의 지도를 합해서 제작하였다고 한다. · 중국 중심 세계관 · 아프리카 ○, 아메리카 X	**동국지도** · 최초 실측지도(전국) └ 인지의 · 규형 **견문록** · 해동제국기, 표해록 └ 신숙주	**조선방역지도** · 조선영토(만주 · 대마도)	**곤여만국전도** · 세계지도(마테오리치) · 비판(중국 중심 세계관)	**동국지도** · 정상기가 실제 거리 100리를 1척으로 줄인 백리척을 적용하여 제작하였다.	**대동여지도** · 거리를 알 수 있도록 10리 마다 눈금을 표시하였다. · 대중화(목판, 22첩 분첩식)

지리서

구분	15C		16C	17C	18C	19C
	세종 / 단종	성종	중종	광해군	영조	순조
지리서	**신찬팔도지리지** **세종실록지리지** └ 단군신화	**동국여지승람** 조선 전기 대표적인 관찬(官撰) 인문지리서로서 노사신 · 양성지 · 강희맹 등이 1481년(성종 12)에 50권을 완성하였다. 중종 대에 신증동국여 지승람으로 간행되었다.	**신증동국여지승람** · 팔도총도수록 └ 최초 울릉도 · 독도 표기 · 현존 ○	**동국지리지** · 한백겸 · 고구려 발상지(만주) 고증	**택리지** 대저 살 곳(터)을 잡는 데는 지리(地理)가 첫째이고, 생리(生利)가 다음이다. 그 다음은 인심(人心)이며, 다음은 아름다운 산수(山水)가 있어야 한다.	**아방강역고** · 정약용 · 백제 도읍(한성) 고증

└ 역사지리서 (동국지리지, 택리지, 아방강역고)

백과사전

구분	조선 전기	조선 후기			
	16C	17C	18C		19C
	선조	광해군	영조	정조	순조 / 헌종
백과사전 └ 유서	**대동운부군옥** · 사전형식으로 나온 최초 책	**지봉유설** · 이수광 · 조선후기 최초	**성호사설** · 이익 · 5개 부문 소개 └ 천지, 만물, 인사 등 **동국문헌비고** · 관찬 백과사전	**청장관전서** · 이덕무(서얼)	**자산어보** · 정약전 · 흑산도 동식물 (헌종) **오주연문장전산고** · 이규경 · 고금의 사물 **임원 경제지** · 서유구 · 종래의 조선 농학과 박물학을 집대성하였다.

☑ 혼일강리역대국도지도는 원나라 세계 지도를 참고하고, 여기에 한반도와 일본 지도를 첨가하여 만들었다.

☑ 혼일강리역대국도지도에는 유럽과 아프리카 대륙도 묘사되어 있다.

☑ 혼일강리역대국도지도의 모사본 가운데 하나를 일본 류코쿠 대학이 소장하고 있다.

☑ 혼일강리역대국도지도는 태종 때 제작되었다.

☑ 성종 때 『국조오례의』와 『동국여지승람』이 편찬되었다.

☑ 성종 때 각 군현의 위치와 역사, 면적, 인구, 특산물 등을 상세하게 기록한 『동국여지승람』을 편찬하였다.

☑ 조선 후기에 『곤여만국전도』 같은 세계지도가 전해짐으로써 보다 과학적이고 정밀한 지리학의 지식을 가지게 되었다.

☑ 이중환은 전국의 자연환경과 인물, 풍속 등을 정리한 『택리지』를 저술하였다.

☑ 영조 때 정상기는 백리척을 이용하여 동국지도를 제작하였다.

☑ 대동여지도는 거리를 알 수 있도록 10리마다 눈금을 표시하였다.

☑ 조선 후기에 유서(類書)로 불리는 백과사전이 널리 편찬되었다.

구분		조선 전기			조선 후기		
		15C			18C		19C

법전 — 관찬(官撰)

	태조	세조	성종	영조	정조	고종
	경제육전 · 조준 · 최초 성문법	**경국대전** (편찬시작) · 호전 · 형전 완성	**경국대전** (완성 · 반포) 조선시대 법령의 기본이 된 법전이다. 조선건국 초의 법전인 경제육전의 원전과 속전, 그리고 그 뒤의 법령을 종합하여 만든 통치의 기본이 되는 통일 법전이다. 6전 체계 완성	**속대전** · 경국대전 보완	**대전통편** (증) · 경국대전 · 속대전 통합 (원)(속) · 판례집 : 탁지지, 추관지 └호조 └형조	**대전회통** (보) · 대전통편 보완 · 판례집 : 육전조례

윤리서

구분	15C	16C		17C
	세종	중종	선조	광해군
	삼강행실도 조선 초기, 백성들에게 유교 윤리를 쉽게 알리고 실천하도록 하기 위해 충신, 효자, 열녀의 모범적인 행적을 글과 그림으로 엮은 윤리 교화용 도서로서 1434년 에 제작되었다.	**이륜행실도** 삼강이 중한 것은 아무리 어리석은 부부나 모두 알고 있으나, 붕우 형제의 이륜에 이르러서는 평범한 사람들이 제대로 모르는 경우가 있습니다. **아동 학습서** · 동몽선습(박세무) · 동몽수지 · 훈몽자회 └ 한자교재	· 격몽요결(이이)	**동국신속 삼강행실도** · 충신, 효자, 열녀 └ 임진왜란 시기

의례서

구분	15C		18C
	세종	성종	영조
	오례 └ 길례 · 흉례 · 군례 · 빈례 · 가례	왕명에 따라 신숙주 등이 국가행사에 대한 의식의 절차를 규범화하여 편찬하였다. 세종때 시작되어 성종 때 완성되었다. 국조 오례의 **국조오례의** └ 상복규정 미비 → 예송논쟁	**속오례의** └ 국조 오례의의 보완

조선 왕실의궤

· 국가 · 왕실 행사 내용 정리(세계기록문화유산)
  ex) 선조, 『의인왕후산릉도감의궤』 : 의인왕후 왕릉 조성과정 기록, 현존 最古
     정조, 『화성성역의궤』 : 수원화성 건설과정 기록

· 국초부터 제작, 전기 기록 소실(임진왜란)
· 병인양요(1866) 때 외규장각의궤 약탈(2011년 반환)
  cf) 직지심체요절 반환 X (파리 도서관 소장)
    └ 현존 最古 금속활자본

[19 경찰간부직, 19 서울시 9급]

☑ 태조 때 조준 등이 편찬한 『경제육전』은 조선 최초의 공법전이다.

[21 경찰직]

☑ 『경제육전』은 『경국대전』 편찬의 토대가 되었다.

[19 경찰간부, 19 서울시 9급, 20 소방직]

☑ 성종 때 반포된 『경국대전』은 이전, 호전, 예전, 병전, 형전, 공전의 6전으로 구성되었다.

[25 지방직 9급]

☑ 성종 때 『국조오례의』를 간행하였다

[24 국가직 9급, 25 지방직 9급]

☑ 성종 때 『경국대전』을 완성하였다.

[21 경찰직]

☑ 정조 때 『대전통편』은 법 조항을 원, 속, 증으로 구분하여 표기하였다.

[18 경찰간부직]

☑ 세종 때 편찬된 『삼강행실도』는 충신, 효자, 열녀의 행적을 소개한 책이다.

[17 지방직 9급]

☑ 정조 때 화성 행차 일정, 참가자 명단, 행차 그림 등을 수록한 의궤가 편찬되었다.

[14 경찰직 1차]

☑ 조선 왕실의 의궤는 조선 초기부터 제작되었으나, 임진왜란 이전의 것은 현재 남아있지 않다.

60 조선의 농서·의서·병서, 언어·한글 연구·교육기관

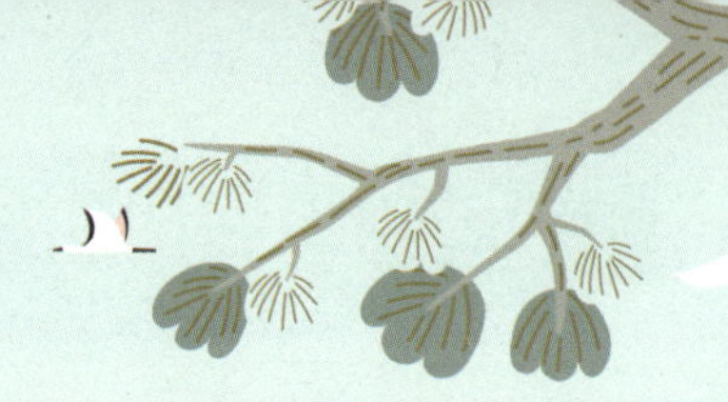

농서

구분	조선 전기			조선 후기		
	15C		16C	17C		18C
	세종		명종	효종	숙종	정조
농서	**농사직설** 여러 도의 감사에게 명하여 고을의 나이 많은 농부에게 물어 이미 그 효과가 입증된 것을 아뢰도록 하는 것이 어떨까 합니다.		**구황촬요** · 도토리·나무껍질 가공법	**농가집성** 신속의 저술로 이앙법을 언급하였다.	**색경** 박세당의 저술로 과수, 축산, 기후 등에 중점을 두었다. **산림경제** 홍만선의 저술로 농업, 임업, 축산업, 식품가공 등을 망라하였다.	**과농소초** · 박지원 **해동농서** · 서호수
	세조	성종				
	양화소록 사람들이 감상하고 길러온 꽃과 나무 몇십 종에 대한 재배법과 이용법을 설명하고 있으며, 또한 꽃과 나무의 품격과 그 의미, 상징성을 논하고 있다.	**금양잡록** · 강희맹 · 최초 사찬농서 └경기시흥지방 농법				

의서

구분	15C			17C		18C	19C
	세종			광해군	인조	정조	고종
의서	**향약채취월령** · 국산약재 소개	**향약집성방** 명의가 병을 진찰하고 약을 쓸 때 … 한가지 방법에만 매달리지 않았다. 천리가 떨어져 있으면 풍토가 다르다. … 옛 성인은 모든 풀과 나무의 맛을 보고 각 지역의 환경에 따라 병을 고쳤다.	**의방유취** · 의학백과사전	**동의보감** · 향약명 한글 기재 └한의학의 대중화 · 세계기록문화유산	**침구경험방** · 허임 · 침구술 집대성	**마과회통** · 정약용 · 종두법 연구 └with 박제가	**동의수세보원** · 이제마 · 사상의학 └태양인·태음인

병서

구분	15C		18C
	세종	문종	정조
병서	**총통등록** · 무기제작·사용법	**동국병감** · 고조선~고려 전쟁사	**무예도보통지**

언어·한글연구

구분	18C		19C
	영조	정조	순조
언어·한글연구	**훈민정음 운해** · 신경준 · 훈민정음 음운분석	**고금석림** · 이의봉 · 방언, 해외언어	**언문지** · 유희

[14 경찰직 2차]

☑ 한글을 보급하기 위해서 왕실 조상의 덕을 찬양하는 『용비어천가』를 편찬하였다.

[17 서울시 9급]

☑ 이의봉의 『고금석림』에는 방언과 해외 언어가 정리되어 있다.

[22 서울시]

☑ 조선 후기 국어 연구로는 이의봉의 『고금석림』과 유희의 『언문지』가 있다.

[14 국가직 9급]

☑ 세종 때 농사 경험이 풍부한 각 도의 농민들에게 물어서 조선의 실정에 맞는 농법을 소개한 『농사직설』이 편찬되었다.

[21 국가직 9급]

☑ 세종 때 편찬된 『농사직설』에는 모내기법을 소개하고 있다.

[16 지방직 9급]

☑ 성종 때 경기 지역의 농사 경험을 토대로 『금양잡록』을 편찬하였다.

[22 계리직]

☑ 조선 전기 강희안이 저술한 『양화소록』은 화초 재배법을 설명하고 있다.

[23 계리직]

☑ 세종 때 『향약채취월령』과 『의방유취』 등을 편찬하였다.

[17 경찰직 2차, 20 경찰직 1차]

☑ 세종 때 우리 풍토에 맞는 약재와 치료법을 정리한 『향약집성방』을 편찬하였다.

[18 기상직 9급]

☑ 『향약구급방』은 현존하는 우리나라 최고(最古)의 의약서이다.

[22 서울시, 22 소방직]

☑ 허준의 『동의보감』은 우리나라뿐 아니라 중국 및 일본의 의학 발전에 큰 영향을 끼쳤으며, 예방 의학에 중점을 두었다.

[17 경찰직 1차]

☑ 문종 때 김종서의 주도하에 중국과 우리나라의 역대 전쟁사를 정리하여 『동국병감』을 편찬하였다.

구분	조선 전기	조선 후기

문학

조선 후기

한문학
- 사회현실 비판
 (애절양·양반전·허생전)
 └ 정약용 └ 박지원

한글소설
- 전기수란 사람은 동대문 밖에 살고 있다. 한글 소설책을 잘 읽는데 … 워낙 재미있게 읽기 때문에 청중들이 겹겹이 담을 쌓는다. 그는 읽다가 가장 간절하여 매우 들을 만한 대목에 이르러 문득 읽기를 멈춘다. 청중은 다음이 궁금해서 다투어 돈을 던진다.
- 쾌가(세책점)에서 소설을 깨끗이 베껴 쓰고 빌려주어 그 값을 받아 이익을 삼았다. 부녀자가 비녀나 팔찌를 팔거나 빚을 내면서까지 다투어 빌려 그것으로 긴긴 하루를 보냈다.
- 홍길동전, 춘향전
 └ 최초
- 세책점

사설시조
- 형식 파괴, 감정 표현

조선 전기

가사문학(16C)
- 『관동별곡』·『사미인곡』(정철)

설화문학

15C	16C	17C
· 『필원잡기』(서거정) · 『금오신화』(김시습) └ 최초 한문소설	· 패관잡기(어숙권, 서얼) └ 적서 차별의 폐단	· 어우야담(유몽인)

건축 (유교 & 불교)

15C	16C
국가 주도 건축 · 신분에 따라 건물 제한 · 성문, 궁궐, 성곽 └ 개성 남대문, 평양 보통문	**서원 건축** 주세붕이 비로소 이것을 창건할 적에 세상에서 자못 의심했으나, 그의 뜻은 더욱 독실해져 무리들의 비웃음을 무릅쓰고 비방을 극복하여 전례없던 장한 일을 이루었습니다. …(중략)… 최충, 우탁, 정몽주, 길재, 김종직, 김굉필 같은 이가 살던 곳에 이것을 건립하게 될 것입니다.

사원 건축

15C	17C	18C
· 합천 해인사 장경판전 (세계문화유산)	양반 지주층 지원	부농·상인세력 지원
	거대규모, 다층구조	강한 장식성
· 강진 무위사 극락전 └ 검박·단정	· 금산사 미륵전 · 화엄사 각황전 · 우리나라에 남아 있는 조선시대 건축물 중 유일한 5층 목탑이다. 법주사 팔상전	· 부안 개암사 · 논산 쌍계사 · 안성 석남사

[18 교육행정직]

☑ 성균관은 공자의 위패를 모신 대성전을 두었다.

[17 서울시 사회복지직]

☑ 조선 시대 서울에는 서학, 동학, 남학, 중학 등 4부 학당이 설치되었다.

[12 국가직 7급, 12 국가직 9급]

☑ 성종 때 역대 시와 산문의 정수를 모아 서거정이 『동문선』을 편찬하였다.

[20 경찰직 2차]

☑ 조선 후기에 『홍길동전』, 『춘향전』 등과 같이 신분제를 비판하거나 탐관오리를 응징하는 한글 소설이 유행하였다.

[20 국가직 9급]

☑ 조선 후기에 중인층을 중심으로 시사가 결성되어 문학 활동을 벌였다.

[20 국가직 9급]

☑ 조선 후기에 『어우야담』을 비롯한 야담·잡기류가 성행하였다.

[19 법원직]

☑ 조선 후기에는 판소리, 잡가, 가면극 등이 유행하였다.

[22 경찰간부직]

☑ 조선 후기에는 판소리와 탈춤이 인기를 얻어 서민문학의 폭을 크게 확대하였다.

[22 경찰간부직, 22 계리직]

☑ 조선 후기 박지원은 『허생전』, 『양반전』 등 당시의 사회를 풍자하는 한문 소설 작품을 남겼다.

[18 서울시 9급]

☑ 무위사 극락전은 조선 전기의 건축물이다.

[18 국가직 7급]

☑ 조선 전기 궁궐은 태조 때 경복궁, 태종 때 창덕궁, 성종 때 창경궁 순으로 지어졌다.

[17 지방직 9급]

☑ 정도전은 유교사상인 인·의·예·지 덕목을 담아 도성 4대문의 이름을 지었다.

[17 지방직 9급]

☑ 조선시대 한양 도성 밖 10리 안에서는 개인의 무덤을 쓰거나 벌채를 하지 못하도록 규제하였다.

[21 경찰간부직]

☑ 창덕궁은 조선 후기에 법궁(정궁)으로 기능했다.

[21 경찰간부직]

☑ 경복궁 서쪽에 사직단, 동쪽에 종묘가 배치되어 있다.

[22 계리직]

☑ 창덕궁과 창경궁은 도성의 동쪽에 위치하여 동궐이라 불리기도 하였다.

[19 법원직]

☑ 보은 법주사 팔상전 등은 조선 후기를 대표하는 불교 건축물이다.

[17 경찰직 2차, 19 국가직 9급]

☑ 금산사 미륵전, 법주사 팔상전은 다층 건물이나 내부는 하나로 통하는 구조로 되어 있다.

[24 지방직 9급]

☑ 보은 법주사 팔상전은 우리나라에 남아 있는 조선시대 건축물 중 유일한 5층 목탑이다.

[24 국가직 9급]

☑ 구례 화엄사 각황전은 조선 후기의 건축물이다.

구분		조선 전기		조선 후기
		15C(관학파)	16C(사림파)	
그림		**문인화** ·『고사관수도』(강희안)	**사군자** ·『묵죽도』(대나무) ·『월매도』(매화)	**진경산수화** · 우리 자연·인물 소재 · ⊕ 남종·북종화법 수용 ·『인왕제색도』·『금강전도』(정선)　　　**풍속화** 　김홍도 · 서민생활, 산수화·기록화 　신윤복 · 양반·부녀자 생활, 남녀 애정 　　단오풍정, 미인도
		도화서 · 세종의 아들인 안평대군이 꿈에서 도원경을 유람한 내용을 시로 남겼고, 이를 바탕으로 화원 안견이 그림으로 재현한 작품이다. 몽유도원도 (안견) · ⊟ 무로마치 미술에 영향	**다양한 그림** ·『송하보월도』(이상좌, 도화서, 노비 출신) ·『초충도』(신사임당) ·『포도도』(황집중)	**민화** · 서민들의 무병장수　　　**서양화** · 강세황(영통골 입구도) 　원근법
서예			**석봉체** · 한호	**동국진체** · 이광사 · 우리민족의 단아한 정서　　　**추사체** · 김정희 · 고금의 필법 연구
음악·무용				**판소리** · 신재효(판소리 6마당 정리) **가면극** - 생원: 이놈, 너도 양반을 모시지 않고 어디로 그리 다니느냐? - 말뚝이: 예예. 양반을 찾으려고 찬밥 국 말어 일조식하고, 마구간에 들어가 노새 원님을 끌어다가 등에 솔질을 솰솰 하여 말뚝이님 내가 타고…… 방방곡곡 면면촌촌이, 바위 틈틈이, 모래 쨈쨈이, 참나무 결결이 다 찾아다녀도 샌님 비뚝한 놈도 없습디다. · 탈놀이, 산대놀이 · 사회비판

[18 기상직 9급]

- ☑ 조선 전기 안견이 그린 '몽유도원도'는 일본의 덴리 대학에 소장되어 있다.

[15 기상직 9급]

- ☑ 조선 초기에는 소박한 무늬와 자유로운 양식의 분청사기가 유행하였다.

[12 서울시 9급]

- ☑ 세종 때 박연은 소리의 장단과 높낮이를 표현할 수 있는 정간보를 창안하였다.

[21 경찰간부직]

- ☑ 조선 전기에 분청사기가 제작되었다.

[21 경찰간부직]

- ☑ 조선 전기 강희안의 '고사관수도'는 선비가 사색에 잠겨 있는 모습을 묘사하였다.

[13 서울시 9급, 20 경찰직]

- ☑ 조선 후기에는 민중의 미적 감각과 소박한 정서를 반영한 민화가 유행하였다.

[22 계리직]

- ☑ 조선 후기에는 중국의 남중문인화를 우리의 자연에 맞추어 토착화하는 화풍이 등장하였다.

[14 경찰직 2차]

- ☑ 김홍도는 산수화, 기록화, 신선도 등을 많이 그렸지만, 정감 어린 풍속화를 그린 것으로 유명하다.

[17 경찰직 1차]

- ☑ 조선 후기에는 우리의 자연을 사실적으로 그리는 진경산수화가 유행하였다.

[16 경찰직 2차]

- ☑ 신윤복은 주로 도시인의 풍류 생활과 부녀자의 풍속, 남녀 사이의 애정 등을 감각적이고 해학적인 필치로 묘사하였다.

[22 계리직]

- ☑ 조선 후기에는 서양식 화법이 도입되어 원근법을 사용하거나 인물의 측면을 묘사하는 그림이 등장하였다.

구분	고려 전기	고려 후기		조선 전기		조선 후기	

천문학

천문기관

	고려	조선
관청	사천대→서운관	관상감
장소	첨성대	간의대

태조: 고구려 천문도를 바탕으로 『천상열차분야지도』를 돌에 새겼다.

세종: 간의를 만들어 천체를 관측하였다.

홍대용
- 지전설, 무한우주론
  └ 김석문 최초
- 혼천의

최한기
- 북학과 개화의 가교 역할
- 『지구전요』, 『명남루총서』
  └ 지전설　만유인력

역법

선명력(당)

수시력(원, 충선왕)　　대통력(명, 공민왕)

칠정산(세종, 독자적)

내편과 외편으로 구성되었다. 내편은 수시력의 원리와 방법을 해설한 것이며, 외편은 회회력(이슬람력)을 해설, 편찬한 것이다.

시헌력(청, 효종)
└ 김육 건의, 태음 + 태양력

태양력(을미개혁)

자기

순수청자
- 고려 중기
- 송나라 사신 서긍은 그의 저서에서 고려 사기의 빛깔과 모양에 대해, "도자기의 빛깔이 푸른 것을 사람들은 비색이라고 부른다."라고 하였다. 고려도경

상감청자
- 무신집권기
- 상감법 개발
  └ 음각 + 홍입(청자 상감)
- 원간섭기 이후 퇴조
- 송나라의 자기 제작 기술을 받아들인 이후 고려의 독창적인 기술이 적용되어 만들어진 비취색의 자기이다. 도자기의 표면에 무늬를 새기고 그 부분에 흑토나 백토를 메워 넣은 뒤 유약을 씌워 구워내었다.

분청사기
- 원간섭기·조선 초기
- 원의 영향(북방 가마)
- [illegible]
  └ 소박하고 천진스러운 무늬

순백자
- 16C 유행
- 서비득이 애호(깨끗 수백)
- [illegible]

청화백자
- 백자에 청색 안료로 그림

기타

은입사 기법
- 청동공예
  └ 청동 은입사 포류수금무늬정병 ── 상감청자에 영향
- 나전칠기 공예

[16 지방직 9급]

☑ 고려 말 우왕 때 금속활자로 『직지심체요절』을 인쇄하였다.

[14 경찰직 2차, 24 지방직 9급]

☑ 청주 흥덕사에서 간행된 『직지심체요절』이 현존하는 세계 최고의 금속 활자본으로 공인받고 있다.

[19 서울시 9급]

☑ 고려 충선왕 때에는 원의 수시력을 채용하고 그 이론과 계산법을 이해하였다.

[12 경찰직 3차]

☑ 고려 말 최무선은 중국인 이원에게 염초 만드는 기술을 배워 화약 제조법을 터득하였다.

[20 경찰직 1차]

☑ 고려시대에 자기 제작에 상감기법이 개발되어 무늬를 내는 데 활용되었으나 원 간섭기 이후에는 퇴조하였다.

[18 국가직 7급]

☑ 태조 때 고구려 천문도를 바탕으로 천상열차분야지도가 제작되었다.

[16 경찰간부직]

☑ 세종 때 경복궁에 간의대를 축조하고 간의를 설치하여 천문을 관측하였다.

[19 지방직 9급, 21 경찰직 1차, 22 간호직, 23 법원직]

☑ 태종 때 주자소를 설치하여 계미자를 주조하였다.

[19 기상직 9급]

☑ 세종 때 개량된 금속활자인 갑인자가 주조되었다.

[15 경찰직 1차, 15 서울시 7급]

☑ 세종 때에는 식자판을 조립하는 방법을 창안하여 인쇄 속도가 빨라졌다.

[15 기상직 9급, 24 서울시 1회]

☑ 세종 때 각 지방의 군현에 측우기를 설치하여 강우량을 측정하였다.

[17 경찰직 2차]

☑ 세조 때 토지 측량 기구인 인지의와 규형이 제작되었다.

[16 경찰직 2차]

☑ 세종 때 중국의 수시력과 아라비아의 회회력을 참고하여 우리나라 역사상 최초로 서울을 기준을 천체 운동을 정확하게 계산한 역법서인 칠정산을 만들었다.

[14 서울시 7급]

☑ 칠정산 내편은 원의 수시력, 칠정산 외편은 아라비아의 회회력을 바탕으로 편찬되었다.

[16 경찰직 2차]

☑ 세종 때 화약 무기의 제작과 그 사용법을 정리한 『총통등록』을 편찬하였다.

[19 기상직 9급]

☑ 선조 때 임진왜란 중 폭탄의 일종인 비격진천뢰를 만들었다.

[21 경찰간부직]

☑ 세종 때 신기전이라는 화살을 발명하였는데, 사격 각도의 조절범위가 커서 사거리를 최대한 연장할 수 있었다.

[17 경찰직 2차]

☑ 박연(벨테브레이)은 훈련도감에 소속되어 서양식 대포의 제조법과 사용법을 가르쳤다.

[17 지방직 9급, 19 경찰직 2차]

☑ 김석문은 『역학도해』를 저술하여 처음으로 지전설을 주장하였다.

[19 경찰직 2차]

☑ 홍대용은 김석문과 함께 지전설을 주장하였고, 지구가 우주의 중심이 아니라는 무한우주론을 주장하였다.

[19 경찰직 2차]

☑ 최한기는 우주현상과 지리, 문화 현상을 상술한 『지구전요』와 서양의 과학을 소개한 『명남루총서』를 저술하였다.

[19 기상직 9급]

☑ 홍대용은 동서양의 수학을 정리하여 『주해수용』을 저술하였다.

▣ 세계문화유산

암기법	불경 백여 종 왕창 사서 잔고 화남!	
해석	세계문화유산에 등재된 값비싼 불경을 백여 종이나 왕창 사버렸더니, 남은 통장 잔고를 보고 화가 난다.	

불	불국사, 석굴암	경주 유적
경	경주 역사 유적지구 (남산, 월성, 황룡사, 대릉원, 산성 지구)	신라·백제·조선 유적지구
백	백제 역사 유적지구 (공주, 부여, 익산)	
여	역사마을 (안동 하회, 경주 양동)	
종	종묘	조선시대 유적
왕	조선왕릉	
창	창덕궁	
사	사찰 (통도사, 봉정사, 부석사, 선암사, 대흥사, 법주사, 마곡사 등 7곳) └사리 └불경 └스님	불교, 유교 유적
서	서원 (소수서원, 남계서원, 도산서원, 옥산서원, 필암서원, 도동서원, 병산서원, 돈암서원, 무성서원 등 9곳)	
잔	장경판전 (합천 해인사)	
고	고인돌 유적(고창, 화순, 강화)	
화	화성(수원)	석조 건축
남	남한산성(경기도 광주)	

▣ 세계기록문화유산

암기법	오승훈이 대동세일 실직 통곡 유난 문의
해석	오승훈(인물)이 세계기록유산을 취급하는 대동세일이라는 회사에 다니다가 실직한 후, 통곡하면서 이유가 무엇인지 문의하다.

오	5·18 민주화운동 기록물
승	승정원일기
훈	훈민정음
이	이산가족 찾습니다 기록물
대	대장경판
동	동의보감
세	새마을 운동 기록물
일	일성록
실	조선왕조실록
직	직지심체요절
통	조선통신사 기록물
곡	국채보상운동 기록물
유	한국의 유교책판
난	난중일기
문	문정왕후 어보·어책
의	조선왕실 의궤

[25 국가직 9급]

☑ 강화의 고인돌 유적은 유네스코 세계문화유산에 등재되었다.

[25 지방직 9급]

☑ 남한산성은 유네스코 세계문화유산으로 등재되었다.

[25 지방직 9급]

☑ 가야 고분군은 유네스코 세계문화유산으로 등재되었다.

[23 국가직 9급, 24 지방직 9급]

☑ 『직지심체요절』은 현존하는 금속활자본 중에서 가장 오래된 것으로, 유네스코 세계 기록 유산으로 등재되어 있다.

[22 국가직 9급]

☑ 미륵사지에는 목탑 양식의 석탑이 있다.

[22 국가직 9급]

☑ 정림사지에는 백제의 5층 석탑이 남아 있다.

[22 국가직 9급]

☑ 무령왕릉에는 무덤 주인공을 알려주는 지석이 있었다.

[17 국가직 7급]

☑ 『승정원일기』는 실록 편찬의 기본 자료였으며, 유네스코 세계 기록 유산이다.

[16 교육행정직]

☑ 합천 해인사에 보관되어있는 『재조대장경』은 유네스코 세계 기록 유산으로 등재되었다.

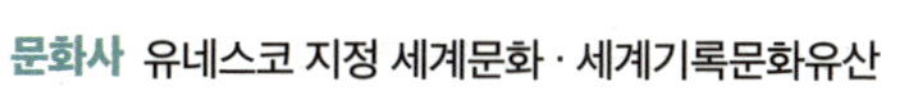

자주적 근대화

동도서기 개화	갑오개혁기 개화	광무개혁기 개화	애국계몽 운동기 개화

1882 ─ 1884 ─ 1894 ─ 1897 ─ 1905

동학농민운동

임오군란 ─ 갑신정변 ─ 청일전쟁 ─ 광무개혁 ─ 을사조약

갑오개혁

개화기구 / 신식문물

①
- 우정국(84)
- 박문국
- 전환국(당오전)
- 기기창

②
- 전신(85) → 한성전보총국
- 광혜원(→ 제중원, 85, 알렌)
- 열등(87, 경복궁)

④
- 전화(98), 전차(99, 서대문 ~ 청량리), 경인선(99)
  └ 한성전기회사(황실 합작)
- 광제원(00)
- 원구단(97), 명동성당(98), 덕수궁 중명전(01)
  └ 을사조약

⑤
- 경부선(05) · 경의선(06)
- 덕수궁 석조전(10)
  └ 미·소공동위원회

신문

한성순보(83~84)

그러므로 우리 조정에서도 박문국을 설치하고 관리를 두어 외국의 기사를 폭넓게 번역하고 아울러 국내의 일까지 기재하여 국중에 알리는 동시에 열국에 까지 널리 알리기로 하고, 이름을 순보(旬報)라 하며…

한성주보(86~88)

최초로 국한문을 혼용 하였고, 내용에 따라 한글 혹은 한문만을 쓰기도 하며 독자층을 넓혀 나가고자 하였다

독립신문(96~99)
- 최초 민간신문
- 한글판, 영문판을 따로 출간하여 대중 계몽을 통한 근대화를 촉진하였으니.

제국신문(98~10)
- 일간지(이종일)
- 순한글
- 부녀자 대상

황성신문(98~10)
- 국한문 혼용체를 사용한 일간지로 주로 유학자층의 계몽에 앞장섰다.
- 이 날을 목놓아 우노라, …(중략)… 천하 만사가 예측하기 어려운 거도 많지만, ⋯ 는가. 이 조건은 비단 우리 한국뿐 아니라 동양 삼국이 분열할 조짐을 점차 만들어 낼 것이니 이토 후작의 본의는 어디에 있는가? 시일야방성대곡(장지연, 을사늑약)

대한매일신보(04)
- 양기탁, 베델
- '고종 을사조약 비판 친서' 게재
- 신민회 기관지

기관지(06)

만세보	천도교
국민신보	일진회
경향신문	천주교

해외
- 해조신문(연해주)
- 신한민보(미국)

신문지법(1907)

보안법(1907)

사립학교

원산학사(83)

함경도 덕원 주민들의 건의로 근대식 학교인 원산학사가 설립되었다.

기독교 학교
- 배재학당(85)
- 경신학교(85)
- 이화학당(86)

교육입국조서(1895)

이제 짐은 정부에 명하여 널리 학교를 세우고 인재를 길러 새로운 국민의 학식 으로써 국가 중흥의 큰 공을 세우고자 하니, 국민은 나라를 위하는 마음으로 덕과 체와 지를 기를지어다.

- 순성여학교(98, 찬양회)
  └ 최초의 여학교

국내
- 보성학교 · 양정학교

신민회
- 대성학교(평양)
- 오산학교(정주)

국외
- 서전서숙(06, 이상설)
- 명동학교

사립학교령(1908)

출판법(1909)

공립학교

동문학(83)

정부가 설립한 외국어 교육 기관으로 통역관을 양성하였다.

육영공원(86~94)
- 최초 근대식 공립학교
- 문·무관, 유생 중에 어리고 총명한 자 40명을 뽑아 입학시키고 벙커와 길모어 등을 교사로 초빙하여 서양 문자를 가르쳤다.

연무공원(88)
- 최초 근대식 사관학교

관립학교
- 한성사범학교
- 한성외국어학교
- 소학교
- 상공학교(99)
- 한성중학교(00)
- 무관학교

→ 서유견문 (95, 유길준, 국한문)

[14 경찰직 2차, 16 법원직]

☑ 최초의 서양식 병원인 광혜원을 설립하여 알렌에게 책임을 맡겼다.

[13 경찰간부직]

☑ 1899년에 한성의 서대문에서 청량리 사이에 전차가 개통되었다.

[17 서울시 사회복지직]

☑ 한성주보는 최초로 국한문을 혼용하였고, 내용에 따라 한글 혹은 한문만을 쓰기도 하며 독자층을 넓혀 나가고자 하였다.

[15 기상직 9급, 24 국가직 9급]

☑ 한성순보는 임오군란 직후 박문국에서 발행한 신문으로 갑신정변 때 폐간되었다.

[23 지방직 9급]

☑ 독립신문은 영문판을 발행하여 국내 사정을 외국인에게도 전달하였다.

[15 기상직 7급]

☑ 제국신문은 1898년 이종일 등이 순한글로 간행하였으며, 일반대중을 위한 사회 계몽 기사를 많이 실었다.

[17 경찰직 2차]

☑ 국한문 혼용체를 사용한 황성신문은 장지연의 '시일야방성대곡'을 실어 을사늑약을 비판하였다.

[24 국가직 9급]

☑ 장지연은 황성신문의 주필을 역임하였다.

[16 사회복지직]

☑ 대한매일신보는 언론 검열을 피하기 위해 영국인 베델을 발행인으로 초빙하였다.

[16 서울시 9급]

☑ 고종은 을사늑약의 불법성을 폭로하는 친서를 대한매일신보를 통해 발표하였다.

[16 경찰직 1차]

☑ 일본은 1907년 신문지법을 제정하여 언론에 대한 탄압을 강화하였다.

[18 서울시 9급]

☑ 원산학사는 함경도 덕원 주민들이 기금을 모아 설립한 근대 학교이다.

[18 지방직 7급]

☑ 배재학당, 이화학당, 경신학교는 1880년대 개신교 선교사들이 설립한 사립학교이다.

[18 서울시 9급]

☑ 동문학은 1883년 정부가 설립한 외국어 교육 기관으로 통역관을 양성하였다.

[25 국가직 9급]

☑ 1886년 미국인 교사를 초빙한 육영공원을 창립하였다.

[21 계리직]

☑ 갑오개혁 시기에 신교육을 전담할 정부 부처로 학무아문을 설치하였다.

[18 지방직 7급]

☑ 고종은 제2차 갑오개혁의 일환으로 교육입국조서를 반포하였으며 이에 따라 소학교, 한성사범학교 등이 설립되었다.

[08 지방직 9급]

☑ 제2차 갑오개혁 당시 교육 입국의 조서를 반포하였다.

[16 경찰직 2차]

☑ 대성학교, 오산학교는 신민회가 국내에 설립한 교육 기관이다.

	국권피탈기(04~10)	1920년대	1930~40년대
문학	**계몽문학(신체시·신소설)** · 해에게서 소년에게(08, 최남선) └ 최초 신체시(『소년』) · 혈의 누(06) └ 최초 신소설(『만세보』) · 무정(이광수, 17) └ 최초 근대소설(『매일신보』)	· 동인지문학(사실주의·낭만주의·퇴폐주의) └ 『백조』 └ 『폐허』 · 계급문학(사회주의) └ KAPF	· 순수문학(『문장』) └ 중일전쟁 이후 · 친일문학
연극영화	· 원각사(08~14) └ 최초 극장(『은세계·치악산』)	· 『아리랑』(26, 나운규)	· 조선영화령(40)
국어	국문연구소(07) · 주시경, 지석영 『국어문법』(10) 조선광문회(10) · 최남선·박은식, 민족고전 정리	**조선어연구회(21)** · 가갸날 제정 · 잡지 『한글』창간	**조선어학회(31)** 최현배, 이극로 등이 중심이 되어 '표준어 및 외래어 표기법 통일안'을 제정하는 등 한글 표준화에 기여하였다. 이에 일제는 1942년 이를 독립운동 단체로 간주하여 회원들을 대거 검거하였다. 조선어학회사건

사회
· 토막촌(도시빈민)
· 노동자 주택부족 문제 → 영단주택 └ 하층민
· 모던걸·모던보이

역사

계몽사학
· 위인전(신채호, 박은식) └ 장군 · 안중근, 연개소문
· 외국흥망사 └ 『월남망국사』

국가의 역사는 민족의 소장성쇠(消長盛衰)의 상태를 서술 할지라. 민족을 빼면 역사가 없으며 역사를 빼어 버리면 민족의 그 국가에 대한 관념이 크지 않을지니, 오호라 역사가의 책임이 그 역시 무거울진저… 『독사신론』(08, 신채호, 대한매일신보)

식민사관
· 조선사편수회(25), 청구학회(30)
· 타율성, 당파성, 정체성

vs

민족주의 사학

구분	사상	저서	기타
신채호	낭가	· 역사란 무엇이뇨, 인류 사회의 아와 비아의 투쟁이 시간부터 발전하며 공간부터 확대하는 심적 활동 상태의 기록이니… 조선상고사 · 『조선사연구초』 └ 묘청 긍정	· 『조선혁명선언』(23) └ 민중 + 폭력
박은식	혼	· 옛 사람이 이르기를, 나라는 없어질 수 있으나 역사는 없어질 수 없다고 하였으니, 그것은 나라는 형체이고 역사는 정신이기 때문이다. 한국통사 · 『한국독립운동지혈사(20)』	· 대동보국단(상하이) · 노인동맹단
정인보		· 『5천년간 조선의 얼』이라는 글을 동아일보에 연재하였다.	· 광개토대왕비문 연구
문일평	조선심	· 『대미관계 50년사』	· 민중, 한글

실증주의 사학
· 순수 학문을 표방하면서 식민주의 사학에 학문적으로 대항하려 하였다.
· 진단학회·진단학보(34)

사회경제 사학
· 일제 식민사학의 정체성론을 극복하는 근거를 제공하였다.
· 세계사적인 일원론적 역사 법칙에 의해 다른 민족과 거의 같은 궤도로 발전 과정을 거쳐왔다.

조선학운동(34)
· 정인보, 문일평, 안재홍(『조선상고사감』)
· 실학에서 자주적인 근대 사상과 우리 학문의 주체성을 찾으려 하였다.

종교
· 천도교(05, 손병희, 동학)
· 대종교(09, 나철, 단군)
· 대동교(09, 박은식) vs 대동학회(친일유림)
· 유교의 3대 문제는 무엇인가.
첫째, 유교파의 정신이 오로지 제왕의 편에 있고 인민 사회에 보급할 정신이 부족한 것이다. …(중략)…
셋째, 우리 대한의 유가에서는 쉽고 정확한 가르침[양명학]을 구하지 않고 지루하고 산만한 공부[주자학]만을 전적으로 숭상하는 것이다.
유교구신론(09, 박은식, 양명학)

[14 지방직 9급]

☑ 박은식은 실천적 유교 정신을 강조하는 유교구신론을 주장하였다.

[12 지방직 9급, 14 경찰직 2차, 16 경찰직 2차, 21 소방직, 24 국가직 9급]

☑ 신채호는 대한매일신보에 독사신론을 연재하여 민족주의 사학의 발판을 마련하였다.

[23 계리직]

☑ 주시경은 국문연구소에서 활동하면서, 1910년 『국어문법』을 집필하였다.

[23 계리직]

☑ 신채호은 을지문덕, 최영, 이순신 등의 애국 명장에 관한 전기를 써서 애국심을 고취하였다.

[19 경찰간부직]

☑ 헐버트는 세계 각국의 산천, 풍토 등을 한글로 소개한 『사민필지』를 저술하였다.

[15 기상직 9급]

☑ 동학은 1905년 손병희에 의해 천도교로 개편되었다.

[20 국가직 9급]

☑ 천도교단에서 『개벽』, 『신여성』, 『어린이』 등의 잡지를 발행하였다.

[22 간호직, 24 서울시 1회]

☑ 한용운은 『조선불교유신론』을 지어 불교의 쇄신과 근대 개혁 운동을 추진하였다.

[21 경찰직]

☑ 박은식은 친일적인 대동학회에 대항하여 대동교를 창시하였다.

[24 국가직 9급]

☑ 조선어 연구회는 기관지인 『한글』을 창간하였고, '가갸날'을 제정하였다.

[16 교육행정직, 17 지방직 9급, 18 국가직 7급, 23 법원직]

☑ 조선어학회는 1933년 한글 맞춤법 통일안을 제정하였다.

[23 법원직]

☑ 조선어학회는 『우리말 큰사전』 편찬을 준비하였다.

[18 경찰직 2차]

☑ 일제는 한글 연구로 민족의식이 고취되는 것을 막기 위해 조선어학회를 강제로 해산시켰다.

[21 소방직]

☑ 이병도, 손진태 등은 진단학회를 조직하고 철저한 문헌 고증으로 한국사를 객관적으로 서술하려 하였다.

[20 경찰간부직]

☑ 신채호는 『조선상고사』, 『조선사연구초』를 저술하였다.

[19 국가직 9급]

☑ 박은식은 대한국민노인동맹단을 조직하여 활동하였다.

[19 법원직]

☑ 신채호는 역사를 '아(我)와 비아(非我)의 투쟁'으로 해석하였다.

[19 국가직 9급]

☑ 박은식은 '나라는 형(形)이고 역사는 신(神)'이라고 주장하였다.

[15 경찰간부직, 15 지방직 7급, 16 경찰직 2차, 24 국가직 9급]

☑ 박은식은 『한국통사』를 저술해 일제의 침략을 규탄하였다.

[18 국가직 7급]

☑ 박은식은 한국의 독립운동 과정을 서술한 『한국독립운동지혈사』를 저술하였다.

[19 국가직 9급]

☑ 정인보은 '조선얼'을 강조하며 조선학 운동을 펼쳤다.

[22 서울시]

☑ 백남운 등 사회 경제 사학은 정체성론을 비판 극복하는데 기여하였다.

[18 국가직 7급]

☑ 정인보는 「5천 년간 조선의 얼」이라는 글을 동아일보에 연재하여 민족정신을 고취하였다.

[23 지방직 9급]

☑ 백남운은 마르크스 유물 사관을 바탕으로 한국사를 연구하였다.

[23 지방직 9급]

☑ 이병도, 손진태는 진단학회를 조직하여 고증 고증을 중시하는 실증주의 사학을 정립하였다.

[13 서울시 9급]

☑ 안재홍은 신민족주의를 제창하여 민족주의의 한계를 극복하려 하였다.

[15 서울시 9급]

☑ 백남운은 한국사가 세계사의 보편적 법칙에 입각하여 발전하였음을 강조하였다.

[18 경찰직 2차]

☑ 1930년대 문일평, 안재홍 등은 조선 문화의 독자성과 우수성을 강조하는 조선학 운동을 전개하였다.

[17 경찰직 1차]

☑ 1926년 나운규는 일제 강점기 민족의 아픔을 그린 영화 '아리랑'을 제작하였다.

[18 서울시 9급]

☑ 1940년대 일제는 조선영화령을 공포하여 영화를 군국주의 옹호와 선전의 수단으로 사용하였다.

[17 경찰직 1차]

☑ 한용운은 『조선불교유신론』을 저술하여 조선 불교의 자주성을 지키려고 하였다.

[18 서울시 9급]

☑ 1920년대 신경향파 문학이 대두해서 시민문지에 대한 저항문학으로 발전하였다.

IX
고대·고려
조선·근현대

진대법(고국천왕)

매년 봄 3월부터 가을 7월까지, 관청의 곡식을 집안 식구의 많고 적음에 따라 빌려주고, 겨울 10월에 갚게 하였다. 나라 사람 모두가 크게 기뻐하였다.　　　　　－『삼국사기』－

중위제

6두품은 관등 승진에서 중위제(重位制)를 적용받았다.

골품제

- 신라가 고대 국가로 발전하는 과정에서 형성된 신분제이다. 왕족을 비롯한 신라의 지배층을 세분하기 위해 만들어진 것으로 성골과 진골이라는 '골'과 6두품에서 1두품에 이르는 '품'으로 편성되었다. 능력이 뛰어나도 골품이 낮으면 승진에 한계가 있었으며, 집이나 수레, 의복 등 일상생활에도 제약을 받았다. 고구려와 백제에도 비슷한 신분제가 있었을 것으로 짐작된다.
- 신라 사람들의 일상생활에도 영향을 주었다. 골품에 따라 집의 크기나 장식, 마굿간의 규모 등에 제한이 있었으므로, 살고 있는 집만 보아도 그 신분을 알 수 있을 정도였다. 그뿐 아니라 옷감의 품질과 장신구 재료까지 신분에 따라 사용할 수 있니. 이러한 사실은 신라가 엄격한 신분제 사회였음을 보여 준다.

6두품의 불만

설계두가 말하였다. "신라에서는 사람을 등용하는 데 골품을 따진다. 그 족속이 아니면 큰 재주와 뛰어난 공이 있어도 (신분을) 넘을 수가 없다. 나는 서쪽 중국으로 가서 뛰어난 지략으로 큰 공을 세워 내 힘으로 영광스러운 관직에 오를 것이다. 그리고 높은 관리의 옷을 입고 칼을 차고서 천자의 곁을 드나들면 만족하겠다."　　　　　－『삼국사기』－

신라의 국학

모든 학생은 관등이 대사(大舍) 이하로부터 관등이 없는 자로, 15세에서 30세까지인 사람을 들였다. 재학 연한은 9년이고, 만약 노둔하여 인재가 될 가능성이 없는 자는 그만두게 하였다. 만약 재주와 도량은 이룰 만한데 아직 미숙한 자는 비록 9년을 넘더라도 국학에 남아있는 것을 허락하였다.

통일신라 진골귀족

(그들의) 집에는 녹(祿)이 끊이지 않았다. 노동(奴僮)이 3천 명이며, 비슷한 수의 갑병(甲兵)이 있다. 소, 말, 돼지는 바다 가운데 섬에서 기르다가 필요할 때 활로 쏘아 잡아먹는다. 곡식을 남에게 빌려 주어 늘리는데, 기간 안에 갚지 못하면 노비로 삼아 부린다.　　　　　－『신당서』－

[16 교육행정직]

☑ 신라 말 6두품 출신 학자들은 호족과 함께 사회 개혁을 추구하기도 하였다.

[24 지방직 9급, 24 법원직, 25 국가직 9급]

☑ 신라에서는 골품에 따라 관등이나 관직 승진에 제한이 있었다.

[18 기상직 9급]

☑ 골품제도에서 6두품은 6관등인 아찬까지만 승진할 수 있었다.

[21 서울시 9급]

☑ 고구려는 왕 아래 상가, 대로, 패자, 고추가 등의 관료 조직이 있었다.

[17 국가직 9급]

☑ 6두품은 관등 승진에서 중위(重位) 제도를 적용받았다.

[14 경찰직 2차, 17 지방직 7급]

☑ 골품 제도는 가옥의 규모와 장식물은 물론, 복색이나 수레 등 일상생활까지 규제하는 기준으로서 유지되었다.

[19 서울시 7급]

☑ 백제는 8성의 귀족 중 왕족인 부여씨와 왕비족인 진씨나 해씨가 중앙과 지방의 고위 관직을 독점했다.

[17 지방직 9급, 22 서울시]

☑ 신라의 관복은 각각의 관등에 맞게 자·비·청·황색으로 구분되었다.

[15 경찰직 1차, 13 국가직 9급]

☑ 신라 중대에 강수, 설총 등의 6두품 출신 학자들은 왕의 정치적 조언자로 활동하였다.

[17 지방직 7급]

☑ 화랑도는 진흥왕 때 인재 양성을 위한 제도로 정착되었다.

[24 법원직 9급, 18 지방직 9급, 17 서울시]

☑ 신라 말기에는 호족이 성장하여 스스로 성주 또는 장군이라 칭하고 자신의 근거지에서 군대를 보유하고 군사권을 장악하였다.

[18 경찰직 1차]

☑ 신라 말에는 농민 수탈이 심해지면서 원종과 애노의 난을 시작으로 농민 봉기가 각지에서 일어났다.

[16 서울시 7급]

☑ 발해는 전체 인주 구성 가운데 대다수는 말갈인이었으며, 지배층은 고구려계 주민이 많았다.

[14 사회복지직]

☑ 발해의 주민 중 다수는 말갈인이었는데 건국 과정에서 지배층이 되거나 촌락의 우두머리가 되는 경우도 있었다.

향리

- 부호장 이하의 향리는 사심관의 감독을 받았으며, 상층 향리는 과거로 중앙 관직에 진출할 수 있었다. 일부 향리의 자제들은 기인으로 선발되어 개경으로 보내졌다. 그리고 속현의 행정 실무는 향리가 담당하였다.
- 향리의 첫 벼슬은 후단사이며, 두번째 오르면 병사(兵史)·창사(倉史)가 되고, 세번째 오르면 주·부·군·현의사(史)가 되며, 네번째 오르면 부병 정(副兵正)·부창정(副倉正)이 되며, 다섯번째 오르면 부호정(副戶正)이 되고, 여섯번째 오르면 호정이 되며, 일곱번째 오르면 병정·창정이 되고, 여덟번째 오르면 부호장이 되고, 아홉번째 오르면 호장(戶長)이 된다.

－『고려사』－

구제도감

"이들을 치료하고, 또한 시신과 유골은 거두어 묻어서 비바람에 드러나지 않게 설치할 것이며, 신하를 보내어 동북도와 서남도의 굶주린 백성을 진휼하라."라고 하였다.　－『고려사』－

중류층

고려의 시대층과 피시대층 시대에는 이들이 [illegible] 있었어. 궁 의 민 [illegible], 궁중 실무 관리인 남반, 직업 군인으로 하급 장교인 군반 등이 있었다.

동서대비원

고려는 백성의 생활을 안정시키기 위한 여러 정책을 추진하였다. 가난한 백성을 진료하고, 의탁할 곳이 없는 백성들을 돌보기 위해 개경에 동서대비원을 설치하였다.

소의 승격

- 명종 6년 망이의 고향인 명학소를 충순현으로 승격시켜 그들을 달래었다.
- 고종 42년 충주의 다인철소가 몽골군을 막는 데 공을 세워 현으로 승격시켰다.

상평창

개경, 서경 및 각 12목에 설치하여 물가의 안정을 꾀하였다.

제위보

기금을 마련한 뒤 이자로 빈민을 구제하기 위해 설치되었다.

여성의 지위

여성은 재혼이 가능하였다. 그리고 부모의 재산은 아들과 딸의 구분없이 고르게 상속되었다.

관습법

귀양형을 받은 사람이 부모상을 당하였을 때에는 유형지에 도착하기 전에 7일간의 휴가를 주어 부모상을 치를 수 있도록 하였다.

팔관회

예전에 성종이 시행에 따르는 잡기가 정도(正道)에 어긋나는데다가 번거롭고 요란스럽다 하여 이를 모두 폐지하였다. … (중략) … 이것은 폐지한 지가 거의 30년이나 되었는데, 이 때에 [illegible]

향도

- 소승이 향도 천 명과 더불어 크게 발원(發願)하여 침향(沈香)을 땅에 묻고 미륵보살이 하생(下生)되기를 기다려서 용화회(龍華會) 위에 세 번이나 모셔 이 매향 불사(埋香佛事)로 공양을 올려 … 임금님의 만세와 나라의 융성, 그리고 중생의 안녕을 비옵니다.
- 미래불의 도래를 통한 민중의 구원을 바라는 불교 신앙과 관련이 있었다.
- 고려시대 지역 단위의 공동체 조직으로, 지방 사회에서의 공동 노동이나 공동체 활동, 불교 관련 활동 등을 수행했다.

노비

재산으로 간주되어 매매, 상속, 증여가 가능하였고, 부모 중 한 명이 노비이면 그 자녀도 노비가 되었다. 노비는 국가 기관이 소유한 공노비와 개인이 소유한 사노비로 나뉘었다. 공노비는 관청의 잡역에 종사하는 입역 노비와 농업에 종사하며 신공을 바치는 외거 노비가 있었다. 사노비도 주인집에서 같이 살면서 잡일을 하는 솔거 노비와 주인과 따로 살며 신공을 바치는 외거 노비가 있었다. 외거 노비는 재산을 늘려, 그 처지가 양인과 유사 해질 수 있었다.

[18 경찰직 1차]

☑ 고려시대에는 기인 제도를 실시하여 향리 자제를 개경에 머물도록 하였다.

[17 서울시 사회복지직]

☑ 고려의 귀족 세력은 왕족을 비롯하여 5품 이상의 고위 관료가 주류를 형성하였다.

[22 소방직]

☑ 고려시대 정호(서리, 향리, 하급 장교)는 국가로부터 토지를 지급받았다.

[16 기상직 9급]

☑ 호장은 직역을 세습하였고 그 대가로 국가로부터 외역전을 지급받았다.

[15 국가직 9급, 21 국가직 9급]

☑ 고려시대에는 지방 향리의 자제가 과거를 통해 귀족의 대열에 진입할 수 있었다.

[21 국가직 9급]

☑ 속현의 행정 실무는 향리가 담당하였다.

[16 기상직 9급]

☑ 호장은 지방의 실질적 지배자로 문과(제술업, 명경업)에 응시할 수 있었다.

[17 경찰직 1차]

☑ 고려시대 중류층에는 중앙관청의 말단 서리였던 잡류와 궁중 실무를 담당한 남반 등이 있었다.

[17 교육행정직]

☑ 고려시대 소의 주민은 양인이었지만 군현민에 비해 차별을 받았다.

[22 소방직]

☑ 향·소·부곡의 주민은 과거 응시에 제한이 있었다.

[15 국가직 9급]

☑ 고려 시대에는 외거노비가 재산을 늘려 그 처지가 양인과 유사해질 수 있었다.

[17 경찰직 1차, 16 계리직]

☑ 개경, 서경 및 각 12목에는 상평창을 두어 물가의 안정을 꾀하였다.

[17 경찰직 1차]

☑ 고려시대 향도는 불교 신앙 조직에서 출발하여 점차 농민 공동체 조직으로 변모되었다.

[16 계리직]

☑ 고려시대 기금으로 운영하는 제위보를 두어 빈민을 구제하게 하였다.

[18 경찰직 2차]

☑ 고려시대에는 동서대비원을 두어 유랑자의 수용과 구휼을 담당하게 하였다.

[14 국가직 9급]

☑ 고려의 형률은 주로 당나라의 것을 끌어다 썼으며, 때에 따라 고려의 실정에 맞는 율문도 만들었다.

[17 지방직 9급]

☑ 귀족은 죄를 지으면 본관지로 귀향시키는 형벌이 적용되었다.

[21 계리직]

☑ 고려시대에는 아들과 딸 모두 부모의 제사를 주관할 수 있었다.

[21 계리직]

☑ 고려시대에는 여성이 호주(戶主)가 될 수 있었고 호적에도 아들과 딸을 구분하지 않고 나이에 따라 기록하였다.

[15 경찰직 2차, 19 경찰직 2차]

☑ 고려시대 여성의 재가는 비교적 자유롭게 이루어졌으며 그 소생 자식의 사회적 진출에도 차별이 없었다.

- 이제 살펴보건대, 신라가 주·군을 설치할 때 그 전정(田丁), 호구(戶口)가 현의 규모가 되지 못하는 곳에는 향·부곡을 두어 소재지의 읍에 속하게 하였다.　－「신증동국여지승람」－
- 지난 왕조 때 5도와 양계에 있던 역과 진에서 역을 부담한 사람과 향·부곡의 사람은 모두 고려 태조 때의 명령을 거역한 사람이므로, 고려는 이들에게 천하고 힘든 일을 맡게 했다.
　－「태조실록」－

양민은 대부분 농민이었다. 이들은 백정이라고 불렸으며, 조세·공물·역을 부담하였다. 이들은 양인 중 직역을 맡지 않은 계층으로 대부분 농민이었다. 하지만 조선 시대에는 도축 등을 담당하는 천민을 일컫는 말이 되었다.

고려는 성 앞에 출신 지역을 표시하는 본관제를 실시였다. 본관을 떠나 이주하는 것은 원칙적으로 금지하였으며, 관리가 되거나 혼인할 때만 제한적으로 이주를 허락하였다. 고려는 본관제로 위계질서를 세우고 향촌 사회를 통제하였다. 본관에 따라 사회적 지위가 달라졌으며, 본관이 향·부곡·소인 주민은 본관이 일반 군현인 주민에 비해 차별을 받았다.

이자겸은 풍채가 단정하고 거동이 온화하며 어진 이를 좋아하고 선을 즐겁게 여겼다. …경영하는 농장에는 논과 밭이 이어졌고 저택의 규모는 사치스러웠다. 여러 곳에서 선물해 썩는 고기가 늘 수만 근이었는데, 다른 것도 모두 이와 같았다.　－ 서긍,《선화봉사고려도경》－

[15 경찰직 2차, 19 경찰직 2차]

- ☑ 고려시대 부모의 유산은 대체로 자녀에게 골고루 분배되었으며, 사위나 외손자에게도 음서의 혜택이 있었다.

[19 경찰직 2차]

- ☑ 고려시대에는 사위가 처가의 호적에 입적하는 경우도 자주 있었다.

[19 경찰직 2차]

- ☑ 고려시대에 제사는 형제자매가 돌아가면서 지냈다.

[16 지방직 7급]

- ☑ 고려시대에는 국왕을 비롯한 종실의 경우 동성 근친 혼인 족내혼 관행이 있었다.

[16 지방직 9급]

- ☑ 고려시대 양민의 대다수를 차지한 농민을 백정(白丁)이라고 하였다.

신량역천

신분은 양인이지만 천한 일을 하는 계층이다. 수군, 조례(관청의 잡역 담당), 나장(형사 업무 담당), 일수(지방 고을 잡역), 봉수군(봉수 업무), 역졸(역에 근무), 조졸(조운 업무) 등에 종사한 일곱 가지 부류로, 칠반천역이라고도 한다.

노비

- 천민은 최하층 신분으로 대다수가 노비였고, 백정, 무당, 광대 등도 천민으로 간주되었다. 노비는 재산으로 취급되었으며, 부모 중 한쪽이 노비이면 그 자녀도 노비가 되는 법에 따라 신분이 세습되었다.
- 무릇 노비의 매매는 관청에 신고해야 하며 사사로이 몰래 사고 팔았을 때는 관청에서 노비와 그 대가로 받은 물건을 모두 몰수한다. 나이 16세 이상 50세 이하는 값이 저화 4천장이고, 15세 이하 50세 이상은 3천 장이다. - 『전록통고』 -

공명첩

받는 사람의 이름이 비어 있는 관직 임명장이다. 왜란을 계기로 재정 부족을 해결하려고 발급하였다. 국가 재정을 보충하기 위해 발행되었으며, 양반 수의 증가를 야기하였다.

서얼

- 이들의 과거 응시와 벼슬을 제한한 것은 우리나라의 옛 법이 아니다. 그런데 『경국대전』을 편찬한 뒤부터 이들을 금고(禁錮)하였으니, 아직 백 년이 채 되지 않았다. 또한 다른 나라에 이러한 법이 있다는 말은 듣지 못했다. 경대부(卿大夫)의 자식인데 오직 어머니가 첩이라는 이유만으로 대대로 이들의 벼슬길을 막아, 비록 훌륭한 재주와 쓸만한 자질이 있어도 이를 발휘 할 수 없게 하였으니, 참으로 안타깝다.
- 수차례에 걸친 집단 상소를 통해 관직 진출의 제한을 없애줄 것을 요구하였다. 여기에 해당하는 인물로는 정조 때 규장각 검서관으로 등용된 유득공, 박제가, 이덕무 등이 있다.

기술직 중인

주로 기술직에 종사하며 축적한 재산과 탄탄한 실무경력을 바탕으로 신분 상승을 추구하였다. 이들은 19세기 중엽 관직 진출의 제한을 없애 달라는 대규모 소청 운동을 벌였지만 실패하였다.

외거노비

외거하는 사노비는 주인으로부터 사경지(私耕地)를 받아 그 수확을 자신이 차지하여 재산을 축적하기도 하였다.

납속

- 백성에게 납속을 모집하여 상으로 관직을 주었다. 납속의 많고 적음에 따라 벼슬의 높낮이를 정하였다. 금과 옥같이 귀한 벼슬이 천하고 미천한 무리에게까지 간다. 조정에서 어쩔 수 없이 하는 것이지만 관직이 너무 넘치는 지경에 이르렀다. - 『선조실록』 -
- 국가의 재정 부족을 해결하거나 구호 사업을 위해 곡물을 바치게 하고, 그 대가로 일정한 혜택을 주던 정책으로, 조선 중기 이후에 실시되었다.

노비종모법

- 아버지가 천인이라도 어머니가 양인이면 자식은 양인이 될 수 있게 한 법이다.
- 김상성이 군역의 폐단을 날카롭게 아뢰었다. 그리고 올해 이후로는 모든 노비의 양인 처의 자식은 어머니의 신분을 따르게 하여 양인 장정의 수를 늘리자고 하였다. - 『영조실록』 -

양반층 분화

사대부 중에서도 대가(大家)와 명가(名家)의 한계가 있어서 그 명목이 매우 많고, 서로 사귀지도 않는다. 이와 같이 구애되는 것이 많으니 성쇠와 존망의 변화가 없을 수 없다. 그렇기 때문에 사대부도 평민으로 낮아지기도 하고, 평민도 오래 지나면 높아져 사대부가 되기도 한다. - 『택리지』 -

청요직

홍문관, 사간원, 사헌부 등의 관직을 말한다. 이 자리를 거쳐야 판서나 정승 등 고위직으로 진출하는 데 유리하였다.

검서관

규장각의 실무 담당 관원을 말한다. 정조는 학문적 능력이 뛰어난 서얼 출신 인사인 유득공, 이덕무, 박제가, 서이수 등을 규장각 검서관으로 발탁했다.

양반 기득권 유지

양반 사족은 족보의 편찬, 서원과 사우(사당)의 건립, 문중 활동의 강화 그리고 동족 마을의 형성 등으로 부계 친족 사이의 결속을 높여 나갔다.

[17 경찰직 1차]

☑ 양반 첩에게서 태어난 서얼은 중서라고 불렀으며, 이들은 문과 응시에 제한이 있었다.

[17 기상직 9급]

☑ 수군, 조례, 나장, 일수, 봉수군, 역졸, 조졸은 법제상 양인에 속해 있었으나, 사람들이 기피하는 천한 역을 담당하였다.

[18 서울시 7급]

☑ 노비는 재산으로 취급되어 매매나 상속의 대상이 되었다.

[18 서울시 7급]

☑ 조선시대 사노비는 주인이 마음대로 매매, 양도, 상속할 수 있었으나, 주인이 사노비를 죽이거나 사형(私刑)을 가하는 것은 법으로 금지되었다.

[18 서울시 7급]

☑ 조선시대에는 부모 중 한쪽이 노비일 경우 그 자녀도 노비 신분이 되었다.

[22 계리직]

☑ 조선 후기에는 노와 양녀(양인 여자) 사이에 태어난 소생을 모의 신분을 따라 양인으로 삼는 '노비종모법'이 시행되었다.

[21 경찰간부직]

☑ 공명첩은 조선시대에 수취자의 이름을 기재하지 않은 백지 임명장이다.

[17 지방직 9급]

☑ 조선 후기에 부유한 상민들은 족보를 사거나 위조하여 양반 행세를 하는 경우도 있었다.

[17 기상직 9급]

☑ 공명첩은 국가 재정을 보충하기 위해 발행되었는데, 양반 수의 증가를 가져왔다.

[17 경찰직 1차]

☑ 조선 후기에 중앙 정치에서 밀려난 양반은 향촌 사회에서 겨우 위세를 유지하는 향반이 되거나, 더욱 몰락하여 잔반이 되기도 하였다.

[20 국가직 9급]

☑ 서얼은 수차례에 걸친 집단 상소를 통해 관직 진출의 제한을 없애 줄 것을 요구하였다.

[20 국가직 9급]

☑ 중인은 주로 기술직에 종사하며 축적한 재산과 탄탄한 시루 경력을 바탕으로 신분 상승을 추구하였다.

[13 서울시 7급]

☑ 조선 후기에는 중국과의 무역 과정에서 역관이 부를 축적하기도 하였다.

[17 지방직 7급]

☑ 조선 후기에 군공이나 납속책 등을 통해 노비의 신분이 상승되고, 공노비가 해방되기도 하였다.

[19 경찰간부직]

☑ 노비는 영조 때 노비종모법을 통해 신분 상승의 기회를 얻을 수 있었다.

[14 국가직 9급]

☑ 순조 때 중앙 관시의 공노비 6만 6천어 명을 양인으로 해방시켰다.

유향소

앞서 유향소의 사람들이 향중(鄕中)에서 권위를 남용하여 불의한 짓을 행하니, 그 폐단이 많았습니다. 그래서 선왕께서 폐지하였던 것입니다. 간사한 아전을 견제하고 풍속을 바로잡는 것은 수령이 해야 할 일인데, 만약 모두 유향소에 위임한다면 수령은 할 일이 없지 않겠습니까?

향전

- 조선 후기에 구향과 신향이 향권 장악을 놓고 대립한 것을 말한다. 일부 지역에서는 부농층 외에 서얼이나 향리층이 신향을 이루어 구향과 향전을 벌이기도 하였다. 향전은 사족 중심의 향촌 지배질서가 무너지고 지방관의 통제가 강화된 18세기 이후에 집중적으로 발생하였다.
- 영덕의 오래된 가문은 모두 남인이며, 이른바 신향(新鄕)은 모두 서리와 품관의 자손으로 자칭 서인이라고 하는 자들이다. 근래 신향이 향교를 주관하면서 구향(舊鄕)과 마찰을 빚었다.
                                                            - 승정원 일기 -

향약

'향촌 규약'을 줄인 말로 16세기 이후 널리 시행되었다. 사족은 향약을 통해 자치를 보장받고, 향촌 사회를 통제하였다. 덕업상권, 과실상규, 예속상교, 환난상휼 등을 주요 강령으로 하였다.

향회

향촌 사족의 명단인 향안에 이름이 올라있는 지방 양반들의 총회이다.

서원

사족은 서원을 중심으로 결속을 다지고, 유학 교육과 교화를 내세워 자신들의 활동을 합리화하였다. 조선 정부도 성리학 이념을 보급하려고 서원에 사액(현판을 내려 주는 것)과 함께 토지, 노비 등을 내려 주어 경제적으로 지원하였다. 한편 조선 후기에는 서원이 무분별하게 세워지면서, 서원을 정리하려는 움직임도 나타났다.

소수서원

이황이 (백운동 서원에) 현판과 책, 토지, 노비를 내려줄 것을 청하였다. 명종 5년에 소수 서원이라는 현판을 내렸다. … 이때부터 서원에 현판과 책을 내리는 일이 시작되었다.

사액서원

국왕으로부터 서원의 이름이 적힌 현판 액자를 직접 내려받고, 국가로부터 공식적인 지원을 받는 서원을 사액 서원이라 한다. 고려에 성리학을 본격적으로 소개한 안향을 모신 최초의 서원인 백운동 서원은 이황의 건의로 명종에게 '소수'라는 현판을 내려받아 최초의 사액 서원이 되었다.

가족제도의 변화(상속)

조선 전기에는 균분 상속이 원칙으로 『경국대전』에도 규정되어 있었다. 하지만 조선후기 부계가 강조되며 장자를 중심으로 재산 상속이 이루어지게 되었다.

가속제도의 변화(혼인)

조선 전기에는 혼인을 하면 신랑이 신부 집에서 몇 달, 또는 몇 년간 머무는 경우가 많았다. 조선 후기에는 혼인을 하면 신부가 신부 집에서 3일을 보내고 신랑 집으로 가는 경우가 많아졌다.

향안

향안은 조선시대에 각 지역에서 작성한 지방 사족의 명단으로, 향안에 이름이 올라야 자기 지역에서 양반으로 인정받았다.

가족제도의 변화(부계 장자중심 가족제도)

조선 전기에는 고려 시대와 마찬가지로 부모 양측의 혈연관계가 동등하게 중시되었다. 그러나 조선 후기로 갈수록 성리학적 사회 윤리가 점차 강화되면서 부계와 장자 중심의 가족 제도가 강화되었다.

[16 기상직 9급]

☑ 조선 전기에는 제사를 승계하는 자식에게 재산의 1/5을 더 배정하고 나머지는 균분했다.

[16 지방직 9급]

☑ 조선 전기의 족보는 아들, 딸 구별없이 출생순으로 기록하였다.

[17 국가직 9급]

☑ 조선 전기에는 윤회봉사, 외손봉사 등이 행해졌다.

[17 지방직 9급]

☑ 현존하는 가장 오래된 족보는 성종 7년에 간행된 안동 권씨 성화보이다.

[18 경찰직 3차]

☑ 조선시대 민간인 사이에 다툼이 있거나 범죄가 발생하면 『경국대전』 명의 형법 규정인 『대명률』을 적용하였다.

[18 경찰직 3차]

☑ 조선시대에는 삼강오륜을 어긴 것을 강상죄라 하여 중대 범죄로 취급하였다.

[14 경찰직 2차]

☑ 사림은 도덕과 의리의 기본 서적인 『소학』을 보급하고, 가묘와 사당을 건립하여 성리학적 사회 질서를 유지하고자 하였다.

[19 경찰간부직]

☑ 조선 전기 사림은 향음주례, 향사례의 실시를 주장하였으며, 『소학』을 보급하였다.

[15 지방직 7급]

☑ 향약은 서원과 더불어 향촌 사회에서 사림의 지위를 강화시키는 역할을 하였다.

[16 경찰직 1차]

☑ 향약은 조광조 등의 노력으로 중종 때 처음 시행되었다.

[16 경찰직 1차]

☑ 유향소는 수령을 보좌하고 향리를 감찰하며 향촌 사회의 풍속을 바로 잡는 역할을 담당하였다.

[18 서울시 7급]

☑ 향교의 학생 정원은 군현의 인구 비례로 배정되었다.

[19 국가직 7급]

☑ 향교의 학생은 학업 중에 군역이 면제되었으나 성적 미달로 자격이 박탈될 경우 군역을 지도록 하였다.

[19 국가직 9급]

☑ 조선시대 서원은 학문 연구와 선현의 제사를 위해 설립된 사설 교육기관이다.

[19 경찰간부직]

☑ 조선 전기에 사림은 촌락 단위로 동약을 실시하고, 조선 후기에는 문중 중심의 서원과 사우를 세워 향촌 사회를 주도하였다.

[17 국가직 9급]

☑ 오가작통제와 면리제는 농민들의 도망과 이탈 방지를 목적으로 시행되었다.

[15 사회복지직]

☑ 조선 후기에는 촌락 단위의 동약이 실시되고 동족 마을이 만들어졌다.

[18 경찰직 3차]

☑ 조선 후기에 상품 화폐 경제가 발달하면서 경제력을 확보한 일부 부농층은 사족들의 향촌 지배권에 도전하였다. 이들은 향안에 이름을 올리고 향회를 장악하고자 하였다.

[18 법원직, 20 국가직 9급]

☑ 조선 후기에 향전(鄕戰)은 수령과 향리의 권한이 강화되는 결과를 가져왔다.

[16 국가직 9급]

☑ 조선 후기에 향회가 수령의 부세 자문 기구로 변질되었다.

[18 법원직]

☑ 조선 후기에 부농층이 성장하기는 하였지만 향촌 사회를 완전히 장악한 것은 아니다.

[17 국가직 7급]

☑ 조선 후기에 이성불양의 관념으로 양자 제도가 확산되었다.

[17 국가직 7급]

☑ 조선 후기에는 부계 중심의 가족 제도가 강화되었으며, 적서의 차별이 심화되었다.

[17 국가직 7급]

☑ 조선 후기에는 친영 제도가 일반화되었다.

라영환 공무원 한국사 시리즈

사료를 보는 진짜 힘! See: Real 사료+기출선지핵심

편저자　라영환

발행처　인성재단(지식오름)

발행일　2025년 9월 20일

발행인　조순자

디자인　홍현애

ISBN　979-11-7491-013-4

정가　18,000원